거인의 어깨 위에서

오늘의 대한민국을 만든 위대한 기업인들

일러두기

· 책에 실린 내용은 《월간조선》 원문을 살리되 본의를 훼손하지 않는 범위에서 현대어 표기
로 고쳤다.

· 책에 실린 내용은 《월간조선》 원문을 따르되 일부 내용을 줄였음을 밝혀둔다. 전체 내용이
궁금하면 《월간조선》 전자북(monthly.chosun.com/client/ebooknews/alllst.asp)에서 유료
로 읽을 수 있다.

· 인터뷰 맛을 더하는 사투리 표현은 가급적 살리려 노력하되 인터뷰 흐름에 방해가 되는 사
투리 표기는 현대어 표기로 고쳤다.

· 목차 순서는 《월간조선》 게재 날짜를 따르되 이건희 삼성그룹 회장의 기사는 함께 모았다.

· 《월간조선》 원문에 실린 한자는 한글로 바꾸되 인명, 지명, 외국지명, 외국회사 등은 괄호
로 한자를 병기했다.

· 인물 맨 뒷장의 기업 창업주 프로필과 현(現) 기업현황은 《월간조선》 김광주 · 김세윤 수습
기자가 작성했다.

거인의

월간조선 대기업 창업주 인터뷰 모음집

오늘의 대한민국을 만든
위대한 기업인들

어깨

위에서

FOUNDERS

ChosunMedia
조선뉴스프레스

대한민국의
오늘을 만든
위대한 기업인들의
명품 인터뷰

얼마 전 〈재벌집 막내아들〉이라는 TV드라마가 크게 히트했습니다. 이 드라마는 젊은이들이 1980년대 대기업들에 대한 관심을 갖는 계기가 되었다고 합니다. 그 관심은 극 중 재벌 총수의 실제 모델이 누구냐 하는 데서 시작되었다가, 치열하게 한 시대를 살면서 오늘날 대한민국 경제의 기틀을 마련한 개발연대 기업인들에 대한 것으로 이어졌다고 하더군요. 드라마 때문이라고는 하지만, 지금 우리가 누리고 있는 풍요를 당연한 것으로 여기며 살아왔던 젊은이들이 그 풍요의 뿌리에 관심을 두기 시작했다는 것은 참으로 반가운 일입니다.

이런 뉴스를 접한 저희는 《월간조선》이야말로 오늘의 한국 경제를 일군 거인들의 생생한 증언들이 담겨 있는 보고(寶庫)라는 데에 생각이 미쳤습니다. 1980~2000년대에 이병철 삼성그룹 회장, 정주영 현대그룹 회장, 구자경 LG그룹 회장, 신격호 롯데그룹 회장, 김우중 대우그룹 회장, 최종현 SK그룹 회장, 박태준 포스코 회장, 조양호 한진그룹 회장, 이건희 삼성그룹 회장 등과 진행한 《월간조선》의 심층 인터뷰들이 그것입니다.

이 인터뷰들을 묶어서 내면 의미 있는 책이 되겠다는 생각이 들었습니다. 대부분의 인터뷰가 대한민국의 대기업들이 아직 세계를 호령하기 이전인 1980~1990년대에 이루어진 것이지만, 그것이 오히려 의미가 깊다고 생각합니다. 왜냐하면 그 시절 기업인들의 고민이 30년, 40년이 지난 오늘날 꽃을 피우고 있기 때문입니다.

예를 들어 이병철 삼성그룹 회장은 《월간조선》 1984년 1월호에 실린 선우휘 《조선일보》 주필과의 대담에서 이렇게 말합니다.

"제가 5년 더 살지, 10년 더 살지 모르겠지만… 제가 유전 공학, 반도체, 이렇게 찾아보다가 가장 중요한 것은 반도체라는 생각을 하게 되었습니다. 반도체 산업이 없다는 건, 이거 석유 없는 것과 마찬가지다, 우리가 자체적으로 이 첨단 산업을 발전시키기 위해서는 될지 안 될지 모르지만 가부간 이걸 맹글어 봐야겠다, 그것이 경영자의 당연한 의무가 아니겠는가, 그렇게 생각하고 시작한 게 암매, 작년(1982년) 여름이었지."

그로부터 5년 가까이 지나 《월간조선》은 이병철 회장의 뒤를 이은 이건희 회장을 인터뷰합니다(1989년 12월호). 여기서 이건희 회장은 "삼성 제품 가운데 세계 1위는 하나도 없다"고 고백하면서 "2위는 하나 있다"고 말합니다. 그것이 바로 반도체였습니다. 이 인터뷰에서 이 회장은 "삼성전자가 명실공히 국내에서 제일 큰 개인 기업인데 매상으로 볼 때 일본의 도시바, 히타치의 10분의 1에서 15분의 1"이라고 털어놓습니다. 지금 생각하면 격세지감이 드는 이야기입니다.

이것 말고도 가슴을 찡하게 하는 얘기들이 많이 있습니다. 박태준 포스코 회장 인터뷰에 등장하는 포스코 직원은 이렇게 말합니다.

"우리는 나라를 위해 일한다는 보람을 가지고 일합니다. 내가 나라를 위해서 일한다는 생각을 하면, 다른 데 가서 일하고 싶은 생각이 안 납니다."

정주영 현대그룹 회장은 우리나라 조선(造船)산업 성장 비결에 대해 이렇게 말합니다.

"우리가 자본이 있었나요, 기술이 있었나요? 그런데도 조선이 이렇게 빨리 성장한 것은 정부가 간섭을 안 했기 때문이죠. 또 간섭할 짬이 없었죠. 자기들도 조선은 모르고요. 그래서 빨리 국제경쟁력을 가지고 출발에서부터 외국에 판 거 아니에요."

신격호 롯데그룹 회장은 패전 후 일본에서 껌을 만들면서 이렇게 말했다고 합니다.

"나는 지금 추잉껌 만드는 데 반해 있어. 미제 껌에 지지 않는 껌을 만들어야 해. 다른 얘기는 귀에 들어오지도 않아. 세계 제1의 껌 리글리를 따라잡을 거야."

반세기 후 롯데는 중국 껌 시장에서 리글리를 누르고 1위 자리를 차지

합니다.

　오래전《월간조선》에 실렸던 원고들을 다시 읽으면서 저는 이병철, 정주영, 김우중, 박태준 같은 거인들의 이름 뒤에서 조부모님과 부모님의 모습을 보았습니다. 해방 전 자전거를 타고 쌀가마니를 배달하던 청년 정주영, 6·25 때 대구 방천시장에서 신문을 팔던 소년 김우중, 1960년대 말 미국에 와이셔츠를 팔러 다녔던 세일즈맨 김우중, 포항의 바닷가에서 모래바람을 맞으며 제철소를 짓던 직원들…. 그들이 바로 우리의 조부모님이자 부모님이었습니다. 모두 오늘의 대한민국을 만든 '위대한 세대'였습니다. 전쟁의 폐허 위에서 그분들이 흘린 피와 땀과 눈물이 오늘의 대한민국을 만들었습니다.

　이 책이 이 '위대한 세대'에게는 치열하게 살았던 젊은 날에 대한 추억이 되고, 오늘을 사는 젊은이들에게는 우리가 지금 누리고 있는 풍요의 뿌리를 찾아보면서 새로운 도전을 다짐하는 계기가 되기를 소망합니다.

2023년 5월 15일

배진영
월간조선 편집장

목차

신년호 특별대화
이병철
삼성그룹 회장

대화 · 선우휘

(작가 · 조선일보 논설 고문)

때 · 1983년 12월 3일

곳 · 호텔신라 귀빈실

"정말 얘기 많이 했습니다"

여섯 시쯤 기상, 제일 먼저 목욕을 하지요

선우휘: 오랜만에 뵙겠습니다. 퍽 건강해 보이십니다.

이병철: 선생께서는 전에 뵀을 때보다 얼굴이 많이 맑아지셨습니다.

선우: 제가 무게를 좀 뺐습니다. 체중은 줄지 않는데 지방분이 준 것 같아요(웃음)

이: 식욕도 좋으시고?

선우: 예, 제가 옛날엔 참 탐욕스럽게 먹었지요. 저희 또래가 다 그렇겠지만 시골에서 자라면서 밥을 남기지 않고 꼭 다 먹어야 되는 걸로 알아, 술을 마셔도 안주 먹고 또 밥도 거르지 않았거든요. 요즈음은 술, 담배 모두 끊었습니다만, 머리 맑아지고 속이 편해집니다. 그런데 적게 먹으니 아무래도 기력이 좀 없어요(웃음).

이: 요사이도 선우 선생께선 글을 자주 쓰시더군요.

11

선우: 이제는 현역에서 물러나 명색이 고문으로 있습니다만 주말에 한 번 쓰면 마음에 부담이 없습니다. 글 쓰는 것이 공부도 많이 되고, 여기서 내려다보니까 주위 경관이 잘 정리돼 있습니다.

이: 이 부근 경관이면 어디에 내 놔도 부끄럽지 않지요. 세계 어느 호텔과 비교해도….

이: 우선 식사를 하실까요.

(이 회장은 선우휘 씨와 함께 식탁으로 자리를 옮겼다. 호텔신라에서 준비한 점심 식사에는 중국식 요리가 나왔다. 냉채 4채에서 시작, 상어지느러미 요리를 거쳐 연소탕(제비집으로 만든 수프), 살구로 만든 일종의 프루트칵테일 후식까지 총 10 코스의 정식. 이 회장은 열 접시를 깨끗이 비울 정도로 왕성한 식욕을 보였다.)

이: 중국 음식을 먹으면 암에 잘 안 걸린다고 그러죠. 음식에 조화가 잘 돼 있다고 그래요.

선우: 전에 저는 여름에 지방에 가면 되도록 중국 자장면 같은 것을 먹어요. 우리 음식 먹었다가는 탈이 나기 쉽지만 중국음식은 모두가 끓인 것이니까 틀림없죠. 이 회장님께선 식사 시간이 일정하시다고 들었습니다만.

이: 일정한 정도가 아니죠. 30분 이상 틀리는 법이 없을 겁니다. 아무리 바빠도….

선우: 그러니까 시간이란 걸 마음대로 하실 수 있다는 말씀이시군요. 시간에 쫓기는 게 아니고… 옛날 간디에 관한 책을 읽었는데, 지금도 기억에 남는 것은 그분이 자기 생활을 마음대로 컨트롤했다는 거예요. 가

령 기차를 타고 가는데 목적지까지 시간이 아직 남았다. 그러니 15분만 자자하면 누가 깨우지 않아도 그때 가서 눈을 뜨게 된다는 겁니다. 말하자면 시간에 지배를 받는 게 아니라 시간을 지배했다고 할까요.

이: 저도 아침에 꼭 같은 시간에 일어나죠. 꼭 시계같이.

선우: 생활 리듬을 자유자재로 컨트롤하면서 어떤 기본적인 스케줄에 따라 생활하시는 것 같은데 그 점을 좀 말씀해 주십시오. 독자보다도 제가 궁금해서 묻는 겁니다(웃음).

이: 하루뿐 아니라 1주일이 똑같아요. 화요일엔 글씨 쓰고 서예 말입니다. 수, 금, 일요일에는 꼭 골프를 치지요. 제가 기상이 여섯시 전후입니다. 일어나서 제일 먼저 목욕을 하지요.

감기 걸려도 냉탕(16도), 온탕(41도)만은

선우: 이 회장님께서 수술하신 것은 잘 알려져 있는 이야기인데요,

이: 예, 위암 수술을 했습니다.

선우: 치밀한 수술 계획과 초인적인 의지로 그때 위기를 넘긴 것으로 세간에서는 알고 있습니다만 좀 자세히 그때 상황을 들려주실 수는 없겠습니까?

이: 내가 처음 위암에 걸렸다는 것을 알았을 때 사람이 병이 나고 죽는 것은 숙명이라지만 그래도 확실한 진단이 드러났을 때는 좀 걱정이 됩니다. 그러나 위암이라고 반드시 죽는 것은 아닐 것이고 사후 문제에 관해 정리도 이미 해놓은 다음인지라… 어떻든 당시의 심정은 담담했습니다.

선우: 치료는 어떻게 계획을 세워 하셨는지 그 이야기를 좀 해주시면….

이: 76년 여름인가, 찬 것을 먹으니 위에서 묵직한 통증이 옵니다. 마침 일본에 체재 중인 때라 게이오 대학에서 진찰을 받아 보기 위해 입원을 했는데 의사가 잠시 누워 있으라고 한 후 느닷없이 내시경을 꺼내더니 위에 집어넣고는 위 속 사진을 찍는 기라.

그때 의사가 위 사진을 찍는다 했으면 아마 내 거절했을 겁니다. 주위에서 하도 조직 검사를 해보라고 권고가 심하고….

그래 한 달 동안 위암에 관한 정보와 치료 계획을 세웠습니다. 일본의 암 연구 센터가 세계 최고라더만.

선우: 치료를 하는 의사에 대해 철저한 신뢰를 가지는 게 특히 중요하다는 이야기를 듣습니다만….

이: 일단 그 연구 센터는 믿었재…. 그리고 센터의 가지다니도 유명한 사람이더마는. 이 사람이 환자를 기다리고 있는 거는 전례 없는 일이라지, 아매, 또 가지다니가 특별 대우를 해준 것도 고맙지마는 일본 선박회사를 하는 사사카와가 많은 도움을 주었제.

1시간 반을 수술을 하는데 마취 시간을 빼면 꼭 50분이 걸리더만….

다른 의사는 네 시간을 넘어 걸린다더만, 다음날 마취에서 깨어나니 가지다니가 완벽하게 수술을 했다는 소리를 듣고 마음이 놓입니다.

선우: 하여튼 용케 위기를 넘기셨군요.

저는 이 회장님께서 위 수술을 하셨다는 것을 아니까 식사는 골라서 조금만 하실 거라고 생각했는데 오늘 보니까 식사도 가리시지 않고 많이 하시는데 제가 이 회장의 건강을 잘못 생각했던 것 같습니다(웃음).

이: 골프도 기분 좋을 땐 27홀을 돕니다.

선우: 제가 군대 있을 때의 경험입니다만 우리 사회선 승진하는 데 말이 많지 않습니까? 누가 무슨 줄을 탔다든지…. 제가 볼 때 물론 예외가 있겠습니다만 그렇게 올라가는 사람들이 다 까닭이 있어요. 그 여러 가지 까닭 중에 체력이 중요한 것 같아요. 수에즈 운하를 판 레셉스 있잖습니까? 그 사람이 나이 육십이 돼서 결혼을 했는데 열아홉인가 스무 살인가 되는 신부를 맞이했습니다. 그는 여든넷에 죽었는데 자녀를 열둘이나 생산을 했어요. 그래서 전기 작가가 마지막 대목에서 그는 수에즈 운하를 팠대서만이 아니라 모든 면에서 초인이었다고 썼어요(웃음).

사회에서 특출하신 분은 예외 없이 건강도 특출한 것 같습니다. 일반적으로 체력이 필요하지 않다고 생각하는 연구나 글 쓰는 분야도 그렇거든요. 근래 저는 글은 머리로 쓰는 게 아니라 체력으로 쓴다는 것을 실감했습니다. 그러지 않고는 무엇을 이룬다는 것이 매우 어려운 것 같아요. 혹시 이 회장님께서는 아라비아나 인도 같은 데서 뭐 특수한 약을 갖고 와 잡수시는 건 아닌지요?(웃음) 일반인은 그렇게 생각하는 사람이 많을 겁니다.

이: 한약방에서 약을 짓기는 합니다만 글쎄… 한두 첩 이상 들어본 일이 거의 없죠, 아마. 명의라는 사람들이 회장이라고 하니까 좋은 약이라고 많이 지어 옵니다만 한 재, 두 재 이렇게 드는 일이 없어요. 한두 첩 들고는 주위 사람들에 나누어 주죠.

선우: 그럼, 저도 관심이 있는데요(웃음).

이: 제가 보내드리죠(웃음). 로얄 제리를 환약으로 만든 게 있습니다.

선우: 이거, 감사합니다(웃음).

이: 또 비타민E가 좋다고 그래요, 일본에서는. 특히 노인에게 지극히 좋다는 겁니다. 인삼은 물론이고.

처음엔 재미 삼아 사업했제, 암만

선우: 대개 사람들은 일이라고 하면 고통으로 생각하곤 합니다만 그동안 큰일을 많이 하신 이 회장님께서는 일에 관해 어떤 생각을 갖고 계십니까?

이: 연령, 삶의 환경, 국가의 위치, 이런 데 따라 생각이 달라지고 방법도 달라지지요. 무슨 이야기냐 하면, 젊었을 때 30대에는 뭘 생각하고 일했느냐? 그때는 일제 치하에서 고등 문관 시험에 패스하고 군수도 되고 법관도 되고 하는 게 최고의 좋은 자리였제, 암만. 그때 그게 싫어. 일본인 밑에서 일하는 그것도 싫고, 그러면 뭐해봤으면 좋을꼬… 집에서 놀기는 심심하고… 가정에 돈은 많이 있어 돈을 벌어야 할 정도의 사정은 아니었단 말입니다. 그렇다고 놀자니 갑갑하고, 그런데 사업을 하니까 재미가 나더란 말입니다. 재미, 그래서 재미있게 살기 위해서 사업을 했지, 암만.

한 십 년쯤 사업을 하고 나니까 해방도 되고 이제는 나라를 위해서 일을 해보았으면 좋겠다, 이런 생각으로 사업을 했고… 또 7~8년 지나니, 이제는 나라도 위하고 인류에도 도움이 되는 일을 해야겠다 생각했습니다. 지금은 뭘 위해서 하느냐… 우리나라가 급박하다, 뭐이 급하냐, 인구는 많제, 지하 자원은 없제, 다행히 교육 수준은 높지마는…

이런 우리나라에 내가 도움이 된다고 가정하면 무엇이든지 해야 안 되겠느냐, 이런 생각 갖고 있습니다. 뭐, 돈에 욕심이 있다, 삼성을 키워야겠다, 더 큰돈을 벌어야겠다, 그런 욕심 없어요.

나라 전체를 위해서 미력이나마 도움이 된다면 열심히 해야겠다, 그런 생각 현재 갖고 있지요. 그러면 나라를 위해서 일하는 방법인데, 뭐이냐… 4천만을 위해서 뭘 했으면 좋겠느냐, 내가 생각한 게 몇 개 있제, 암만. 유전 공학, 전기, 전자, 외국에 가서 석유 개발, 알래스카에 가서 지하자원 개발… 그렇게 구상하고 실천도 하고 하다가 그중에서도 반도체를 꼭 해야 되겠다, 이렇게 결론을 내렸습니다.

선우: 대충 이제 대담의 소프트웨어 쪽은 끝내고 하드웨어로 들어가야겠습니다. 식사도 끝난 것 같고(웃음).

이: 물으신다면 다 이야기하겠습니다. 물으신다면….

선우: 과도기를 살아온 저희들은 자연히 그렇게 되었습니다만 가정생활이란 게 어디 있었나요. 누군가가 방송 관계 세미나에서 텔레비전이 가정의 대화, 부부간의 대화를 못하게 막는다고 하길래 제가 그랬어요. 부부 사이에 대화할 것이 뭐, 그렇게 많으냐. 부부 사이는 이심전심으로 다 통하는 건데… 부부끼리 대화에서 알맹이가 있는 것이 얼마나 되겠습니까? 부부 대화 잘못하다간 되레 싸움 납니다(웃음).

이: 아까 일을 어떻게 하느냐 하는 이야기의 계속입니다만 저는 새로 사업을 시작할 때는 정말 재미가 나고 아주 적극적으로 열의를 쏟습니

다. 뭘 새로 창조한다는 것이 그렇게 재미있을 수가 없어요. 제가 지금 새로 하고 있는 반도체 사업 같은 것이 그런데 아마 본능적으로 그런 것 같제, 암만. 그런데 만들어 놓은 회사에서 뭐가 잘 안 된다, 나한테 그 책임이 돌아온다든지 하면, 마아 짜증이 납니다. 적어도 회사를 만들 때는 간단히 만든 게 아니지 않느냐, 몇 년을 두고 연구해서 만들어 고생고생해서 키웠는데 발전은 못 시킬망정 유지도 못해서 경영을 어렵게 한다는 것은 경영자로서 정말 용서 못 한다… 듣기 싫고 난 모르겠다. 그러나 이게 안 되면 결국 내게 책임이 돌아온단 말입니다. 하기 싫고, 짜증이 아지만 이야기는 해 준단 말입니다. 수습할 수 있는 방법을… 하지만 아주 흥미 없고 짜증이 나고… 새로 하는 것은 처음 하니까 누구한테도 의존할 데도 없고 총지휘는 내가 해야겠다는 게 딱 섭니다. 아침, 저녁에도 그 생각, 자고 일어나서도 그 생각, 뭣이 부족한 게 없나, 있으면 보강하고 물어보고, 회의를 해서 안 되는 게 있느냐 또 알아보고 일을 맡기고, 계속 뒤를 체크하면서 전체를 전망해가면서 일을 하지요. 이것이 새 일을 하는 것과 기존 회사를 관리하는 저의 방식이제, 암만.

선우: 이게, 역시 새로 하시는 일에는 즐겁고 기분이 좋다는 걸 보면 그것이 기업의 창조성이 아닌가 생각합니다. 단순한 일을 되풀이하면 누구나 짜증이 나고 싫어지는 건 거기 창조성이 없기 때문이 아니겠습니까?

이: 난 똑같은 일하라 하면 대단히 싫어!

선우: 이 회장님께서 아까 돈 벌려고 사업한 건 아니다, 그런 말씀을 하셨는데, 돈의 철학이라 할까요, 거기에 대해서 좀….

이: 해방 전, 1938년 그때 대구에서 사업을 하면서 사업이 목적이냐, 돈이 목적이냐 노는 게 목적이냐…, 이 세 가지를 다 했제. 돈도 벌고 사업도 하고 놀기도 하고, 그 때는 다 비슷했제. 아마. 그중에서도 제일가는 게 뭐이냐. 첫째는 노는 거다. 둘째는 돈 버는 재미다. 셋째는 이익이 나야 돈을 벌 수 있으니까 그때는 셋이 비슷했제.

해방 뒤에 또 돈이 뭐이냐, 스스로 물어보니, 역시 사업은 흥미가 없으면 안 된다는 생각은 그대로고 국가가 새로 나타났습니다. 나라도 독립하고 했으니 돈을 벌어 자본을 늘리고 나라를 위해 유익한 일을 할 수 있지 않겠느냐, 그래서 인생관이, 사업관이, 돈에 대한 관념이 조금 바뀌었제, 암만. 그러자 6·25가 났다… 국가관이 더 강하게 나왔지. 나라가 없어지면 사업도 없다, 무엇을 하든지 나라에 보탬이 되도록 해야겠다, 이런 뜻을 가지고 스물 몇 가지 사업을 출발시키게 되었지요. 1966년 그때는 나라가 자원이 없고 아직 부흥이 안 돼서 재정 상태가 나빴제. 그런데 내 개인으로 돈이 너무 많다, 그런 생각이 자주 들었습니다. 시골을 가더라도 내 이름, 애들 이름에도 내 이름, 돈 못 가진 사람들은 원망도 나오지. 돈이 많다, 누가 많으냐, 이 아무개가 돈이 제일 많다. 뭘 해서 돈을 벌었나. 하, 계속해서, 예사로 안 여겨지더라고. 그래 내가 생각했지요. 내가 일평생 쓰고 남는 것은 내 재산이 아닌데 내가 이거 국가 재산가지고 너무 부담을 많이 지고 있다, 돈에 대한 느낌이 그렇게 들었습니다. 그때 내 총재산이 모아 보니까 전부 180억 원이었는데 세 개로 따겠어(쪼갰어). 우에 따겠느냐… 3분의 1은 문화 재단, 3분의 1은 내가 가지고, 3분의 1은 유공자, 종업원을 위한 후생 단체, 그리고 애들, 내가…

내가 가진 것 중에서도 애들한테 주고. 온 세상 사람들은 내가 거짓말이라고 생각하고 있어, 허허. 돈을 내주었다고 하면 왜 그 돈을 갖다가, 180억을 어떻게 흩었나, 그게 다 거짓말이라 이거지. 안 믿어, 전부가. 삼성 계열에 내가 가진 재산, 극히 얼마 안 됩니다.

국가우선, 기업우선, 기업우선, 국가우선

선우: 국가 이익과 기업 이익이 상치되는 것을 느끼신 적이 있는지요? 저는 반드시 국가 이익이 우선해야 하고 가치가 있다고는 생각지 않습니다만….

이: 케이스에 따라서 다르겠지요. 정부 정책 방침이 반드시 국가를 위해 좋은 것만은 아니라고 저는 봅니다. 똑같은 조건이라면 물론 국가 방침을 따라야겠지요. 제가 회의 때 강조하는 게 있습니다. 삼성이 중요하냐, 국가가 중요하냐? 국가가 중요하다. 국가가 부흥하면 삼성 같은 건 망해도 또 생길 수 있다. 그러나 국가가 망하면 삼성은 영원히 없어진다. 그러니 국가가 우선 아니냐, 그건 투철하게 생각합니다. 그러나 정부가 꼭 세금을 많이 안 받아도 되는데, 예를 들면 반도체 산업 같은 것을 적극 육성하도록 정부가 외국처럼 원조는 못해줄망정 설비 기재 들여오는데 세금을 많이 매겨서야 되겠느냐, 이럴 때는 회사 이익이 우선입니다. 회사가 잘 되면 국가도 부흥하는 거니까….

선우: 저는 삼성이 희생되어야 국가가 잘 된다고는 생각하지 않습니다.

이: 국가를 위해서는 삼성이 있는 게 좋지.

선우: 삼성이 GNP의 몇 %나 차지합니까?

이: 8.8%쯤 되지요.

선우: 삼성 종업원이 8만 명이라면 5인 가족을 치면 40만이 생계를 유지하고 있고 계열 회사까지 합치면 더 엄청날 겁니다. 이건, 이러고저러고 하기 전에 하나의 놀라움 올시다. 이 회장님께선 그 많은 사람들의 생활에 절대적인 영향을 주시는 분 아니겠습니까?

이: 그건 제가 항상 염두에 두고 있습니다. 부도, 파산, 이런 게 흔히 생기는데 아무 말 안 하고 있어서 그렇지, 그 내용을 들여다보면 정말 비극입니다. 원래부터 안 했더라면 괜찮았지나 않았나, 저는 그래 생각합니다. 괜히 거기 무슨 이런 과오를 범하게 되었나…. 저는 이럴 경우, 경영자가 전 책임을 져야 한다고 생각합니다. 누가 책임을 질 겁니까? 국가가 책임을 질 수 있습니까? 아무도 책임 안 집니다.

선우: 이 회장님께서는 외국, 특히 일본의 기업인들과 친숙하시고 외국에도 자주 다녀오시는데 일본 기업인과 한국의 기업인, 일본의 기업과 한국의 기업, 그 차이는 무엇이라고 생각하십니까?

이: 일본 기업인은 정말 너무 안일하고…아까 저의 스케줄 이야기를 했지요? 그 스케줄 안에는 굉장히 어려운 일들이 많이 끼여 있지요. 작업이 잘 안 된다, 기술 부족 때문에, 자금 부족 때문에, 기계 부족 때문에 일이 중단된다, 그런 걸 극복하려면 무리한 시간을 일해야 하고, 무리하게 차입해야 하는 일도 많이 생깁니다.

일본에 신일철이란 제철회사가 있지요. 거기 사장하셨던 이나야마(稻山)씨, 이 분을 제가 잘 압니다. 나보다 여섯 살 더 묵었는데 안 지가

25년쯤 되었나요, 1957~58년 무렵부터니까. 이 사람을 상무 때부터 알았는데, 그 뒤에 전무, 부사장, 사장, 회장을 거쳐 지금은 상담역, 즉 고문이고 경단련(經團聯) 회장이기도 합니다. 이 사람은 사장, 회장 다 졸업했는데 나는 올라갈 데가 없어 지금 이 자리에 와 앉아 있습니다(웃음). 그 사람이 생활하는 내용을 제가 자세히 아는데, 저렇게 사장하기가 편한가 하고 생각한 적이 많이 있습니다. 이 사람은 아홉 시에서 열 시 사이에 출근하는데 9시 이전은 출근없어. 회사에 나와서 결재할 거, 손님 만날 거, 회의할 거, 다 하면 열두 시가 되면 딱 마쳐. 절대 열두 시 넘기는 법이 없습니다. 점심 식사하러 가선 두 시까지 아주 즐겁게 환담하지요. 이 자리에서는 비즈니스 이야기는 일체 없어요. 친한 친구들 하고, 회사 중역이라도 회사 이야기 안할 사람 하고 식사를 합니다.

점심시간엔 회사일 잊어버려요. 두 시에 들어와서는 좀 있다가 다섯 시 반에 나가는데 거의 집에 가는 일은 없어. 요리집에, 그 분이 마짱을 매일 해, 지금도. 그래서 아홉 시 반이 딱 되면 일어나요. 그 이상 하는 법이 없어요. 골프해도 5000원, 마짱 해도 5000원 이상은 안해. 집에서 뭘 하느냐, 나하고 비슷해. 티브이 보고, 신문은 카트한 것 읽거나 대충 제목만 보는 가 봐요. 잡지도 제목만 보고. 비서실에서 미리 연락이 오는가 봐요. 무슨무슨 프로를 방영하니 보라고. 또 VTR도 보고, 그러다가 대개 열한 시가 되면 자고 일곱 시에 일어나요.

여행할 때도 10여 명이 따라가더구만. 그래서 동경에서 하는 것과 똑같이 합니다. 똑같은 시간에 자동차 타도록 하고…. 이러니 걱정할 것 아무것도 없어요. 물건 안 팔린다고 걱정해, 경기 나빠 회사가 잘 안 돌아간다고 걱정을 합니까? 저렇게 편할 수가 있나, 그렇게 생각했습니다. 그러나, 일은 밑에서 깨끗하게 정돈해서 알뜰하게 하더군.

반도체64, KD램, 가부간 이걸 맹글어 봐야겠다

선우: 일본만 해도 모든 분야에서 자리가 잡혔으니까 그럴 수 있지 않겠습니까? 몇 년 전, 아웅산에서 돌아간 김재익 비서관이 편집인협회에서 주최한 신문과 기업인가, 경제인가 하는 세미나에 나와 정부관계 주제 발표를 했어요.

그 분 이야기가, 무슨 발전을 좀 이룩했다면 박정희(朴正熙) 대통령이 그것은 일본의 몇 년도에 해당하느냐고 묻는다는 겁니다. 컬러 티브이를 만든 것은 일본에선 언제인가…, 이런 식으로 늘 일본을 의식하고 일본을 따라가는 것을 목표로 삼던 것 같아요. 그런데 김 비서관 이야기가 적당히 대답하긴 했는데 참, 어렵다는 거예요. 티브이 하나 같으면 쉽게 비교가 되는데 일본은 사오십년 전에 벌써 항공모함을 만들었거든요. 이처럼 우리 경제가 순서 있게 발전하지 못한 상태에서 국제 시장에 뛰어들어 선진국과 경쟁을 벌인다는 것은 참으로 어려운 일일 것 같습니다. 그런 중에서도 이번에 삼성이 반도체 산업분야에서 64KD램이란 것을 미국, 일본에 이어 세계에서 세 번째로 개발하는 기적을 이루셨는데….

이: 아까도 이야기했지만 4000만 국민을 가진 우리나라가 어떻게 하든지 경제적으로 부흥이 돼야 우리나라가 유지되겠는데… 경제 없

는 국방 정치는 무의미하다, 물론 국방 없는 경제도 있을 수 없지만…, 4000만 국민을 가장 잘 관리할 수 있는데 제가 미력이나마 기여할 수 있는 게 뭐이냐고 고민했습니다. 제가 5년 더 살지, 10년 더 살지 모르겠지만…, 제가 유전 공학, 반도체, 이렇게 찾아보다가 가장 중요한 것은 반도체라는 생각을 하게 되었습니다.

반도체 산업이 없다는 건, 이거 석유 없는 것과 마찬가지다, 우리가 자체적으로 이 첨단 산업을 발전시키기 위해서는 될지 안될지 모르지만 가부간 이걸 맹글어 봐야겠다, 그것이 경영자의 당연한 의무가 아니겠는가, 그렇게 생각하고 시작한 게 암매, 작년(1982년) 여름이었지.

그걸 하려고 여러 가지로 반도체 산업 실태를, 조사를 해보았는데 구라파는 아주 쇠퇴해서 문제가 안 되고 제일 기술이 발전한 곳이 미국이고, 양산 체제로 제일 이익을 많이 보고 있는 것이 일본이더라고요. 그래서 미국에 교섭을 해봤더니 설계 기술은 낼 수 있다고 해. 그러나 기술만으로는 안 되제. 기업이 이익을 보아야 하니까요. 그래서 일본의 양산 기술을 교섭하게 되었습니다. 반도체는 로봇, TV 등에 널리 쓰이는 데 이것을 기초로 해서 제2차, 3차 제품을 맹글지요. 그런데 이것이 모자라서 각종 전자제품 만드는 데 지장이 있습니다. 안 준다고요. 사려고 해도 일본 사람들이 안 주어요. 이번에 그걸 알았는데. 일본에 교섭이 들어갔는데 어림도 없어요. 이들이 안 준다는 이야기는 안 해. 지금 바빠서, 어쩌고 하면서 자꾸 피합니다. 제가 20년 동안 잘 알고 지내는 사람들이 말입니다. NEC의 그 사람…그래서 제가 농담을 했습니다.

지금 바쁘다는 데 언제 끝나느냐, 10년 걸리는가, 20년 걸리는가. 그랬더니 그렇게 오래 걸리는 건 아니지만, 하는 데 속으로는 한국 네까짓 게 무슨 반도체냐, 냉소하는 것이 비쳐. 환하게 보이더라고. 화나게 됐제…… 그렇지요? 지는 우리를 무시하고 나는 또 지를 무시한다, 그게 부딪쳤어. 애… 반년 이상 갔제, 아매. 더 적극적으로 나갔지. 대사관에 부탁한다, 일본의 정객을 동원한다. 각료 회담에 의제로 삼는다, 심지어 정상 회담에까지 정부에서 이 문제를 갖고 논의하고…. 그래도 안 돼요. 아무래도 일본 기술이 와야 하는데 설계·제조 기술은 미국이 쥐고 있거든요. 업계, 정계 동원하고 이만저만 힘쓴 게 아닌데 그것만은 안 된다는 게야. 그러다가 다행히 일본에 샤프라는 회사를 찾았제. 이 회사는 방침이 기술을 전부 공개하고 다른 데 파는 거예요. 돈 받고 파는 것이 목적이 아니고 기술을 널리 보급하자는 게 그 회사의 사풍인 겁니다. 기술을 사가지고 간 쪽에서 돈을 벌어야 좋아하고 안 벌면 싫어하는 이상한 회사라. 여기에 교섭이 들어갔제. 몇 달 시간을 달라는 거예요. 그 동안 여러 가지 애로 사항이 참 많았습니다. 교섭하는 게 탄로가 났어요. 샤프가 아주 곤란하게 됐지. 기자들이 찾아가서 왜 너그만 주려고 하느냐, 딴 업자들로부터도 공박을 많이 받았지요. 국적(國賊)이다, 그 이야기까지 나왔다고. 그 이야기 듣고도 샤프에서는 태연해. 기술을 줄테니까 당분간 좀 조용히 했으면 좋겠다고 하는 거예요. 그러나 그 기술은 얕은 기술이지. 그래도 우리에게는 필요하고. 그리고 미국에서 또 고급 기술이 들어오고 해서 일단 기술 도입은 성공했습니다.

이번에 64KD는 참 빨리 만들었어요. 일본에서는 2년 걸린다는 것을 우리는 반 년만에 했습니다. 나는 뜻밖으로 생각하지요. 성공할 수 있었던 것은 우리가 삼성 반도체를 만들어 그래도 8년 동안 얕은 기술이지만 기술을 축적했거든요. 그리고 그 동안 우리가 사람을 많이 구했습니다. 미국에서 반도체를 전문으로 연구하고 그 분야에서 일하는 한국인이 한 600명 됩니다. 왜 이렇게 많으냐 하면, 일본만 해도 국내에 반도체 산업이 발달해 가지고 미국에 머물러 취직을 하는데, 일류 회사의 생산부장, 그런 사람을 우리가 스카우트 했습니다. 교수하던 사람도 데려왔고 그 교수의 제자가 미국의 유명한 반도체 회사 생산부장인데 또 데려 오고….

그런데 이런 고급 기술자만 있어 가지고는 안되거든요. 그 사람의 지시를 받아 실제로 작업을 감독하는 직능장급이 필요한데, 다행히 우리가 8년 동안 그런 인력을 한 700명 양성했고 그 중에서도 100명이 우수한데 그 중에서 또 엘리트인 20명을 선발, 이번 프로젝트에 투입했습니다.

일본이 경계할 만도 하제…조선, 반도체

선우: 박 대통령과 같은 질문이 되겠습니다만(웃음) 64KD를 개발·생산한 것은 세계 다른 나라에 견주면 어느 수준이 됩니까?

이: 세계에서 세 번째, 미국 일본 다음입니다. 영국에서는 우리같이 자체 생산이 아니고 조립만을 하는 거고 그것도 일본 NEC가 전액 투자한 회사에서 만드는 겁니다. 회사로는 세계에서 열째지, 암매.

선우: 얼마 전 일본의 NHK 방송에서 '아세아의 대화'라는 좌담 프로를

마련했는데 동남아에서 여러 분이 참석하고 저도 거기에 나갔습니다. 이 소무라(磯村)라는 분이 사회를 했는데 역시 다른 동남아 사람들과는 다른 질문을 저한테 던지더라군요. 한국이 일본을 따라잡으려하는데 언제쯤이면 그렇게 되겠느냐고 묻는 거예요. 제가 그 때 그랬어요. 빨리 그랬으면 좋겠는데 당신들은 그 자리에 가만히 있겠느냐, 만약 당신들이 이태리병이나 영국병에 걸려주면 몰라도 나로선 아직 그런 것을 생각 못하고 있다.

그랬는데도 일본 사람들이 우리를 상당히 위협으로 느끼고 있다는 것을 알 수 있었습니다. 그들에게 말하기는, 당신네들 뭘 그것 하나 가지고 그러느냐, 서로가 같이 발전해야 하지 않겠느냐, 좀 크게 봐야 한다고 했습니다만 이 회장님께서 보시기에는 저들이 그렇게가지 우리를 경계할 만한 까닭이 있다고 보십니까?

이: 그 분들이 지나치게 이야기하는 점도 있지만 우리를 경계할 만도 하제, 아마. 조선(造船)이 그렇지요. 영국이 이전엔 조선의 왕국이었습니다. 그랬는데 영국병에 들어버렸단 말입니다. 스트라이크만 하고… 그래서 일본에게 지게 됐제. 생산 코스트가 비교도 안될 만큼 싸졌고 일본에게서는 합리적인 기술도 개발하고. 그래서 일본이 한때 세계 시장의 80%를 차지하게 되었는데 이제는 우리나라한테 지고 있잖아요. 현대를 위시해서 우리가 조선업을 확장하고 있는데 이제는 코스트가 우리한테 경쟁이 안 돼요. 그런데 그런 건 흘러가는 건데 그 사람들이 지나치게 붙잡으려고 하지. 우리도 얼마나 될지 모르지만, 5년 뒤가 될지, 20년 뒤가 될지, 중공업이 말레이시아나 대만으로 흘러갈 가능성이 있는데 그런 걸

저 사람들은 너무 심하게 신경을 씁니다.

그런 데는 우리 삼성이 큰 역할을 했제, 아마. 일본에 NEC라고 하면 반도체 양산으로는 세계에서 가장 큰 회사인데 10년 전에 우리하고 트랜지스터 합작 공장을 저 언양에 맹글랐는데…이 트랜지스터는 반도체 IC의 전신인데 진공관 1000 개가 트랜지스터 하나하고 같고 이제는 진공관 10만 개가 64KD 하나하고 같다고 하제, 암만.

NEC는 10년 이상 트랜지스터를 만들었고 언양 공장은 1년 밖에 안됐는데 1년 뒤에 수율(收率)을 조사해 보니 우리는 95% 나고 일본은 85%밖에 안 났습니다. 내가 한번 일본에 가니 그 사람들이 깜짝 놀라서 해쌓는 기라. 그래서 나는 트랜지스터가 어떻게 생긴 것인지도 잘 모르니까 조사해서 알려 주겠다고 했습니다.

나는 생각하기를, 이것은 직공한테 원인이 있는 게 아니냐, 그래서 물어 봤어. 백 명을 모집하면 직공이 몇이나 오느냐? 대답이, 때에 따라 다르지만 300명 올 때가 있고 500명 올 때도 있다. 그 중에서 건강 상태, 정신, 지능 상태를 전부 테스트해서 제일 우수한 직공들을 빼낸다…. 일본 사람한테 물었지요. 100 명 모집하면 많아야 90명 내지 95명이 온다는데 전자 산업으로는 좋은 성적이라고 합니다. 섬유 같은 데서는 50명밖에 안 오는데 그것도 여러 군데 공고를 해야 된다는 겁니다. 그러니 가릴 수가 없고 그대로 받아써야지 도리가 없다고 했습니다. 원인이 바로 그것이라고 했더니, 아 이 사람 깜짝 놀라 가지고… NEC의 고바야시 회장이란 사람인데, 큰 적이 하나 생겼다고 앉는 데서마다 한국한테는 도저히 이길 수가 없다고 선전을 하고 다녔습니다.

선우: 이 회장님께서도 일본 학생들하고 같이 공부하셔서 잘 아시겠지만 그때 한국 학생들은 일본 학생들을 대수롭게 보지 않았지 않습니까? 아시아에서 일본과 경쟁할 민족은 우리밖에 없다고도 합니다만 문제는 이러한 우수한 자질과 사람을 어떻게 활용하느냐 하는 경영 기술이라고 생각합니다. 그런데 개인으로는 우리가 우수한 것 같은데 사회의 돌아가는 분위기랄까, 그런 데서는 불리한 점이 있는 것 같아요. 개성이 너무 강해서 융합이 잘 안 된다든지 분단 상황, 정치적 바탕도 그렇고…. 이 회장님께서는 이 점 어떻게 생각하십니까? 우리가 장차 노력하면 일본과 능히 경쟁을 할 수 있겠습니까?

이: 노력이 절대 필요할 겁니다. 지금 이 정도로 가선 안 됩니다. 제가 1950년에 일본에 해방 후론 처음 갔습니다. 패전한 지 5년째 됐는데 새 옷 입은 사람이 하나도 안 뵈. 전부 옷이 다 떨어졌고…정무총감 하던 다나카 다케오씨도 나왔는데 다 떨어진 옷 입고 식산국장 하던 호즈미씨도 마찬가지고, 영양이 전부 실조해 있습니다. 7000만 일본 국민들은 옛날 군부에 대한 원망, 원한, 정부에 대한 불신, 앞으로 우리는 어떻게 되느냐 하는 불안을 안 느끼는 사람들이 없었습니다.

맥아더 사령부는 그 때 일본을 등외국(等外國)으로 만들어 버리기로 방침을 딱 세우고 있었습니다. 3등국도 아니고 등외국입니다. 그래서 중공업도 해체하고 가와사키 중공업은 다이너마이트로 폭파해 버리고 했습니다. 그 때 영국 사람들이 시찰단을 만들어서 한 50명이 됐습니다만,

일본을 둘러보고 가면서 말했습니다. 참, 유명한 이야기를 했제. 일본은 부흥한다, 했습니다.

선우: 그 이유는요?

이: 정부에 대한 원망, 불신은 있지만, 그 오야붕 꼬붕 있지요? 그런 의리, 신의는 조금도 변하지 않았다, 오히려 더 살아 있다, 이것이 일본을 살리는 길이다, 그거지요. 그 신문 지금도 있을 겁니다.

선우: 그, 정말 날카롭게 봤군요.

정부는 도덕교육 철저히 해야 됩니다

이: 일본은 암만 혼란된 전국시대에도 국민들이 정부로부터 도움을 안 받은 때가 없었습니다. 물론 일본은 독일처럼 지방마다 정권이 성주처럼 독립해 있었으니까 국민들의 도움을 받지 않으면 정권도 유지하기가 곤란했던 점도 있었을 겁니다.

정부로부터 피해를 안 받았으니까 정부 얘기라 하면 그대로 받아들입니다. 정부 시키는 대로 하니까 이익이 되더라, 이겁니다. 그런데 중국을 한번 보십시오. 국민들이 정부를 믿는 시기가 암매 거의 없었을 겁니다. 밤낮 정부로부터 피해만 당하지 않았습니까? 한국은 어떻습니까? 세종대왕 때 정도가 국민들이 정부로부터 도움을 받았고 그 이후로는 별반 없었을 겁니다. 수탈만 당하고 이순신 장군 같은 사람을 중상 모략해서 잡아넣기도 하고…. 역사가 그랬는데 일제 시대가 되니 이번엔 단결심을 분산시켜야겠다고 해서 조직, 집합, 단체를 못하도록 분열만 조장했습니다.

오랜 역사가 그렇게 맹글었고 일본이 또 그렇게 맹글었습니다. 해방 뒤가 되니 군정이 도덕 정치를 했습니까, 도덕에 대한 교육을 시켰습니까? 6·25사변 때는 또 지도자가 될 만한 사람은 전부 다 데리고 올라가서 죽이고 이만저만 악순환이 아닙니다. 일제 36년 동안 우리 사람들이 어디 교육이나 제대로 받았습니까? 10%, 15%로 머리수를 제한한 거라고 생각합니다. 영국이 인도에서 똑 마찬가지로 했잖습니까? 교육받고 그나마 남은 사람은 해방 뒤에 반민 특위라 해서 또 잡아가고 자유, 공산당 싸워서 또 죽고 6·25때 전부 납치되고는 지도자가 어디 남아 있고, 교육자가 어디 있습니까? 4·19가 되니 처리, 5·16후에 또 처리되고···.

인재가 되려 해도 거세되고 배척당하고 제한되고···. 문제는 일치단결입니다. 정부가 도덕 교육에 철저를 기해야 합니다. 국가를 위한 교육을 시켜야 됩니다. 도덕 교육만 시키면 재주가 있으니···. 단결해서 손해 본 게 뭐냐, 분열해서 득 본 게 뭐냐, 이런 걸 가르쳐 주어야 합니다. 국민 도덕 운동, 서로 협조···헐뜯지 말고, 그리고 단합하면 일본 따라가는 게 아니라 더 가지 싶습니다. 나는 그런 생각 갖고 있습니다. 내가 해 봤으니까 조선도, 반도체도, 트랜지스터도 해봤으니까···. 반도체도 이것만 일본 정도로만 뒷받침해 주면 절대 이길 자신이 있습니다.

설탕, 제일제당이 비록 오래된 공장이지만 세계 입찰 경쟁에서 아직 한 번도 일본 사람들이 이겨 본 적이 없습니다. 생산 코스트가 싸니까. 한국 비료도 마찬가집니다. 20%가 싸게 돼 있어요. 일본 차관으로, 일본 기술로 만든 공장인데 일본이 절대로 안 됩니다, 한국 비료한테는. 그건 역시 경영을 잘 해서 그런 겁니다. 정부가 사들이는 비료값이 한국 비료가 t당 65불로, 다른 데서 사는 것보다 30불이나 쌉니다.

사원 교육, 일본의 2배, 미국의 3배, 유럽의 4배

선우: 일본 사람들이 보면, 그렇게 뛰어나지 않았는데 지금처럼 발전한 것은 역시 명치 100년 동안의 기초 교육이 잘되어 꽃을 피운 게 아니겠습니까. 다행히 요즘 기업체에서 사원들을 재교육하는 일에 투자를 많이 하는 것을 저는 좋게 보고 있습니다. 삼성에서 하고 있는 교육은 지금 어느 정도 되고 있습니까?

이: 세계에서 제일 철저할 겁니다, 이거는. 사원 전체에 비해서 교육에 쓰이는 시설의 평수가 일본의 배, 미국의 3배, 구라파의 4배가 될 겁니다. 그리고 훈련의 비용이 또 일본의 배나 됩니다. 미국의 3배, 구라파의 4배. 왜 그러냐, 이유가 있습니다. 회사에 들어오면, 지 자신을 그대로 두면 교육이 안 됩니다. 비틀거려서 안 되고, 도덕 교육도 안 되고, 또 회사의 역사가 짧아서. 일본 같은 데 가보면 선배 사원이 있어서 뒤에 들어온 사람을 가르치는 데…또 교육을 시킬 수 있는 실력도 모자란다, 이겁니다. 그래서 시작한 것 아닙니까.

회사 교육도 필요하지만, 새마을 교육하는 식으로 도덕교육을 하면 될 겁니다. 데모, 이 데모 없어질 거고. 교육도 옳은 교육이 안 되겠느냐… 표창도 하고 가정교육도 하고, 온 국민이 서로 협조하도록, 단결해야 이 일이 되지, 하면 가능성이 있단 말입니다.

선우: 일본 사람들이 조직 속에 들어가서 일하는 자세하고 한국 사람들이 조직 속에 들어가서 일하는 자세하고 어떻게 비교하십니까?

이: 세밀하게 분석을 해보면 그건 미미한 차이라고 저는 보고 있습니다. 일본 사람들은 "웃대 저거 아버지가 덴푸라 하면 나도 덴푸라 하겠다", 아주 온건하고 소극적입니다. 한국 사람은, 나 여러 번 들습니다. "나는 국회의원 하고 정치했지만 아들은 정치 안 시킨다", "나는 교육자 됐지만 자식 교육자 안 시킨다", "내가 무엇을 했으니 자식도 똑같이 그렇게 해야 되겠다"고 말하는 사람 아직 못 들어 봤어요. 왜 그러냐. 국민성이 달라 그런 거 아니죠? 일종의 관습 아니냐, 관습. 나는 관습이라고 보고 있지, 아매. 데모하고 야스다 강당에 불을 지르고 하고 있지만은 학교 막 졸업하고 나가면 백팔십도 변해버린다, 아주 온건한 사회인이 되고 만다, 으레 회사 들어가면 사규를 지켜야 되고 선배의 말에 순종해야 된다고 생각하는 것이 일본 국민 아니냐, 그렇게 보고 있습니다.

우리나라 사람들은 스케일도 크고 건전한 생각을 갖고 있고, 얼마나 좋으냐 이겁니다. 이해를 시켜도 우리나라 국민한테 이해시키는 게 더 빠르다고 나는 생각합니다.

선우: 얼른 그 말씀 듣고 생각하는 게 제 자식한테 신문 기자하라고 시키겠느냐… 못할 것 같아요(웃음). 이것도 관습인지. 이 뭐인가, 자기가 해보니까 힘이 들어서 그것을 안 시키려고 하는 모양이지요. 저는 이런 낙관론은 가지고 있습니다. 사기꾼이 많이 있다, 형편없는 교육자가 많다, 뭐 이렇게 말합니다만 대부분의 교육자가 잘 하고 있다고 생각하니

다. 몇 사람이 나쁘지 대다수 국민들이야 모두 착한 사람들 아닙니까. 제가 지방에 자주 내려가서 가람도 만나고 돌아보곤 하는데 지방에 있으면 아주 좋아요. 그런데 이게 어떻게 된 건지 서울로 가까이 오면 올수록 초조, 불안하거든요(웃음). 물론 그것은 수도에 사람들이 많이 몰려 살고 있기 때문이겠지만….

그런데 우리나라 사람들이 자학, 자모하는 습관이 있는 것 같습니다. 겸손은 좋은 건데 이게 나쁜 방향으로 작용하는 것 같아서요. 작년에 우리 사회에 지도자 되시는 분께서 강연을 하시는데, 물론 일종의 유머로 그러셨겠지만, 이러신단 말예요.

서울에 사람이 얼마나 사느냐, 1000만 명이 삽니다. 그 사람들이 뭘하고 사느냐, 서로 속여 먹고 삽니다. 이런 식의 대화를 소개하며 이야기를 끌고 나가는데, 저런 분이 아무리 반농담이지만 저런 말씀을 하실 수가 있나 하고 생각했습니다.

이: 그러면 자신도 속여먹는가?(웃음).

위기의식 있다면…뭐 할라꼬 저 빌딩은 자꾸 짓고

선우: 제 개인적인 생각인지 모르지만 우리나라 사람들이 대단히 위기의식이 강하다고 생각합니다. 그것도 근본적인 위기감입니다. 야, 이러다간 나라 망하지 않느냐, 희망이 있느냐…그런 경우, 국민들은 사회 각 분야를 이끌어 가고 있는 분들은 어떤 생각을 갖고 있는가, 성직자·학자·기업인들은 어떻게 보고 있는가, 퍽 궁금하게 생각합니다.

그분들이 걱정 없다고 하면 안심을 하고 그분들이 고개를 흔들면 불안해합니다. 이 회장님께서는 과연 우리에게 장래가 있다, 희망이 있다고 생각하십니까?

이: 보는 사람들이 충분히 느낄 겁니다. 뭐 하자고, 희망이 없고, 위기의식을 가진다고 그러면 뭐 할라꼬 저 빌딩을 자꾸 지으며 신문사를 확장하느냐. 자신이 있고 장래에 대한 염려가 없기에 자꾸 저래 집을 짓고 있습니다. 사업도 키우고 반도체도 만들고…나라가 위태롭고 하면 뭐 할라꼬 그라겠느냐. 보면 이야기 안 하더라도 알 수 있는 거지요.

왜 그래 하느냐, 물어 보신다고 가정하면, 안전한 게 있습니다, 내가 보기에는 뭐이 안전하느냐. 문제는 이북인데, 소련하고 중공하고 관계는 좀 멉니다, 거리가. 그리고 중공은 지금 소련하고 대립이 됩니다. 앞으로도, 내가 보기에는 합칠 가능성이 없습니다. 중공은 지금 자유주의로 가고 있습니다.

안 되겠다는 게 판단이 안 났느냐, 사회주의 공산주의로는. 중공 지도자가 우수한 사람들인데 안 되는 방향으로 왜 끌고 가겠느냐, 이겁니다. 그러면 중공하고 소련이 협력이 돼서 한국을 공격할 가능성은 없다고 보고 있습니다.

세계 이목도, 여론도 있고. 그 다음에 문제는 이북이다. 이북은 남침할 수 있는 가능성이 많이 없어졌다. 뭐이 없어졌나…. 경제적으로서 완전히 약체화했다. 뭘 보고 약체화했다 하느냐. 나는 다른 거 안 봅니다. 평양을 보면, 일본 사람들이 찍어 온 것 보면, 거리 쭉 보면, 저는 GNP 200불 이상 안 보고 있습니다. 일부 기관에서는 700불, 500불, 그래 보지만 나는 그래 안 봅니다. 아주 정말 가난하게 살더라고. 또, 지금 움직이는 공장이 거의 없습니다. 거리에는 자동차도 거의 없다고 합니다. 뭐이 아주 좋은 바로미터냐 하면 기름입니다. 우리는 하루 40만 내지 45만 배럴을 쓰는데 이북은 하루 5만, 그것도 중공에서 반, 소련에서 반이 들어옵니다. 그것마저. 우리의 10분의 1, 9분의 1밖에 안 된단 말입니다. 이러한데 우리와 겨룰 수 있느냐. 그 차이가 자꾸 더 난단 말입니다. 무기 없이, 비행기 없이, 미사일 없이, 핵무기 없이 어찌 전쟁에 이길 수 있느냐. 미국 사람 여기에 핵무기 다 준비 한 돼 있습니까.

그건 다 공개된 사실 아닙니까. 군대는 수적으로 적고 우리가 무장도 덜되어 있다고 합니다. 그렇지마는 물량과 다른 양으로서 저들한테 이긴다고, 저는 그렇게 봅니다. 절대 김일성이가 그런 무모한 짓은 못합니다. 김일성이 바보 아닙니다. 전에 해봤는데. 해보니 안 되는데 왜 또 하느냐.

지금은 그 때보다 더 차이가 있습니다. 김일성이 다 알고 앉아 있거든.

내 보기에는 영원히 안 된다. 이래 보고 있습니다, 영원히. 정치적으로 고립이 되고 경제적으로는 부흥할 가능성이 없고, 자꾸 지금 우리는 GNP가 올라가 있고, 아까 이야기했듯이 정신만 단합된다고 가정하면 어떻게 당하겠습니까, 이북이 우리한테….

석탄 1t 40달러, 철 340달러, 반도체 85억 달러

선우: 바로 그 점입니다. 일반인들도 보통 그렇게 생각을 합니다. "현대

는 바로 경제다, 경제가 가장 중요하다". 그런데 우리의 이 경제가 외채를 저렇게 지고 있는데 과연 다 같을 수 있느냐? 이렇게 걱정합니다. 이 회장께서는 어떻게 생각하십니까?

이: IMF나 세계은행에서 몇 해 전부터 한국 경제 연구를 시작했습니다. 어떻게 갚느냐? 그 때는 한 300억 불 됐습니다. 조사를 쭉 해보니, 자원도 없제, 산업 시설도 그렇게 팽창하지 않은데, 수출은 다소 올라가지마는, 그런데 부도를 안 낸다 말입니다. 미국 사람들이 돈질 해먹기에는 한국이 제일 좋다는 거예요. 그래서 외국 은행이 계속해서 들어오제. 그러니 한국은 예외다, 조사도 필요없다, 덮어놓고 한국이 시키는 고대로 해야 되겠다. 그러나 경제의 대원칙인 통화나 인플레는 제한해야 되겠다. 세계은행에서 모른다 그러면 다른 은행에서도 돈 안 주거든. 필리핀 보셨지, 필리핀. 세계은행에선 한국이 특별히 신용이 있지. 한국에 돈을 안 빌려 줄 가능성은 전혀 없어, 당분간. 그 대신에 아주 악착같이 수출하고 있제. 저게 제일 문제야. 이익이 많이 나는 물건을 맹글어라, 그 얘기야. 이익만 많이 남기면 우리 힘으로써 충분히 된다. 그 얘기지. 유전공학, 전자제품, 반도체, 광섬유…이거다. 이거만 하면 충분히 수지가…일본 사람 그렇더라고. 구질구질한 것 안 만들어, 3년 전부터. 안 만들고 시멘트, 제철 전부 제한했거든. 수출 금액은 똑같은데 달러는 더 남는다. 샘플이 안 나왔느냐, 이거지. 이건 몇 해 전부터 내가 이야기하던 것 아니냐…일본이 샘플을 만들어 놓았더라니깐. 그러니 일본이 전력을 다해서 여기에 지금 투자를 시키고 있어요.

그래서 반도체가 난리가 났어요. 그 t수 계산한 것 있나(비서를 향해.

비서가 종이 한 장을 가져다 준다). 애…이걸 참 알아야 되겠다. 철은 한 t에 340불. 석탄은 40불, t당. 알루미늄은 3400 불. 이거 전부가 t당입니다. TV, 중량으로 계산하면 2만1300불. 반도체 t당 85억 달러. 소프트웨어, 이건 뭐라 해석해야 될꼬…, 조종술이라 그럴까…, t당 426억 달러다. 또 정보, 히타치가 정보를 빼내려다가 IBM한테서 들켰지. 난리가 났지, 회사가. 그 정보가 852억 달러, t당. 뭘 해야 될 건지 분명하게 안 나오느냐 이거지.

이걸 아는 사람이 우리나라에 몇이나 있겠느냐….

오래간만에 정말 얘기 많이 했십니다

선우: 이번에 개발한 반도체, 이거 대량 생산되는 거죠? 그렇다면 GNP가 확 올라가겠습니다?

이: 가능성이 없는 것 아니에요. 저는 다른 회사 보고 자꾸 하라고 합니다. 이게 한 회사 가지고 안 됩니다. 적어도 한 다섯 회사가 같이 자라나면서 같이 경쟁도 해가면서 서로 도와가면서 해야 하는 게 이 반도체다, 이겁니다.

선우: 특정한 종교를 믿으십니까?

이: 없습니다. 유교지요. 제가 하나 희망 사항이 있습니다. 아까 단결이야기를 했는데 선우 선생 같으신 분이 이런 데는 내 힘의 열배나 더합니다. 국민들이 단결될 수 있도록 힘써 주십시오. 단결, 단결, 단결 말이야, 단결하도록 만들어 주십시오. 정말 이거 안타까운 이야기야.

선우: 모두가 들어붙어 그런 분위기로 끌고 가야겠지요. 겨울에도 내복을 안 입으십니까?

이: 안 입어요. 요리 따신데 스팀이 다 들어오고 하니까.

선우: 골프장 가실 때도….

이: 그 때는 입지요(웃음). 오래간만에 만나서 정말 재미있는 이야기 많이 했습니다. 흥미 있는 이야기….나도 말이 적은 사람인데 정말 이야기 많이 했습니다. 유익한 이야기, 이게 실천이 되면 국가적으로 얼마나 다행한 이야기겠습니까?

선우: 오랜 시간 정말 감사합니다. 월간조선 1984년 1월호

이병철과 1980년대 삼성은…

이병철

李秉喆 · 1910~1987

경남 의령 출생 / 일본 와세다대 정치경제학 전문부 중퇴, 보스턴대학교 명예경영학 박사 / 삼성물산 사장, 제일제당 사장, 한국비료 사장, 전국경제인연합회 회장(제1대), 삼성그룹 초대 회장, 삼성미술문화재단 이사장, 한일경제협회 고문 역임 / 금탑산업 훈장, 국민훈장 무궁화장, 대한민국 50년을 만든 50대 인물(조선일보), 20세기를 빛낸 기업인(매경), 2012 CE 명예의 전당 헌액(미국 소비자가전협회)

'삼성'이라는 이름은 이병철 회장이 1938년 대구에서 삼성상회를 설립하면서 시작됐다. 해방 후 서울로 올라와 삼성물산공사를 세워 대일(對日)무역에 손대 기반을 닦은 후 제일제당, 제일모직을 설립하며 상업자본을 산업자본화하는데 성공했다. 1969년 삼성전자를 설립, 금성사와 경쟁하면서 전자산업의 발전을 선도했고 1979년 전자레인지를 양산했다. 80년대 들어 반도체-유전공학 등 첨단 산업 분야에 과감히 진출, 사업을 확장했다. 창업 50년만(1988년)에 삼성은 연간 외형 14조 원이 넘는 36개 기업군에 15만명의 종업원을 거느렸다. 국내 기업으로는 처음으로 채용에 공개시험제도를 도입하는 등 인재를 중시하는 사풍으로 주목받았다.

슈퍼스타
정주영
현대그룹 회장

구두 한 켤레를 15년간 신고 있는 28개 기업군의 총수이자 한국제일의 재벌. 배가 고파 강원도 산골에서 뛰쳐나온 소년이 세계 37대 기업의 사령탑에 앉기까지. 그의 인간과 사상과 꿈을 추적한다.

글 **오효진** 월간조선 기자

평범하지만 비범한 거인

'현대에 근무하는 어떤 자도 거기 가선 발발 떤다'는 현대그룹의 총수 정주영(鄭周永·70) 회장의 사무실은 소문과는 달리 그렇게 무시무시하지도 않았고, 또 으리으리하지도 않았다. 현대건설 회장실은, 그저 튼튼하게 지었다는 느낌이 드는 계동 신사옥의 12층 동쪽 끝에 있었는데, 기자가 비서실 문을 열 때까지 앞길을 가로막는 사람이 없는 게 신기했다. 비서실도 회의실도 그저 널찍널찍하기만 했지 값나가는 치장은 별로 눈에 띄지 않았다.

회의실 겸 응접실로 쓰는 방에서 비원을 내려다보니, 문득 그 왕궁이 '현대왕국'의 정원 같다는 생각이 스쳐간다. 아닌 게 아니라, 비원 근처에 지은 현대의 사옥을 놓고, 너무 높이 짓지 않았느냐, 문화재 관리에 문제가 있지 않으냐 하는 얘기들이 설왕설래한 적도 있었다.

잠시 후 정주영 회장이, 키가 너무 커서(176㎝) 등이 굽은 것 같은 자세로, 다리가 너무 길어 휘청거리며, 또 너무 길어서 활처럼 굽은 팔을 천천히 저으며, 응접실로 들어와서 커다란 손으로 기자의 손을 잡아 쥐었다. 그는 자리에 앉아 본인이 천하가 다 아는 정주영 회장인데도, 옆에 놓인 명함 한 장을 건네었다. 기자는 얇은 종이에 적힌 명함을 받아쥐고 그를 허탈하게 올려봤다. 너무나 평범하게 보였기 때문이었다. 시골 노인처럼 거칠게 햇볕에 탄 피부, 거뭇거뭇하게 잔 버섯이 돋은 얼굴, 너무 허리끈을 분명하게 졸라매서 튀어나온 것처럼 보이는 아랫배, 깡똥한 바지, 감색의 두터운 겨울 양말, 가죽이 쫙쫙 갈라진 구두….

이렇듯 어떻게 보면 초라하게까지 보이는 이 노인의 머리에 씌워진 왕관은 화려하기만 하다. 전국경제인연합회 회장, 세계 37대 기업(미국 제외)의 총수, 28개 계열 기업군의 황제, 가끔 바람만 스쳐 지나가던 백사장에 세계제일의 조선소를 지어 일으킨 의지와 집념의 사나이, 여의도 (98만 평)의 50배(50만 평)나 되는 간척지 서산성의 성주, 그리고 울산시의 사실상 실력자(실제로 프랑스의 권위 있는 주간지 《렉스프레스》는 울산시를 '현대시'로 오기한 일까지 있으니까).

이렇게 엄청난 인물이 왜 이렇게 평범하게 보일까. 그러나 이런 느낌은 여지없이 깨어지기 시작했다.

— 정 회장에 관한 책이 여러 권 나왔던데요. 보셨습니까?

"그거 다 맘에 안 들어요. 내가 뭐라고 하면 괜히 책만 많이 팔릴까봐 가만히 있는 거죠"

— 어디가 그렇게 마음에 안 드셨습니까?

"나에 대해서 치켜 올린 게 싫어요. 첫 번부터 큰 꿈이 있었던 것처럼 쓰고, 조상서부터 미화시킨 게 싫어요. 그렇게 조상 미화시키자면 김일성이 미워할 거 하나 없어요. 모든 건 사실대로 쓰고 판단은 독자가 해야지요. 쪼끔 좋은 걸 괜히 미화해 놓으면 그건 완전히 죽는 거다 이거죠."

정 회장이 정말 이런 생각을 가지고 있다면 그는 비범한 인물임에 틀림없다. 그리고 이 기사도 정 회장의 뜻에 따라 추켜세우지 말고 있는 그대로 써야 될 것만 같다.

"마음 설레어 일찍 깬다"

정주영 회장을 취재하면서부터 기자는 완전히 정 회장 스타일대로 따라서 움직여야 했다. 집 구경을 시켜 달랬더니 대뜸 내일 새벽 6시에 오라고 했다. 새벽 6시면 민방위 비상소집할 때나 일어나 나가는 시간이다. 이튿날, 할 수 없이 부지런히 일어나서 새벽 5시 40분에 종로구 청운동 인왕산 밑 정 회장댁에 도착했다. 그런데 정 회장은 그보다 1시간 40분 전인 4시에 일어나서, 책과 신문을 보고, 그리고 나서 국제전화를 받고 있었다. 잔디가 곱게 깔린 200여 평의 넓은 마당으로 2층 정 회장 거실에서 새어나온 목소리가 가득 퍼지고 있었다.

그는 요즘 매일 새벽 4시면 눈을 뜬다고 한다.

"서산 일(간척)을 시작한 다음 4시면 저절로 눈이 떠지지요. 그날 할 일 땜에 마음이 설레어서 더 잘 수가 없는 거죠"

정 회장댁 옆엔 인왕산의 커다란 바윗덩이가 웅크리고 있었다. 산골물이 흐르는 소리, 산바람이 지나가는 소리가 들려왔다. 주차장엔 그라나다, 스텔라, 포니가 1대씩 세워져 있었다. 생각과는 달리 그라나다는 부인이 타고 다니는 것이었고, 스텔라는 회장이 시내에서 타고 다니는 것이라고 했다. 구형 포니는 앞이 찌그러진 낡은 것이었는데, 이 차는 한국

제일의 부잣집 넷째 며느리가 타고 다니는 것이라고 했다. 나중에 회장 부인에게 '요즘 현대에서 엑셀을 팔고 있는데 그 차를 한 대 주지 그러느냐'고 물었더니, 부인이 고개를 설레설레 저었다.

"새 차요? 그것도 황송하지."

정 회장에게 같은 질문을 했더니 이런 대답이 돌아왔다.

"차? 왜 그거 좋잖아요? 아직도 한참 더 타겠잖아요?"

주차장에서 오른쪽으로 꺾어 계단을 오르니, 잔디 깔린 마당 끝에 또 볼품은 없지만 튼튼해 보이는 2층 집이 한일자로 들어앉아 있다.

정 회장이 말한다.

"30여 년 전(1958년)에 47~48일 간 블록으로 후딱 지어서 돌 붙인 거예요. 건축하다 남은 헌돌 모아 놓은 거지요."

그 후에 아래층에 식당을 달아 지어서 그 부분의 돌 색깔이 달라 보였다.

취재진 일행이 마당으로 올라서니 머리가 은빛처럼 하얗게 센 부인이 가만가만 나와서 우릴 맞았다. 흰 블라우스에 재색 치마를 수수하게 차려 입은 이 부인이 알고 보니 바로 그 엄청난 정주영 회장의 부인 변중석(邊仲錫 · 64) 여사였다.

정 회장 부부와 기자는 잔디 위에 의자를 놓고 앉아 얘기를 나누었다.

"장사꾼 아녔으면 문필가 됐을 것"

회장댁의 건평은 1, 2층 합해서 70여 평쯤 될 것 같았다. 1층에는 응접실, 식당, 부엌, 아이들 방, 부인이 자는 온돌방이 있었고, 2층에는 커다란 온돌방, 작은 침실(애들방), 회장이 자는 침실 등이 있었다.

정 회장은 1층 커다란 응접실에 들어서서 벽에 세운 옛 중국시 '풍교야박(楓橋夜泊)'을 읊어 보이며 어릴 때 서당에서 글 배울 때를 회상했다. '박 대통령이 글을 써준다고 하기에 그럼 이렇게 써주시오'해서 받은 '청렴근(淸廉勤)' 석 자도 그가 좋아하는 것이고, '일근천하무난사(一勤天下無難事 · 부지런만 하면 천하에 어려움이 없다)'라는 글귀도 그가 좋아하는 것이다. 이처럼 '부지런함'은 정주영 회장의 상표와도 같다.

그는 또 '맥아더의 기도문'이 하도 좋아서 응접실에 써서 걸어놓고 있다. 그가 특히 좋아하는 부분은 이런 것이다.

'…바라건대 나를 쉬움과 안락의 길로 인도하지 마시옵고, 곤란과 도전에 대하여 분투항거할 줄 알도록 인도하여 주시옵소서.'

그는 맥아더의 기도문 다음에 자기 자신이 직접 지은 기도문을 보태어 써넣었다.

'이것을 다 주신 다음에 이에 더하여 유머를 알게 하여 인생을 엄숙히 살아감과 동시에 삶을 즐길 줄 알게 하시고, 자기 자신을 너무 중대히 여기지 말고 겸손한 마음을 갖게 하여 주시옵소서. 그리하여 참으로 위대하다는 것은 소박하다는 것과 참된 지혜는 개방적인 것이요, 참된 힘은 온유함이라는 것을 명심하도록 하여 주시옵소서'

— 참 명문인데요.

"내가 장사꾼이 안됐으면 문필가가 됐을 거요"

— 그럼 바꾸시죠.

"그렇게만 된다면 얼마나 좋겠소."

밥 얻으러 가서 당한 일

정주영 소년의 집안은 농사거리가 그래도 꽤 많은 편이었다. 논이 1500평, 밭이 한 4000평쯤 됐다. 그만하면 아산리에서 농토가 많은 편에 속했다. 그러나 워낙 농토가 척박해서 소출이 많지 않은 데다 식구가 많아서 조반석죽을 면치 못했다. 정 회장의 아버지는 이런 가운데서도 자기대 7남매의 살림을 내고 키우고 했다. 그러다보니 '정말 참 말할 수 없이 많은 일을 했다'고 한다. 그러면서도 아버지는 겨울에도 쉬지않고 해마다 논을 50~60평씩 개답했다.

"지금도 아버지가 논을 일구어내던 기억이 나요. 땅을 고르고 돌을 추려내고, 도랑을 파서 물을 대고, 객토를 실어 나르고, 여기저기서 삼태기로 거름을 옮겨와서 뿌리고…. 논을 일구어가지고서 그렇게 흐뭇해하시던 것이 깊이 머리에 남아 있어요."

특히 이 대목에선, 50평이 아니라 그 100만 배인 5000만 평의 서산 땅을 일구어 놓고 좋아서 어쩔 줄을 모르는 그의 아들의 모습이 겹쳐 보이지 않을 수 없다.

소년 정주영은, 5살 때부터 한 3년간 서당에 다녔다. 그때는 할아버지가 돌아가셔서 다른 훈장 밑에 가서 배웠는데, 천자문, 동몽선습, 명심보감, 소학, 사략, 무제시, 연주시 같은 걸 다 배웠다. 이때 매를 맞으며 배운 문장과 싯줄을 그는 아직도 외고 있어 '심심하면 찾아서 읽고 있다'고

한다.

정주영이 만 15살 나던 7월, 그와 지주원은 저녁을 배불리 먹고 청진을 향해 밤길을 부지런히 걸었다. 날이 새면 아버지가 찾을 테니까 밤을 새워 걸었다. 60리쯤 걸었을 때 날이 샜다. 그리고 배가 고파왔다. 밥을 얻어먹기로 작정을 하고, 인심이 사나울 것 같은 신작로가의 집을 피해 큰길에서 5리쯤 떨어진 농가를 찾았다. 마침 그 집에서 아침을 먹고 있었다.

"지주원이라는 애가 나보다 키도 크고 나이가 들어서 부끄러운지 날보구 밥을 얻어오라구 그러잖아요. 넌 쪼끄매서 어린애 같으니까 밥을 줄 거라구 하면서. 그래 그 집엘 들어가긴 했는데 정말 말이 안 나오데요. 그래도 억지로 '지나가던 사람이 노비가 떨어져서 밥 좀 얻으러 왔다'고 하니까 그 주인이 이렇게 쳐다보고 씩 웃으면서 이래요. '왜 떨어지지 않게 붙들어 매지 않았어!' 아 이 말을 듣고 부끄러워서 냅다 내뛰고 말았어요."

— 아니, 그거 밥 준다는 뜻 아닙니까?

"바로 그거야! 지금 생각하면 그게 밥 줄 사람이야!"

둘은 할 수 없이 비상금에서 5전어치 떡을 사먹고 요기를 한다.

그들은 원산 부둣가에서 노숙을 하다가 모기한테 몹시 물렸는데, 정회장은 그때 우스갯소리를 하나 만들었다.

"아휴, 원산 모기가 어떻게 큰지, 그때 무명바지 저고리를 입고 갔는데 그걸 뚫고 턱턱 디리 쏘는데 못 당하겠어. 그래 내가 고원이란데 가서 철도공사를 하는데 거기가서 뇌동자(노동자)들한테, '전 조선에서 어디 모기가 제일 세냐' '원산 모기다' '왜냐?' '아 내가 보니까 모기란 놈이 어찌

큰지 생선 구루마를 끌고 가더라', 이러면 같이 갔던 지주원이가 죽이 맞아서, '저놈 거짓말하는 거 봐라, 어디 혼자 끌고 가더냐, 뒤에서 다른 모기가 밀더라 이놈아!'이랬구먼."

둘이 철도공사판에 가서 일 좀 할까 하는데 추석 무렵에 뜻밖에도 소식을 전해들은 정 회장의 아버지가 찾아와 꼼짝없이 집으로 붙들려와야 했다.

정주영은 집에 잡혀와서도 또 곧 도망할 궁리를 한다. 이번에는 각각 1살 위인 정창령, 조언구와 함께 셋이서 일을 꾸몄다.

"이번엔 가만히 보니까 청진은 너무 멀어서 서울로 가기로 했어요. 청진은 1200린데 서울은 500리거든."

― 왜 처음부터 서울로 가지 그랬어요?

"저런, 첨엔 서울이 아주 무서운 곳인 줄 알았지. 아주 높은 사람들만 사는…."

― 그럼 이번에는 어떻게 서울로 갈 생각을 하셨습니까?

"간이 커졌죠. 그래 눈두 다 녹기 전 이른 봄에 세 놈이 떠났어요. 셋이 1원50전을 만들어서."

그들은 걸어서 통천을 지나 추지령을 넘어 회양 땅에 왔다. 그곳에 창령이 친척집이 있었는데 거기서 뒤쫓아온 창령이 형님한테 붙잡혔다. 창령이는 할 수 없이 잡혀 가고, 나머지 둘은 다시 서울로 길을 재촉했다. 그러다가 금강산에서 멀쩡한 신사가 취직을 시켜준다는 바람에 속아 비상금을 탕진하고 다시 터덜터덜 걸어서, 둘째 할아버지가 사는 김화로 향했다.

아버지가 흘린 눈물

그런데 또 문제가 일어났다.

"거기 거반 다 가서 큰 강이 있어요. 해가 석양머리나 됐는데, 배가 하나 있어요. 그런데 돈이 있어야지요. 좀 있다 행인들이 서너 사람 오니까 배가 떠요. 얼른 뛰어 올랐지. 배가 거반 저쪽에 닿아 가는데 사공이 배삯을 달라고 하는 거야. 돈이 없다고 하니까, 내 친구 언구의 귀싸대기를 냅다 때리는 거야. 그러자 배가 막 닿으려고 하길래 내가 얼른 뛰어내렸지. 언구두 뒤따라 뛰어내리구. 그러니까 사공 하는 말이 우습지. '옛말에 배삯 없는 놈이 먼저 내린다더니, 저놈들 배삯도 안 내고 먼저 내리네!' 이러더라 말야."

그러나 그 둘도 정주영의 작은 할아버지의 설득에 말려 다시 고향으로 돌아와야 했다.

— 왜 도망치지 그랬습니까?

"돈두 없구, 기진맥진해서….'

그러나 정주영 소년은 집에 돌아와서 기진맥진한 기력을 다시 회복해서 서울로 갈 꿈을 또 다시 꾼다. 이번 탈출은 대담무쌍하고 또 드라마틱하기도 하다.

16살 되던 여름이었다.

"신문에 조그맣게 난 걸 보니까 평양과 서울에 부기학원이 있는데, 6개월만 속성으로 배우면 취직을 알선해 준다, 이러잖아요. 그래서 거기다 편지를 해서 안내서를 받았지요. 그런데 아버지가 나한테 당할려고 소판 돈을 갖다가 궤짝 밑에다 넣어놨잖아요. 또 다섯째 작은 아버지가 송아지 판 걸 큰형 집에다 맡겼죠. 이 놈을 몽땅 훔쳐 가지고 서울 부기 학원에서 온 안내서를 들고 내 뛴 거죠. 소 두 마리 값이니까 지금 돈으로 한 200만원 넘었겠죠. 이번엔 간이 점점 커져서 송전 가서 기차타고 서울로 왔어요. 그때 그 덕수부기학원이 덕수궁 골목 재판소 근처에 있었는데, 그 큰 돈을 전부 부기학원에 맡기구 그 기숙사에 들었어요. 그런데, 어럽쇼, 한 달쯤 지났는데 아버지가 나타난 거 아니에요!"

— 이게 어찌된 일입니까?

"글쎄 어떻게 알았냐구 물어보니깐, 내가 서울 부기학원 안내서만 들고 오구 평양 건 팽개치고 왔잖아요. 그래 아버지가 그걸 들구 평양을 찾아갔대요. 평양선 여긴 안 왔다, 서울에도 이런 데가 있으니까 거기 가봐라 그러더래요. 그래 평양서 서울로 돌아가는 길에 미심쩍어 한번 들렸다는 거죠. 그래서 정통으로 맞부딪힌 거 아닙니까?"

— 매 맞지 않으셨습니까?

"글쎄 나두 큰돈을 훔쳐가지고 왔으니께 되게 맞을 줄 알았는데 하나두 야단도 안하구, 그저 '가자'이거야. 나는 '죽어도 못 간다' 이러구.

아버지는 평생 나한테 한번도 칭찬을 해본 적이 없어요. 뭘 못하면 야단이나 치지. 말할 수가 없이 엄했어요. 말씀은 전연 안하구요. 그런 양반이 나한테 그냥 온갖 지혜를 다 동원해서 사정이야. 너는 맏아들이니까 말이야, 농사를 지어야 될 거 아니냐, 니가 이렇거면 그 수많은 동생들 어떡헐 거냐, 나도 이제 나이가 많은데 일을 하면 얼마나 하겠느냐, 니가 열심으루 일해서 논 사고 땅 사서 집 지어 동생들 세간 내야 할 거 아니냐, 이러면서 통 사정이야. 대한문 앞에서 쭈그리고 앉아서 뒤 시간 사정을 하는데두 내가 죽어도 못 가겠다고 했더니, 하다하다 안되니까 글쎄 아버지가 우시더라구."

이 대목에서 정 회장의 눈에도 눈물이 비친다.

친구의 가정 불화가 안겨준 성공

그는 한참 후에 계속했다.

"아버지가 참 안 됐어서, 오늘 저녁 차를 타자구 그랬어요. 그때 청량 리에서 밤 10시 정각에 차가 있었어요. 부기학원에 가서 맡긴 돈을 찾으 니까 이거 떼고 저거 떼고 3분의 1밖에 안줘요. 그걸 받아쥐고 시간이 좀 남으니까 아버지가 창경원 동물원엘 가재요. 그때 전차값이 5전인가 했 는데 그걸 애끼자구 걸어서 갔어요. 그런데 가서 보니 '대인 10전 소인 5전'이라구 써 붙여져 있잖아요. 아버지가 그걸 보시거니 '응, 돈을 내게 돼 있구만'해요. 공짠 줄 알고 구경을 온 건데 말야. 그걸 보구, 아버지는 '난 시골서 호랭이 많이 봤으니까 너나 보구 와라'이래요. 그래서 나두 안 보겠다고 했더니 할 수 없는지 표 두 장을 사더라구요. 그래서 함께 동물 원 구경을 하지 않았어요."

다시 고향으로 잡혀온 정주영은 이제 아버지의 뜻에 따라 착실한 농사 꾼이 될 결심을 했다. 그런데 이모가 사는 이웃마을에 갔다가 소학교 친 구인 오인보를 만났는데 거기서 뜻밖의 일이 벌어진다.

"이 사람이 어려서 장갈 갔는데, 마누라가 무서워서 못 살겠대요. 어려서 장갈 가서 뭘 몰랐죠. 나중에 좋아져서 아들 딸 낳고 잘 살았지만…
하여튼 이 사람이 마누라가 자기 집에 돌아갈 때까지 딴 데 가서 살아야
겠다면서 서울로 함께 가는 게 어떻겠느냐 이거예요. 지가 돈을 꿔줄 테
니 냉중에 벌어서 갚으라고 말이지. 그래 나두 잘됐다구 생각하구, 18살
되던 늦봄인데 오인보네 사랑에서 자구 기찰타고 서울로 왔지요. 청량리
와서두 역 앞에 싼 여관이 있었는데 그것두 비싸다구 싼 델 찾아 동대문
까지 들어왔다가 다시 걸어서 청량리로 갔죠.”

정주영은 네 번째 탈출에서 비로소 성공을 거두지만, 그 성공이 친구
오인보씨의 조혼과 가정불화에서 온 걸 생각하면 어처구니가 없기조차
하다. 오인보 부부 사이에 금실이 좋았다면 오늘날의 현대는 아마 없었
을 것이다.

이때 정 회장은 서울로 올라와서, 노동하는 모습을 부자 친구인 오인
보씨에게 보이기 싫어서, 인천으로 갔다. 거기서 그는 부두 노동을 하다
가 다시 서울로 와서 현재의 고려대인 보성전문 담을 쌓는 일을 하기도
한다. 그러다가 그는 처음으로 안정된 직업을 찾는다. 쌀가게 배달꾼으
로 취직을 한 것이다.

청년 정주영이 복흥상회에 배달꾼으로 취직을 할 때 주인 이씨가 이렇
게 물었다.

“자전거는 잘 타나?”

그때 정주영은 겨우 자전거를 탈 줄 알았다. 그런데도 ‘잘 탄다’고 대답
했더니 주인이 그를 훑어보고 이랬다.

“가랭이는 길구먼”

그런데 취직한 다음날, 비가 오는데 주인이 쌀 한 가마니하고 팥 한 말을 배달하고 오라고 했다. 결국 여러 번 넘어져서 자전거의 핸들이 휘었고 또 쌀가마도 흙으로 뒤범벅이 되었다. 정주영은 그날 밤부터 사흘 동안 밤에 한두 시간만 자고 밤새도록 자전거에 쌀을 싣고 타는 연습만 했다. 그후부터 그는 선수가 돼서 쌀 두 가마씩을 싣고 서울 장안을 누빌 수 있었다.

이렇게 착실하게 하니까 주인이 장부 정리까지 맡겼다. 그때 쌀 한 가마에 12원씩이었는데 월급을 18원씩 받았다. 연말에 1년치를 받으니 쌀 18가마였다. 이걸 보고 아버지도 농사짓는 것보다 낫다면서 처음으로 그를 인정했다.

쌀집에서 3년 동안 일했을 때 주인집 아들이 난봉이 나서 돈을 헤프게 쓰는 바람에 가게 문을 닫게 됐다. 정주영은 이때 어렵잖게 가게를 넘겨받아 쌀집 주인이 됐다. 이름도 경일상회(京一商會)로 바꿨다. 그는 21살부터 24살까지 쌀을 팔며 돈을 모았다.

쌀장사로 사업의 기틀을 잡고

정 회장은 24살 때 쌀 배급제가 실시되자 신당동에서 경영하던 쌀가게 경일상회를 그만둔다. 그러나 그때까지 번 돈으로 고향에 논 30마지기를 사놨다니 대단한 성공을 거둔 셈이었다. 정주영 회장은 이때 일단 기틀을 잡은 것이었다.

청년 정주영이 쌀가게에 이어 두 번째로 손댄 사업은 자동차 수리업인데 이것은, 이때부터 그가 세계적인 재벌로 성장할 수 있는 가능성을 보여줬다는 데서 의의가 깊다. 그는 당시 가장 새로운 문명의 이기의 하나였던 자동차와 접했던 것이다. 이후 그는 계속 새롭고 큰 것과 달라붙어 성공을 거두게 된다.

북아현동에 있던 '아도(ART) 서비스'를 인수한 그는, 적자로 허덕이던 공장을 단번에 흑자로 올려놨지만, 뜻밖의 화재를 만나 재산을 몽땅 잃는다. 그래도 그는 좌절하지 않고 다시 빚을 내어 신설동으로 공장을 옮겨놓고 또 돈을 벌기 시작한다.

신설동 공장은 무허가였는데, 이때 일어난 다음과 같은 일화는 그가 어떤 사람인가를 잘 알려준다. 그의 말을 직접 듣는다.

"아 파출소는 그런대로 어떻게 피해서 할 수가 있었는데, 동대문 경찰서 일본사람 보안주임이 당장 그만두지 않으면 날 유치장에 집어넣겠다구 하잖어. 그래 그 집에 아주 수십 번을 찾아갔지. 첨엔 사탕을 사가지고 갔더니, 사탕발림을 하는 거냐구 막 야단을 하면서 안 받아서 그냥 들구 오다가 쓰레기통에 버렸어요. 그래도 자꾸 찾아가니까 결국엔 그 사람도 내 말을 들어주더라구. 벌써 구속했어야 했을 텐데 매일 찾아오는 사람 차마 그렇게 할 수 없으니, 뭐뭐를 주의하고, 또 어떻게 숨어서까지 하라고 하잖아. 어쨌든 불내지 말구 사고없이 하라구 말야."

정 회장은 이 일을 겪고 나서 '진실과 성실'은 모든 것을 초월해서 이길 수 있다는 신념을 얻었다고 한다.

그리고 이 시절 얘기로 그가 자랑스럽게 하는 다음과 같은 농담 속에도 그의 진면목이 담겨 있다.

자동차 부속에서 영어 배워

"당시 자동차를 고관대작이나 가지고 있었지요. 한국 사람으로는 육영수씨 아버지하고 저 공주의 '민나도로보데스'하는 김갑순씨하고 이렇게 몇 명밖에 차가 없었어요. 이렇게 차가 귀하니까 누가 빨리 고쳐주느냐 하는 걸로 돈은 얼마든지 벌 수 있었어요(공기단축이 이때부터 시작됐나 보다). 하여튼 고관대작이 자동차가 고장나면 꼼짝을 못하니까 부인들까지 와서 빨리 고쳐달라고 야단이에요. 그래 우리는 다른 데서 스무날 걸리는 걸 밤을 새워 닷새에 고쳐줬죠. 빨리만 고쳐주면 돈은 청구하는 대로 나왔죠. 내가 ABC를 배우질 않아서 영어를 모르지만 그래도 영어를 쪼끔 알아듣는 기초가 어디서 나왔느냐? 그때 배운 자동차 부속에서 왔어요. 발음만 일본식이지 다 영어예요. 보세요, 헤드 라이트, 룸라이트, 시드, 쪼인트, 후론토 휀다, 기아…, 전부 영어잖아요. 그럼 왜이걸 그렇게 외웠느냐? 아 일본 사람들 속여먹어야 하잖아요. 공장에 들어오는 자동차를 전부 뜯어놓구선 헌 부속을 깨끗이 닦아서 도로 끼고 새 부속 갈았다고 하구선, 그때 돈 많이 벌었어. 가다로꾸에 있는 걸 죄 갈았다구 속일라니까 많이 알아야지요."

꼭 그때 배운 것 때문이라고는 할 수 없지만, 요즘 정 회장의 영어 실력은 수준급이어서, 아랫사람들이 자기 말을 통역할 때, '아 그게 아니구 이런 뜻이야, 이렇게 다시 해!'하고 지적하기까지 한다는 것이다.

또 그가 그때 부속 이름을 열심히 외어둔 게, 오늘날의 포니와 스텔라를 탄생시키는데 적지 않은 요인이 됐다는 것도 놀랄 일이 아니다.

"포드가 한국에 조립 공장을 하게 될 때 우리하고, 박흥식 화신 사장하고 동신 타이어가 신청을 했죠. 포드 측이 우리 셋하고 면담을 했어요. 그런데 그분들은 자동차를 타고 다녀 봤지만, 자동차는 모르지요. 그러나 나는 자동차 부속 뭐 모르는 게 없죠. 그래 우리가 그걸 하게 되잖았어요."

반찬 많아도 날벼락

정주영 일가는 현저동 꼭대기에서 신당동으로 옮겨 쌀장사를 하는데 이때 정 회장의 동생들이 하나씩 하나씩 올라와서, 변 부인이 시동생들을 데리고 쌀도 팔고 두부도 팔고 한다. 그러다가 신설동 탑골승방 근처에 있는 한옥을 사서 옮겨갔는데 그때는 고향에서 부모까지 올라와서 20여 명의 대가족이 함께 살았다. 이렇게 되니 집이 비좁아서 다시 돈암동으로 좀더 큰 집을 사서 이사했다.

당시 정 회장의 아도 서비스 자동차 수리공장은 종업원이 60여 명이나 되는 꽤 큰 회사였는데도 생활은 검소하다 못해 지독하기까지 했다.

변 여사가 말한다.

"그때 반찬도 아침에 김치 하나 국 하나만 해놔야지 더 해놓으면 벼락나요. 그래 가지고 뭐 얻어 잡숫지도 못했다구. 그렇게 돈 모았어요. 생활비도 잘 안주고. 아유 얼마나 지독한지 말도 못해요."

43년 그의 나이 28세 때, 정 회장은 아도서비스를 그만둬야 했다. 일제말이 되자 기업정리령이 내려져 일진광업소와 합병하게 됐던 것이다.

그뒤 그는 자동차 수리에서 손을 떼고, 식산은행 총재 아들이 경영하던 보광광업주식회사 홀동광업소에서 광석운반 하청을 맡아 해방직전까지 거기서 일했다. 3만원 보증금을 넣고 들어가서 5만원을 찾아가지고 나왔으니 거기서도 2만원을 번 셈이었다.

그런데 이때에도 운이 따랐다. 황해도 홀동 광산에서 평양 석교리역까지 광석을 운반하는 것이었는데, 광업소측의 잔소리가 하도 심해서 1945년 5월 해약을 하고 그가 고향에 가서 모처럼 한 3개월 쉬고 있는데 해방이 됐다. 동생 인영과 순영이 함께 광산에 가서 일을 보고 있었는데, 그때 나오지 않았더라면 모두 소련으로 잡혀갈 뻔했다. 정주영을 밀어내고 들어왔던 사람들이 다 소련으로 잡혀갔다고 한다.

해방 이듬해에 그는 현재 자동차보험이 있는 초동에 '현대자동차공업사'라는 수리공장을 세웠는데 여기서 오늘날의 '현대'가 나왔다. 왜 '현대'라는 이름을 지었느냐는 질문에 정 회장은 이렇게 대답한다. "그러니까 우리가 때벗게 한번 지어본다고 한 게 '현대'라고 지은 겁니다. 자동차 수리공장을 했기 때문에 그 이름을 생각한 거 같아요. 자동차라는 건 '현대'문명의 이기잖아요. 그 당시의 자동차는 아주 대단한 거니까요."

그러나 이때는 이름만 '현대'였지, 거기서 하는 일은, 낡은 일본차를 고치거나, 휘발유가 귀하니까 목탄차나 카바이드 차로 개조하는 게 고작이었다. 그러니까 하는 일은 '고대'로 돌아가고 있었던 것이다.

이때 그들 일가는 고향의 전답을 처분하고 모두 서울로 와서 살았는데, 정 회장의 어머니와 부인은, 그 많은 공장 사람들의 밥을 해서 이어

날랐다고 한다.

미군 천막공사서 시작한 건설사업

정주영은 또 관청의 일을 맡아하기도 했다. 그래서 관청 출입이 잦았는데 그때 또 깨닫는 게 있었다.

"견적을 내가지고 서울시에 수금을 하러 가서 보니까 우리가 기껏 30만원, 40만원을 받아가는데, 건설업자들은 1000만원을 받아간다 이거예요. 그래 생각에 똑같은 시간 없애가면서 할 바에야 내가 금액 적은 걸 할 게 뭐 있느냐, 이왕이면 큰 걸 하자 해서 '현대자동차공업사' 간판을 떼고 거기다 '현대토건사' 간판을 단 거죠."

이게 오늘날 현대건설의 모체다. 그는 이처럼 언제나 새롭고 큰 것을 향해 앞으로 앞으로 돌진했던 것이다. 맥아더의 기도문처럼 '쉬움과 안락'을 버리고 '곤란과 도전'을 향해 분투하면서, 스스로 흥분하고 스스로 대견해서 밤잠을 못 자가며 내뛰었던 것이다.

천만금을 벌 꿈을 안고 현대토건사란 간판을 걸기는 했으나 실제로 돈은 그렇게 쉽게 들어오지 않았다.

"그저 간판만 달았는데 우리가 기술자도 아니구, 누가 당장 일을 그렇게 줘요? 이렇다 할 일도 못해 보고 있는데 6·25가 나가지고 나하고 내 동생(인영)하고 부산엘 갔죠." 정 회장의 말이다.

전쟁은 청년 사업가에게 길을 활짝 열어 주었다.

"부산 가서 돈이 한푼도 없었죠. 그랬는데 배에서 내리는 미군들을 천막에서 하루밤씩 재워 보냈는데, 그 천막치는 일이 가뜩 쏟아져 들어왔어요."

이때부터 그는 또 돈을 쓸어담기 시작하는데, 여기선 동생 정인영의 공을 빼놓을 수 없다.

"우리 둘째 동생(인영)이 신문사 외신부에 댕겼어요. 일본 청산학원을 나왔으니까 영어를 좀 했죠. 그래 이 사람이 미국 대사를 찾아가서 취직을 하고 싶다고 하니까 아 그러잖어두 통역이 필요한데 잘됐다면서 알선해준 데가 미군 공병단이었어요. 그래 미군은 막 들어오구 빨리 천막은 쳐야겠구, 닥치는 대로 일을 시키는데, 거기에 우리가 끼였죠. 이렇게 공사를 하기 시작해서 6·25동란 중에 참 많은 일을 했죠."

6·25 동란 중 정 회장은 최전방까지 드나들면서 미군공사를 했다. 아이젠하워가 대통령에 취임하기 전에 우리나라에 왔을 때는 숙소로 사용한 운현궁에 보일러 시설을 해서 미군의 인정을 받기도 했고, 이른 봄에 부산 유엔군 묘지를 퍼렇게 해달라는 부탁을 받곤, 보리를 파다 심은 후에 후한 돈을 받기도 했다.

어떻든 정주영 회장은 6·25를 통해 탄탄한 기반을 닦았다.

그는 이렇게 회고한다.

"건설이란 평화 시절에는 평화를 건설하는 거고, 전쟁이 나면 전쟁에 따른 공사를 하게 되니까, 전쟁과 평화 어디에서나 일이 있는 것입니다."

그는 또 6·25 때 기반을 잡은 것을 '변화'와 '적응'으로도 풀이한다.

"어쨌든 그 변화에 적응하는 일을 찾아내면 돼요. 변화에 적응을 못하는 사람들은 사라지고, 변화에 적응을 하는 사람들은 성장하죠."

"체념 않는 한 실패란 없다."

그러나 호사다마라고, 정주영 회장에게 또다시 역경이 찾아왔다.

"1·4 후퇴 이후 부산에서 낙동상 고령교 복구공사를 했어요. 공기가 3년인데 우리가 그거 하는 동안에 물가가 글쎄 백배나 올랐어요, 백배나. 거기서 아주 빚을 태산 같이 지고, 완전 파산에 빠졌댔죠."

— 벌었던 걸 다 까먹었군요?

"아 그럼, 완전히 결단났다니까요!"

— 그때 그냥 벌렁 나자빠지지 그러셨습니까?

"그럼 그걸로 끝이죠, 그렇죠? 신용은 그걸로 끝이 되는 거죠. 현금을 모아서 성공하는 기업은 죽구요, 기업은 신용으로 크는 거니까요. 세계적인 대기업은 전부 신용으로 크지요. 현금 모아서 크는 것은 쪼끄만 기업들이죠. 무한한 대성을 이룰 수 있는 건데 벌렁 나자빠져서 되겠어요? 또 우리 인간이라고 하는 것은 역경을 몇 번씩 겪으면서도, 본인이 실패했다고 체념할 때에 비로소 실패가 존재하는 것이지, 신용을 유지하면서 실패했다고 체념하지 않는 한 실패란 존재하지 않는 거죠."

이 대목에서 신용을 제일로 여기는 기업인으로서의 그의 철학이 돋보인다. 그후 과연 현대는 신용을 바탕으로 무럭무럭 자라서 건설업계의 5인조 안에 들게 된다. 1957년 제1한강교 복구공사를 전후해서 현대건설의 이름이 세상에 널리 알려지고, 업계에서도 선두그룹에 나서게 됐던 것이다. 그리고 1960년부터는 건설업 랭킹 1위로 부상했다.

"우리가 건설을 시작한지 10여년만에, 4·19 전에, 우리가 건설업계 5대 업자로까지 성장했죠. 대동공업의 이용범씨가 5인조를 만들어서 자유당 정부를 끼고 정부공사를 했다고 지탄을 받았죠. 이용범씨가 정치판에 뛰어들어서, 큰 공사를 하나씩 나누어서 하게 해줄 테니까 피나게 경쟁을 하지 말고, 같이 잘해보자. 그렇게 제의를 해왔어요. 그런데 이 사람이 그 후에도 큰 공사만 나오면 자기네가 하겠다고 나서요. 그러다가 4·19가 나고 5·16이 나서 자유당 5인조라는 비난만 뒤집어쓴 거예요."

이때 받은 충격으로 정 회장은 해외 진출을 꾀한다.

"국내에선 그때만 해도 민간자본이 없으니까, 정부가 발주하는 공사밖에 없잖아요. 그러니까 정부를 끼구서 하는 거다, 아니다, 말이 많죠. 이게 싫어서 해외로 나간 거예요. 외국 가서도 자기 능력으로 잘 하더라, 이런 걸 보이기 위해서. 해외로 나간 것도 우리가 태국에 나가 고속도로 공사를 한 게 처음이에요."

그러나 현대건설이 태국, 괌, 파푸아뉴기니, 호주, 알래스카, 이런 데 가서 열심히 일을 했지만 노력한 것에 비해 별 재미를 못봤다.

"저 태평양 괌 열도에 가서도 공사를 하고, 저 알래스카 북극 산 속에 가서 다리도 놓고, 그렇게 하는 동안에 이만저만 어려움을 겪은 게 아니에요. 그 당시만 해도 전부 영어도 서툴르죠? 그런데 외국 사람들 쓸려니까 얼마나 힘들어요. 호주 같은 데 가서는 시련도 참 많이 겪었어요.

유색인종이 거기 가서 백색인종을 뇌동자로 쓰면서 일을 할려니까 얼마나 힘이 들어요."

정 회장은 이렇게 진로가 막히자 또 한번 '곤란과 도전'을 향해 더 넓은 길을 찾아 방향을 전환했다.

"조선소를 하게 된 동기가 여기서 나온 거야. 열대에서 한대까지 온 세계를 쫓아다니며 일을 해보니까 기후·풍토 안 맞지, 언어·습관 안 맞지, 그렇게 힘들 수가 없어요. 그래서 이러지 말고, 우리 나라에다 조선소를 지어놓고 온 세계 일거리를 맡아다가 우리나라 한 군데서 하면 좋겠잖느냐? 이래서 착수한 게 조선이야."

조선 얘기만 나오면 정 회장은 할 말이 많다.

"다들 반대했지요. 국내서건 외국에서건 다 안 된다고 했어요. 백사장 사진을 들고 다니면서 여기다 조선소를 지어서 배를 만들 테니 사라고 팔고 다녔고, 도크를 파면서 배를 지었고, 그랬는데 1983년부터 울산 조선소가 세계 제1의 조선소가 됐고, 올핸 아마 세계 2위와 3위를 합친 것보다 더 많은 배를 지을 거예요. 우리가 자본이 있었나요, 기술이 있었나요? 그런데도 조선이 이렇게 빨리 성장한 것은 정부가 간섭을 안했기 때문이죠. 또 간섭할 짬이 없었죠. 자기들도 조선은 모르구요. 그래서 빨리 국제경쟁력을 가지고 출발에서부터 외국에 판 거 아녜요. 그에 비해서 자동차는 정부가 너무 간섭을 해서 이렇게 시일이 오래 걸리지요. 부속 공장한테도 일일이 간섭을 해요. 이거는 니가 해라, 이걸 하면 얼마를 융자해줄게 하고. 이런 예를 보더라도 정부는 산업에 지나치게 간섭을 해선 안된다고 생각해요."

"지금이 가장 행복하다."

정주영 회장은 지금 서산농장 때문에 밤잠도 설치고 새벽잠도 설친다. 1주일에 한 번이나 두 번씩 서산엘 다녀오는데 그때마다 그 넓은 땅을 노인답지 않게 펄펄 뛰고 다녀, 그 뒤를 따라다니는 현장 직원들이 녹초가 돼서 늘어지곤 한다. 유조선 공법으로 바다를 막아 만든 5000만 평의 땅, 호수를 제외해도 3000만 평. 어림잡아 우리 국민 1인당 한 평씩이 돌아가는 엄청난 땅을 만들어 놓고, 거기에 벼농사를 지을 꿈으로 설레고 있다.

그는 올해 4만 평에 시험재배한 벼를 보며 말한다

"계화도에 농사를 짓는 데 13년이나 걸렸어요. 우리는 이 넓은 땅에 5년 안에 벼를 그득하게 심을 거요. 내가 이 땅에 벼를 심어서 1년에 400억을 거둘 거야. 그럼 이익이 한 100억 되겠지. 그 가운데 10억씩을 투자해서 이 땅에 이상향을 만들겠어. 농사지어 이 정도면 다들 놀랄 꺼야. 농살 지어도 공장 짓는 것보다 낫다는 걸 보여주어야지. 내 꿈은 이런 거야. 그러니 여기서 시간 보낼 가치 있지."

— 땅이 너무 넓지 않습니까?

"뭐요? 손바닥만한 걸 가지구!

정 회장은 손수 포니를 몰고 가면서 휘파람을 불었다.

— 울산에 조선소를 세울 때하고 지금하고 언제가 더 좋습니까?

"지금이 더 행복하지. 그 조선소 지을 땐 뭘 아는게 있어야지. 그저 긴장했지만, 지금은 모험이 없어. 이건 다 해본 곡절이니까 니나노 니나노

하면서 할 일이야."

그는 바다처럼 넓은 호수가를 지나가면서 말한다.

"여긴 물만 있지요? 땅이 어디 붙었나 싶지요? 이 호수를 셋으루 나누어 막았어요. 그럼 맨 위에서부터 담수가 돼요. 그 물부터 농사를 지을 수 있다 이거요."

또 그는 이번엔 땅만 있는 쪽에 가서 말한다.

"여긴 땅만 있지요? 물이 어딨나 싶지요? 만주 같지 않아요?"

그러고 보니 정말 만주 같아서 이 넓은 데서 말이라도 타고 달렸으면 좋겠다는 생각을 하고 있는데, 정 회장이 먼저 말했다.

"내가 여길 말을 타고 달릴 거요."

— 말 타보셨습니까?

"송아지는 많이 타봤지. 맨등에 말야. 말도 한번 타봤어요. 세영(현대자동차 사장)이가 미국가서 대학원 마치고 돌아와는데 몸이 약해졌어요. 그래서 건강해지라구 말을 하나 사줬는데, 시커먼 놈인데, 이놈이 어떻게나 사나운지 등에만 타면 펄펄 뛰어서 떨구는 거야. 내가 고삐를 바짝 쥐고서 올라다니까 그냥 내뛰는데, 물론 떨어졌죠. 떨어져도 고삐를 바짝 쥐고 질질 끌려가는 겁니다. 그래 세우고 또 타고, 세우고 또 타고 했더니, 이놈의 말이 그냥 물로 씻은 것처럼 땀으로 쫙 젖더라구. 나도 물론 다 젖고 말이죠. 그담부턴 가만히 있어요. 그럴 거 아녜요? 떨궈봤자 또 탈 테니. 말을 떡 타니 거 조선 총독이라도 된 기분이야. 그러나 그거하구 놀 새 있어요? 동대문 시장에 일수 얻으러 다니느라구 정신없을 땐데."

정 회장은 시험재배한 볏논에 가서 물을 대느라고 이리 뛰고 저리 뛰고 했다. 그러면서 뒤따르던 정몽우씨(4남, 고려산업 사장)에게 소리쳤다.

"야, 저기 가서 삽 가져와!"

정 회장은 아들이 삽을 가지러 간 사이에 말했다.

"내가 농군 만들려구. 아까 점심에 밥 나르던 게 내 며느리요. 농군 마누라 별 수 있어."

정몽우 사장의 부인은 흰색 '몸뻬'를 입고 부엌에서 일을 하고 있었다. 반지도 끼지 않았고, 화장도 하지 않았으며 매니큐어도 바르지 않고 있었다. 정 회장의 손주들도 여느 시골 아이들처럼 넓은 농장을 왔다갔다 하며, 그러나 매우 심심한 듯 놀고 있었다. 기자의 머리엔 화장도, 부인도, 아들도, 며느리도, 다 이렇게 정신없이 일만 하며 살아야 한다면 돈을 뭣하러 애써 벌어야 하는 걸까 하는 생각이 자꾸 떠올랐다.

작은 건 아끼고 큰 건 안 아껴

끝이 보이지 않고 까마득한 간척지에서 포클레인, 페이로더, 불도저 같은 중장비들이 개답작업을 하고 있었다. 그런데 거기서 정 회장의 일면을 엿볼 수 있는 사건이 일어났다. 현장 직원들이 논둑을 너무 높게, 또 수로를 너무 깊이 파서 땅을 너무 허비했다는 것이었다.

정 회장은 기자가 있는 것도 아랑곳하지 않고 담당자를 나무랐다.

"이게 뭐야? 뚝은 조그맣게, 도랑은 높게 하랬더니, 그런데 이게 뭐야!

멍청이처럼! 아 이 땅이 아깝지두 않아? 대학 나온 게 그것두 몰라? 넌 그래가지고 사람노릇 못해! 딴 데가서 해봐!"

정 회장은 그 담당자에게 같은 얘기를 거듭하며 적어도 한 20여 분을 나무랐다. 세상에 5000만 평이 자기 땅인데 뚝이 높아 몇 평 더 들어갔다고 그렇게 나무라다니! 그러나 이게 정 회장의 참 모습인 것만 같았다.

정 회장은 이렇게 야단을 쳐놓고 미안했던지, 저녁 식탁에선 그 담당자에게 술을 권하며 마음을 풀어주었다.

또 정 회장은 간척지 풀밭에 인근 마을 사람들이 소를 매는 걸 보고 뒤따르던 사람에게 이렇게 말했단다.

"왜 우리 풀을 뜯어먹게 그냥 두나?

뒤따르던 사람의 대답이 걸작이었다.

"네, 내쫓을라구 했습니다. 그런데 소가 우리 땅에 똥을 싸게 그냥 두는게 더 이익인 것 같습니다."

그 말을 듣고 정 회장은 만족해했단다.

"음, 좋아!"

작을 때는 이렇게 한없이 작은 양반이 성금같은 걸 낼 때는 몇 억 원씩 뭉텅뭉텅 내는 걸 보면, 그때는 또 한없이 큰 양반 같다. 주위 사람들은 그러기에 '우리 회장님은 작은 것 애끼고 큰 것은 안 애낀다'고 말한다.

그날 낮, 정 회장이 그 넓은 땅을 얼마나 펄펄 날며 뛰어다니는지, 기자는 도저히 따라다닐 수가 없었다. 그래서 식탁에서 이렇게 말했다.

— 어디서 그런 힘이 나오십니까?

"당신네는 살 날이 멀었으니까 슬슬 다녀도 되지만 나는 살 날이 얼마

안 남았으니까 뛰어다녀야지."

— 지금 쌀이 남는다는데 여기서 그렇게 많은 쌀이 나오면 쌀값 떨어져서 농민들 골탕먹는 거 아닙니까?

"1980년의 식량자급률이 70%였는데 지금은 40%요. 그런데 남아요? 쌀이 남는다고 인도네시아 준 게 언젠데 박동선 사건이 일어나지 않았어요? 또 우리만 쌀밥 먹으면 돼요? 북한 동포들 조밥 먹고 굶고 한다는데 거기도 좀 줘야지."

정 회장은 지금도 매일 새벽 서산의 강우량을 현지로부터 보고받는다. 비가 많이 와야 흙의 소금기가 씻겨나가고, 호수의 염도가 떨어지기 때문이다. 어서 빨리 농군이 되고 싶은 욕망이 열화와 같다.

서산을 떠나면서 그는 아이들처럼 말했다.

"서울가지 말고 서산에서 그냥 살으면 좋겠어. 아 좀 좋아요."

소년시절 농사짓기 싫어 그렇게도 끈질기게 도망질을 쳤던 양반이 왜 지금 농사를 짓고 싶어 저 야단일까….

"성질 급한 게 내 단점."

정 회장과 만나는 사이 정해진 인터뷰 시간 이외에 틈틈이 나눴던 얘기를 모아서 정리한다.

— 본인의 단점이 무어라고 생각하십니까?

"성질이 급하죠. 그렇게 하면서도 그걸 곧 후회하는 거예요. 모든 일을 선선지도해야 하는데 생각은 그렇게 하면서도 알아듣질 못하니까 욕부터 나와요. 성미가 급해서 생각을 하지 않고 뱉어 버린 말 땜에 상대방을 슬프게 하고 불행하게 할 때가 많아요."

— 성공담은 많이 하셨으니까 실패담 좀 해주시죠.

"많이 있죠. 뭐 피로했을 때는 중요한 결정을 안 하는 게 좋겠어요. 신경질을 더 부리고 여유가 없어요. 상대방 얘기를 다 듣지도 않고 결정을 해버리는 거여. 그러나 오판이 적었으니까 회사가 커졌지 많았으면 커졌겠어요?"

— 앞으로 얼마나 더 현대를 이끄실 겁니까?

"앞으로 10년간은 정력적으로 할려구 그래요. 그러구선 모든 데서 은퇴하구 서산 가야죠. 서산만 가지고도 내가 풍요롭게 여생을 끝낼 거예요."

— 지금은 회장께서 현대의 모든 계열 기업을 강력하게 이끌고 계신데, 회장님 이후엔 어떻게 될까요? 후계자설로 얘기가 많은데요.

"후계자가 어딨어요? 그게 이상한 거예요. 능력껏 일을 하는 거예요. 성격이 찬찬한 애는 전자를 시키고, 또 대범하게 해보고 싶어하는 애는 중공업을 시키고, 그러니까 자기 성격대로 맡기는 거지, 누구한테 권한을 전부 준다 이런 건 안 할려고 해요."

— 현대의 다른 전문경영인들이 못미덥지 않으세요?

"우리 현대의 자랑이 고급 인력이에요. 누가 뭐래도 우리나라 최고의 인력이 우리 현대에 몰려 있어요. 또 이춘림 회장(중공업)이라든가, 이명박 사장(건설)이라든가, 정세영 사장(자동차)이라든가 현재 맡아 있는 사람들은, 어떤 건 미흡한 게 있어서 내가 잔소리도 하지만, 어떤 건 내

가 디려다보지 않아도 나보다 훨씬 낮어. 나는 그렇게 못 할 텐데 하는
게 반반이라구."

— 형제분들은 대부분 살림을 내보내셨죠?

"둘째(인영, 한라그룹), 셋째(순영, 현대시멘트), 여섯째(상영, 고려화
학) 동생이 하는 게 다 100% 자기 꺼예요. 넷째(세영)만 자동차를 키우
고 있는데 개인 주는 넷째가 제일 많아요. 이담에 즈이 아들이 그걸 하고
싶다면 그냥 하는 거죠. 앞으로 우리 현대를 누가 장악할 수는 없을 거예
요. 공영화되는 거죠. 적어도 손자대에는." 월간조선 1985년 9월호

정주영과 오늘의 현대는…

정주영

鄭周永 · 1915~2001

강원 통천 출생 / 통천 송전소학교 졸업, 연세대 명예 경제학 박사, 고려대 명예철학 박사, 서강대 명예정치학 박사, 이화여대 명예문학박사, 한국체육대 명예체육학 박사, 미국 존스홉킨스대 명예인문과학 박사 / 현대자동차공업 대표, 현대건설 사장, 현대상운 사장, 현대그룹 회장, 전국경제인연합회 회장, 아산사회복지사업재단 이사장, 14대 국회의원 역임 / 금탑산업 훈장, 제1회 한국경영대상, 국민훈장 무궁화장, 아시아를 빛낸 6인의 경제인(타임지), 20세기를 빛낸 기업인(매경), 대한민국 50년을 만든 50대 인물(조선일보)

현대그룹이라는 굴지의 기업을 일군 정주영 명예회장이 '소떼 방북'으로 금강산광관 산업의 길을 열었던 1999년까지만 해도 현대그룹은 49개 계열사를 가진 대그룹이었 었다.

그러나 창업주가 떠난 뒤 매각, 분리, 독립, 합병 등으로 현대의 위상은 크게 달라졌 다. 정주영의 DNA를 물려받은 2~3세대의 경영인들이 경영 명문가인 현대가의 계보 를 잇고 있다.

직계와 방계를 포함한 범현대가 기업으로 현대자동차그룹(회장 정의선), HD현대 (총수 정몽준), 현대백화점그룹(회장 정지선), 현대해상화재보험그룹(회장 정몽윤), HDC그룹(회장 정몽규), KCC그룹(회장 정몽진), HL그룹(회장 정몽원), 현대그룹(현 정은) 등이 있다.

정의선 회장이 이끄는 현대자동차그룹은 57개 계열사, 재계순위 3위다. 정몽준 회장 의 현대중공업은 36개 계열사, 재계순위 9위다. 정지선 회장의 현대백화점은 23개 계열사, 재계순위 24위를 기록했다. 정몽윤 회장의 현대해상화재보험은 14개 계열 사, 재계 68위로, 여기까지가 공정위 지정 범현대가 공시대상 기업집단이다.

범현대가는 그동안 3월 정주영 회장과 8월 변중석 여사의 기일에 각각 모여왔다. 2020년에는 두 제사를 합쳐 3월에만 지냈지만 다시 제사를 두 차례로 나눠 지내고 있다.

쇠에 산다
박태준
포철 회장

모래 벌판 위에 세계 제일의 철옹성을 쌓아 한국을 철강대국으로 만든 포항제철 회장. '인생결판낼 각오'로 '미친 듯이' 일해왔다는 그 집념은 어디서 왔을까. 그가 실증해 보인 무한대의 가능성과 비전.

글 **오효진** 월간조선 기자   사진 **이오봉** 기자

모래 위에 세운 철옹성

지금부터 18년 전인 1968년 봄, 포항제철의 박태준(朴泰俊·57, 당시 사장) 회장과 현장 건설요원 10여 명은 소나무가 듬성듬성 서 있는 모래벌판에 모여서 대단히 무모하달 수밖에 없는 도전을 했다. 문자 그대로 사상누각(沙上樓閣)을 짓겠다는 것이었다. 그것도 보통 누각이 아니라, 철강을 만들어내는 철옹성을 짓겠다는 것이었다. 그러나 그들의 손엔 아무것도 가진 게 없었다. 그들은 '기술도, 자본도, 부존자원도 없는 무(無)의 상태'에서 출발했다. 게다가 국내외 반응 또한 냉담한 것이어서 그들이 기댈 언덕은 어디에도 없었다.

그런데도 그들은 '죽을 각오'로 일을 했다. 박 회장은 당시를 이렇게 회고한다.

"바다 바람이 어찌나 세게 부는지 모래가 휘날려서 모래 안경을 써야 했습니다. 입·코·귀에 모래가 들어가 서걱서걱해서 견딜 수 없을 지경이었지요. 그런데도 우리는 이 일에 실패하면 차라리 영일만에 빠져죽자는 '우향우 정신'으로 일했습니다. 백사장에 엎져져 죽을 각오로 미치광이가 돼서 일했습니다."

현장 건설사무소 '롬멜 하우스'에서 오른쪽으로 돌면 곧장 바다에 빠지게 돼 있었던 것이다.

그런데 18년이 지난 오늘날 포항의 영일만이 어떻게 변했는가? 세계적으로 권위있는 IBRD도 '안 될 일'이라고 등을 돌린 곳에 조강(粗鋼) 생산능력으로 세계 12대의 제철소가 세워져 있는 것이다. 그러니 IBRD도 실수를 한 꼴이다. 더욱 놀라운 것은 시설로는 12번째지만 다른 나라 제철소의 설비가동률이 대개 60%대인데 반해 포항제철소의 가동률은 100%를 넘어서, 생산량(85년 924만t)으로 따지면, 단위제철소로는 세계 제일이 된다는 점이다. 게다가 광양에 제2 종합제철소를 짓고 있어서 이 제철소가 완공되는 날이면 포스코(POSCO · 포항제철)는 회사단위로도 단연 세계 제일이 된다. 또 최근엔 포항제철이 미국 최대의 철강회사인 유에스 스틸과 미국에 50대 50의 투자로 합작회사를 세우게 돼서, 이젠 세계적인 거대기업과 어깨를 견주게까지 됐다.

그러면 이렇게 모래 위에 철옹성을 세운 '광인집단'의 리더 박태준 회장은 어떤 사람인가. 포철의 성공요인 가운데 가장 큰 것은 국가적인 지원이었겠지만, 그 뜻을 받들어 '죽을 각오로' '미친 듯이' 포항의 '신앙촌'을 이끈 '촌장'이자 '효자사 주지'인 박 회장에게도 관심을 쏟을 필요가 있다.

"하루 한 번씩 꼭 목욕해야"

박태준 회장을 탐험하자면 그의 목욕론에서부터 입문하는 것이 좋을 듯싶다. 적지 않은 식자들이 목욕하는 것이 성하면 나라가 망한다고 '목욕 망국론'을 펴고 있지만, 박 회장은 논지는 다소 틀리지만 '목욕 흥국론'을 강력하게 역설한다. 지금까지 박 회장이 언급한 목욕론 가운데 몇 대목을 인용한다.

"섬유수출이 한창이었던 수년 전에 우리나라 섬유제품이 많이 수출되는 어느 외국에 간 적이 있다. 어느 날 시간을 내어 그 도시의 한 백화점을 8층까지 샅샅이 뒤졌으나 한국산 섬유제품은 볼 수가 없었다.

그래서 격외품이나 하급품만을 파는 지하실에 내려가 보았더니 거기에 우리 제품이 제멋대로 진열되어 있었다.

점원에게 왜 우리 한국제품을 이런 지하실에서 파느냐고 물었더니 그 아가씨는 미안한 얼굴을 하면서, 한국산 제품은 지하실 제품밖에 안 된다는 것이었다. 그래서 아가씨가 지적한 것을 자세히 보니 바느질한 실밥 간격이 일정하지 않고 소매가 맞지 않는 것을 볼 수 있었다.

나는 귀국해서 그 봉제공장 사장을 만나 '봉제공장 여직원들에게 목욕을 자주 하고 내의를 깨끗이 입으라 하시오. 그러면 와이셔츠는 잘 만들어질 것이오. 몸을 깨끗이 하는 것이 품질 향상의 지름길이오' 하고 말해 준 적이 있다."(79. 10. 26. 자주관리 특강에서)

박 회장은 이에 대해 최근 기자와 만난 자리에서 이렇게 덧붙였다.

"사람이 그렇잖아요? 우리 내의 갈아입을 때 언제 갈아입소? 내의는 대개 목욕한 뒤에 갈아입지 않소. 그러나 목욕을 않고 내의를 한 1주일만 입어 봐요. 찝찝한 생각이 들지요. 그 찝찝한 상태로 섬세한 섬유 같은 걸 만지면, 실밥이 터졌는지 모르고 그냥 지나갑니다. 자기가 깔끔하게 하고 있으면 그거 금방 알아요. 섬유공장에서 일하는 여자들이 아침 저녁으로 목욕하고 깨끗하게 하고 앉아서 일하면 끝손질이 잘 돼서 제품의 질이 저절로 높아져요. 또 요즘 반도체 산업을 보면 아주 정밀해져서 0.001미크론의 먼지가 문제가 되고 있잖아요. 그래서 머리에 흰모자를 디벼(디집어) 쓰고, 가운을 입고, 그러고서 제품을 만드는데, 미안한 얘기지만 목욕을 안 해서 몸에 때가 있다면 그거 디벼 써서 뭘 해요. 내 몸이 더러운데 그런 작은 먼지가 보이겠어요? 정밀산업을 하면 할수록, 그리고 제품의 질을 높여서 고도산업사회에서 선진국과 경쟁을 하려면 하루에 한 번씩은 꼭 목욕을 해야 합니다."

이런 논리는 거대산업체인 제철소에도 그대로 적용된다.

"사람은 몸가짐이 단정해지면 저절로 자기 주변을 청결히 하고 가지런히 정돈하게 마련이다. 반면에 자기 몸가짐이 불결하면 주변의 더러움에 둔감하게 되고 이러한 것이 타성이 붙으면 규율감을 상실한 인간이 되고 만다.

이것은 공장에서도 마찬가지다. 작업자가 단정하면 공장이 청결해지고 공장이 청결하면 제품이 완전무결해진다. 반대로 자기 몸 하나도 단정하게 하지 못하는 작업자는 자기가 만지는 정밀한 기계를 하자없이 제대로 정비할 수 없고 또한 온전한 제품을 만들어 낼 수도 없는 법이다.

공장환경이 지저분하면 기계에 녹이 슬었거나 먼지가 앉았거나 사소한 고장쯤은 눈에 잘 띄지도 않고, 작업자들도 무관심하게 지나치게 되어 대형설비사고의 불씨가 된다. 불결한 작업자와 무질서한 공장에서 제대로 된 제품이 나오기를 바란다면 그야말로 연목구어(緣木求魚)가 아

닐 수 없다."(80. 4. 19. 품질론과 목욕에서)

"부인이 깨끗해야 남편도 깨끗하다"

박 회장의 이와 같은 목욕론은, 위생, 질서, 정리정돈, 완벽주의, 청렴결백, 철두철미, 무사공정, 엄격 등의 가치관과 연관을 가지고 확대발전된다. 그래서 박 회장의 모든 가치관이 목욕론에서부터 형성되지 않았나 여겨지기까지 한다.

박 회장은 사원들에게 좀 지나치다 싶을 정도로 목욕을 강조한다.

독신자숙소에 오면 꼭 목욕탕을 눈여겨본다. 심지어 "부인이 깨끗해야 남편이 깨끗하고, 남편이 깨끗해야 공장이 깨끗하고, 공장이 깨끗해야 좋은 제품이 나온다"면서 사원 부인들에게까지 목욕을 강력하게(?) 권장하는 바람에 부인들로부터 "우린 목욕도 않고 사는 줄 아느냐"는 항의까지 나왔다고 한다. 그런데도 박 회장은 이렇게 말한다.

"내가 사원주택의 목욕탕을 꼭 좀 보고 싶은데 그러면 부인들이 너무하다고 할 것 같단 말야."

박 회장은 목욕을 해야 선진국과 경쟁을 할 수 있다는 철저한 신념에 따라, 지난해엔 주위의 비난을 받아가면서도 포항제철소의 모든 화장실과 목욕시설을 국제수준으로 고치느라고 50억 원의 예산을 쓰기도 했다. 그래서 포스코 맨들은 지금 자기네 공장이 세계에서 가장 깨끗한 공장이 됐다고 자랑한다. 이제 거기서 품질상 세계 제일의 철강을 뽑아내는 일만 남아 있다.

그러면 박 회장의 이런 목욕론은 어디서 비롯됐을까? 그 뿌리를 알자면 어차피 그의 어린시절로 거슬러 올라가지 않을 수 없다.

그는 1927년 9월 29일 고리 원자력 발전소가 건너다 뵈는 경남 양산군 장안읍 임랑리 바닷가 마을에서 부친 박봉관씨와 모친 김소순 여사의 6남매의 맏이로 태어났다.

그의 아버지는 동네 친척과 발동기를 돌려 벼와 보리를 찧는 조그만 방앗간을 경영하기도 했다. 아버지는 한학을 배웠으나 개화에 일찍 눈떠서 일본에서 일본사람과 건축업 등의 동업을 했다. 그래서 태준 소년은 아버지를 따라 일본으로 건너가서 중학교와 대학교를 다니게 된다.

그래서 어린 시절 고향의 추억은 그렇게 많이 남아 있지 않다.

"새벽 4시쯤 바다에 나가 후리를 하는데, 동네 사람들이 다 나가서 그물을 댕기는 거요. 갈치도 나오고 뭐 별 게 다 올라와요. 그 고기를 그물을 댕긴 사람수로 나눠 가는데, 갈치회가 참 맛있어요. 갈치회 먹어본 적 없지요? 갈치회를 먹어본 사람은 진짜 해변가를 알지. 그 후리하던 게 제일 기억에 남아요."

박태준은 일본 도쿄에서 아자부(麻布) 중학에 다니면서 하숙을 한다. 부친은 시골에서 사업을 했기 때문이었다. 그는 중학시절 줄곧 1등을 하다시피 했다. 특히 수학실력이 뛰어나서 수학교사의 남다른 사랑을 받기도 했다.

일제 말기 도쿄에 소개령이 내려져 그는 나가노(長野)라는 지방으로 가서 학업을 계속했는데 그때 대단히 귀중한 경험을 한다. 다름 아닌 목욕론의 싹이 거기서 텄던 것이다.

"그때 내가 농가에서 하숙을 하고 있었는데, 남자들은 다 전쟁에 나가고 여자들이 몸뻬를 입고 밭에 나가 일을 했어요. 저녁 때 돌아와서 밥을 하는데, 반드시 목욕부터 해요. 시골 어느 집에 가도 나무로 만든 목욕통이 다 있어요. 거기 들어가서 깨끗하게 몸을 닦고, 형편없이 꿰맨 옷이지만 깨끗한 걸로 갈아입고 나와서 밥을 짓습니다. 그 부인한테선 비누냄새가 풍풍 납니다. 그때 일본 농촌의 위생관념이 벌써 그 정도였어요."

해방 후의 무질서에 환멸 느껴

그는 그후 도쿄로 돌아와서 와세다 대학에 다닐 때 일본의 패전을 목도한다. 그러다 그는 그때 '일본정신'을 배운다.

"일본의 가정엔 어렵게 살든 부하게 살든 철저한 규율이 있어요. 어릴 때지만 그걸 배운 게 한두 가지가 아니오. 한 가지 예를 들면, 도쿄에서 아파트에 살 땐데 폭탄이 떨어져서 아파트가 다 타버렸어요.

그래서 사람들이 타다 남은 판자로 판자집 비슷한 걸 지어놓고 임시로 살고 있는데, 패전하고 돌아온 남편들이 지고 와서 부끄럽다고 밖에 나오질 않아요. 더러는 아예 중간에 자결한 사람도 있고. 그러니까 부인들이 밖에 나와 남자들이 할 일을 하는 겁니다. 하수도도 고치고, 관청하고 얘기도 하고, 그러면서 남자들한테 요다음 전쟁에 이기려면 용기를 잃지 말라고 격려를 하고 또 그런 정신을 아이들에게 교육시키구."

그는 아자부 중학을 거쳐 와세다에 입학해 기계공학을 공부한다. 그가 와세다에 들어간 건 부친과 동업을 하던 사람이 와세다 출신이어서 그에게서 영향 받은 바가 많다고 한다.

― 그런데 왜 기계공학을 택했던가요?

"아, 그거 그렇게 복잡하게 생각할 거 없어요. 그 무렵에는 대학에 들어가서 이공과 계통만 군대가는 게 연기됐소. 또 내가 수학성적이 젤 낮고 그래서 가게 됐지요. 당시만 해도 로봇이 만화에 나오고 해서 한없이 발전될 분야다 생각이 돼서 이공과 중에 기계공학을 택했지요."

중학시절 유도 2단을 딴 데다 검도와 총검술을 썩 잘했다. 담임선생도 성적도 좋고 총검술도 잘하니까 일본 육사로 가라고 권장했지만 '개죽음하기 싫어서' 대학에 진학했다고 한다.

"주변이 어지러우면 정신이 없어요"

그가 와세다 대학 기계과를 수료하고 귀국한 건 1948년이었다. 그때, 정리정돈과 질서의식에 투철한 그가 군인의 길을 걷게 된 건 어쩌면 미리 예정된 것처럼 여겨진다.

"건국준비다 뭐다 그러는데, 정당 비슷한 데 들어가느냐, 아니면 군대에 들어가느냐, 이 두 길밖에 없는 거요. 일본에서 대학 갈 때, 학교에서 내가 성적이 좋다고 육사(陸士)로 가라고 했는데, 그때 내가 아주 가고 싶지 않은 것은 아니었거든. 그런데 귀국해 보니까 오합지졸이 어지럽게 움직이고 있고. 나는 어려서부터 질서에 대해서 아주 강한 의식을 가지고 있어서 그런지 주변이 어지러우면 당최 정신이 없어요. 그래서 난 반사적으로 정리를 합니다. 그때 육사를 새로 만들었다는 소식도 들리고,

또 군대가 질서를 잡아가야 할 것이다 하는 생각이 은연중에 들어서 육사에 가게 됐죠."

지금도 정리정돈의 정신이 그에게 철저하게 배어 있다. 언제 어디서 봐도 단추 한 개 풀어진 걸 볼 수 없고, 머리칼 한 올 흩어진 걸 볼 수 없다. 본인 자신이 그렇게 철저하게 그 규율을 지키고 있을 뿐만 아니라 그는 사원들에게도 그걸 철저하게 요구한다. 구두끈이 풀어져 있거나 단추가 채워지지 않은 직원, 머리가 길고 흩어진 직원은 그의 눈에 용납되지 않는다. 직원뿐만 아니라, 포철에 드나드는 관련업체나 건설업체의 직원이나 기능직 사원들까지 모두 단정해야 한다. 그는 직원들을 만나면 발끝에서 머리끝까지 훑어보며 이렇게 말한다.

"단정해야 내 부하지."

그는 개인의 몸만 단정할 것을 바라는 게 아니라 공장·가정 주위, 모두가 단정하게 정리정돈될 것을 요구한다. 그래서 포철의 1만 6000여 직원들에겐 정리정돈의 습성이 몸에 뱄고, 그러고 보니 그 부인과 아이들까지 정리정돈하는 버릇이 몸에 붙었다고 한다.

기능직 사원 하나가 이런 자랑을 했다.

"우리 직원들 집 가운데 누구네 집을 가봐도 다 정리정돈이 됐을 겁니다."

박 회장은 공장이나 가정만 이렇게 정리정돈돼 있을 것을 바라는 게 아니라 공사판의 자재 하치장도 자로 잰 듯 정리하라고 지시한다. 그래서 포철의 공사장을 가보면 철근이나 벽돌같은 것이 줄을 맞춰 쌓여 있다. 아예 처음부터 줄을 반듯반듯하게 그어놓고 그 위에 자재들을 채곡채곡(차곡차곡) 쌓는다는 것이다.

광양 건설현장의 담당자가, 고개를 갸웃거리는 기자에게 이렇게 설명했다.

"선생님도 이해가 안 되시죠? 공사판이 그렇게 정리정돈돼야 할 필요가 어디 있나, 지저분하면 어떤가, 그런 생각이 들지요? 저도 처음에 와선 그랬으니까요. 그런데 그게 아닙니다. 공사를 하다보니까 자재가 정리돼 있으면 시간이 절약되고, 자재도 절약되고 그래요. 자재가 아무렇게나 쌓여 있으면 제대로 찾아 쓸 수가 없어서 버리는 게 많거든요."

"자네가 결심 좀 해줘야겠네"

1947년 육사 6기로 입학한 그는 거기서 박정희 전 대통령을 만난다.

"돌아가신 박 대통령이 우리 중대장이었소. 한 달 딱 지나보니 그 양반이 다른 사람과 다르다는 게 보였어요. 탄도학을 강의하셨는데, 포를 쏘면 화약이 어떻고 사거리가 얼마고 피해반경이 얼마다 하는 것을 계산하는 게 있어요. 이 양반이 이걸 가르쳐놓고 문제를 풀라고 하는데 아무도 풀 사람이 없어요. 그래서 나를 지명하더만. 내가 다 풀었지. 그때부터 그 양반하고 친해졌소."

그후 6·25를 당한 건 육사를 졸업하고 소대장을 거쳐 포천에서 중대장을 하고 있을 때였다. '죽을 고비도 여러 번 넘기고 청진까지 진격하기도 하면서' 휴전을 맞았다.

중령시절엔 육사 교무처장을 맡았는데, 그는 그때 11기생부터 학사학위를 받도록 하는데 큰 역할을 했다. 학과 조정도 해서 그때부터 명실상부한 정규 육군사관학교의 기틀이 잡혔다고 한다.

그는 1963년 소장으로 예편한다.

1964년 1월, 그는 박 대통령으로부터 뜻밖의 부름을 받는다.

"박 대통령이 이러십니다. '한일관계를 정상화시켜야겠는데, 자민당에서, 일본을 과거에도 알고 또 일본의 정객들이나 경제계 인사들과 의사소통이 될 수 있는 사람을 하나 보내달라는데, 여보게 아무리 생각해도 자네밖에 없네. 그러니 공부보다 나라가 더 중요하지 않은가. 자네가 결심 좀 해줘야겠네."

이래서 그는 미국 유학을 뒤로 젖혀놓고 일본에 가서 8개월간 머물면서 기라성 같은 일본의 정·재계 인사들과 개인적으로 접촉하면서 우리나라의 설정을 설명하는 등 유세행각을 폈다. 그리고 그때 접촉한 인사들로부터 좋은 평판을 얻었는데, 이때 형성된 인맥이 후에 포항제철을 일으키는 직접적인 힘이 됐다.

"정계에선 이케다, 사토, 오히라 같은 분들도 만났고, 경제계에선 경단련 회장, 야하다제철, 후지제철의 사장을 비롯해서 많은 분들을 만나서 한일회담을 뒤에서 도왔죠. 그때 만들어진 인맥이 내 개인적인 인맥이 아니라, 국가적인 인맥이요. 그후에도 일본과 문제가 생겼을 때 번번이 심부름을 했거든. 그리고 솔직히 우리나라에 이만한 제철소가 선 것도 이 인맥 때문에 선 거요."

이런 연유로 그는 일본통이 돼서 지금도 자주 일본에 왕래하면서 한일관계에 적지 않은 영향력을 행사하고 있다. 기자를 처음 만나던 날도 그런 일로 일본에 다녀오는 길이라고 했다.

첫 번째 인사 청탁한 사람 사직시켜

그는 일본에서 특별한 임무를 부여받고 종횡무진으로 뛰다가, 그 임무가 끝나자 귀국했으나, 곧 허탈감에 빠진다.

"모든 걸 잊어버리고 일에 집중하다가 막상 돌아오니 생각이 착잡해져요. 공부얘긴 쏙 들어가버렸고. 그러고 있는데 64년 12월에 박 대통령이 나를 부르더니 대한중석 사장으로 가라는 거요. 그때만 해도 중석이 우리 수출의 대종이었지요."

— 중석 사장으로 가셔서도 만성적자를 금방 흑자로 바꾸셨죠?

"그거야 기업을 정상적으로 하면 흑자가 되게 돼 있지요. 정치와의 유착관계만 끊으면 아주 쉬운 거요."

— 그거 끊기가 힘들지 않던가요?

"한 가지 예를 들지요. 내가 부임한 다음날 내가 앞으로 '인사는 철저히 공정히 한다. 지금 행해지고 있는 청탁을 이 회사에선 일체 없애 버리겠다'고 선언했어요. 아 그런데 그 이튿날 당시 청와대 모 고위인사한테서 아무개를 과장시켜 달라고 메모가 날라왔소. 그래서 당장 인사위원회에 회부해서 그 사람을 권고 사직시켜 버렸지."

— 메모를 보낸 쪽이 가만히 있을까요?

"당장 전화가 걸려왔지요. 그래 내가 '여보시오, 내가 사장인데 이 회사 적자나면 당신이 책임질 거요?' 했지요. 말도 마시오. 그래 내가 모략받은 게 한두 번이 아니오. 그렇지만 그게 국민의 재산인데 제대로 관리하지 않으면 어떻게 하겠소?"

— 혹시 정치자금 대야 할 경우는 없었습니까?

"정치자금 같은 건 얘기하지 마시오. 그 양반(박 대통령)이 내 성격아니까 그런 얘기는 안 해요."

대한중석에서 그가 성공을 거둔 요인 가운데는 중석값이 올랐다든가, 기술적으로 개선이 됐다든가 하는 요인도 있지만, 그에 못지않게 중요한 게 바로 '공정한 인사'였던 것 같다. 인사에 있어서 이러한 원칙은 지금까지도 철저하게 지켜지고 있다.

청탁을 절대 배격하는 공정한 인사원칙이 너무나 철저하게 지켜지고 있어서, 포철 안에선, 잘 돼가는 일도 섣불리 청탁을 했다가, 다 된밥에 재 뿌리는 일까지 있다. 지금 부장 자리에 앉아 있는 모씨가 평사원 시절 계장진급을 할 때였다. 진급 대상자가 확정돼서 내일 사장 결재만 나면 되게 돼있었는데 공교롭게 사장을 아는 친척이 그 소식을 듣고 찾아가서 그 사원을 자랑하며 '계장진급을 하게 됐으니 잘 봐달라'고 했다. 그래 놓고 되겠거니 하고 기다리고 있는데 발표를 보니 그 사람만 빼놓고 모두 진급이 됐다고 한다. 이런 일을 당한 사람이 한두 사람이 아니다. 그래서 포철 직원들은 지금도 누가 회장실에 들어가서 자기 부탁을 할까봐 걱정들을 하고 있단다. 실제로 기자가 인터뷰한 사원들 중에도, "제발 회장실에 가서 자기 자랑을 하지 말아달라"고 부탁하는 사람까지 있었다.

"중석을 경영해보고 자신이 붙었죠"

— 중석을 맡고나서 앞으로 이 길로 가야겠다는 확고한 신념이 서셨습니까?

"그렇지요. 실업인으로 뭔가 해봐야겠단 확고한 결심을 했죠. 중석을 경영해보고 자신이 붙었죠."

— 그 자신이 어디서 왔다고 생각하십니까?

"결국 사람을 다스리면 되는 겁니다. 그건 그 사람의 능력과 인격을 공정하게 평가해주면 되지요. 공정한 인사가 무슨 조직이든지 그 조직의 기본입니다."

— 중석에 계실 때 포항제철을 맡으셨는데, 그때 철에 대해 별로 아는 게 없으셨지요?

"나뿐만 아니라, 창설요원 40여 명 가운데 용광로를 본 사람이 나를 포함해서 셋이었소. 그런데 참 이상한 일이 있어요. 내가 옛날 일본중학 다닐 때 근로봉사를 나간 일이 있는데 그게 품위 낮은 철을 녹여내는 조그만 철강회사였어요. 거기서 몇 달간 일한 일이 있는데 그게 인연이라면 인연일 것이고, 또 와세다 다닐 때 실습장에서 선반으로 쇠를 깎았고."

— 포항제철은 어떻게 시작하게 됐습니까?

"당시 시멘트 공장은 몇 개 세웠는데 내가 철공장이 없어서 걱정이었지요. 그때 내가 마침 청와대에 들어가니까 박 대통령이 '근래에 제철소를 가장 효과적으로 지은 사람이 누구냐?'고 그래요. 그래서 내가 일본 가서 만난 가와사키제철의 니시야마 사장 얘기를 했지요. 그 양반이 2차 대전 후에 가와사키제철을 지었거든요. 그랬더니 박 대통령이 '그 양반을 한번 모셔오라'고 해서, 모셔다가 울산, 포항, 인천 이런 데를 다 보여드리고 다녔게요. 그리고 나서 동래온천장 관광호텔에서 하루 쉬고 있는데, 일본에서 전화가 왔어요. 일본에서 유명한 고노 이치로라는 사람이 죽었다고. 니시야마씨와는 동향으로 형제처럼 지냈는데, 그가 죽었다니 가봐야 된다는 겁니다. 이 양반이 대통령한테 보고를 하게 돼 있는데 말입니다.”

그래서 니시야마씨는 귀국하면서 대통령에게 보고할 다음과 같은 내용을 전해주고 갔다.

“그 양반도 그래요. '한국이 아직까지 소득이 낮지만 성장하려면 제철소를 지어야 한다. 지으려면 원료가 국내에 없으니까 바닷가에 지어한다. 그 규모는, 한국정부는 30만t부터 시작하겠다는 것 같은데 그건 너무 작고 50만t을 해야되느냐, 100만t을 해야되느냐는 더 두고 보자.' 이런 내용이었지요.”

박 사장이 대신해서 이런 보고를 하니까 박 대통령은 “앞으로 제철에 대해 관심을 가지라”고 했다. 그래서 그는 외국에 나갈 때마다 제철소를 유심히 보고 다녔다.

“박 대통령도 1966년 1월 미국을 공식 방문할 때 피츠버그의 코퍼즈 철강회사를 찾아가 포이(Foy) 사장을 만났지요. 그때 철강회사를 지어야겠다는 결의를 다지셨겠지요. 그후에 정부가 교섭한 것을 나한테 떠맡겼는데 그게….”

포철터는 모래바람 이는 허허벌판

— 대한중석에서 성공을 거뒀는데 좋은 자리를 버리고 고생스런 자리로 옮겨 않을 심정이 어떠셨어요?

"1968년 4월 1일에 포항제철이 창사됐는데, 전부터 말이 있어서 각오는 하고 있었지만 갑자기 가라고 하니까 조금 당황했지요. 그렇게 빨리 될 줄은 몰랐어요. IBRD의 판단도 그렇고 모든 여건이 안 된다는 판이었으니까요. 그런데 그때 상황이 묘했어요. 박 대통령은 나한테 기대를 걸고 내보냈겠지만, 돈 꿔줄 데도 없고 기술제공 해줄 데도 없으니까 천하 없는 놈이 모래사장에 엎어져 죽을 거다, 이런 분위기에서 내가 당한 셈이지요."

그러나 박 회장은 여기서 좌절하지 않는다.

"당했다고 생각하니까 빌어먹을 이거 무슨 수가 있어도 해야 되겠다는 결의가 더 강해졌어요. 지금 와서 생각하면 그 사람이 은인이오. 그런데 내가 죽지 않고 살아서 첫해에 200억을 넘게 버니까 이젠 노다진 줄 알고 또 나를 다른 사람하고 바꿔야 된다는 운동이 벌어졌소. 이게 우리나라요. 여보 똑바로 좀 알고 글 좀 쓰시오."

박 대통령도 일을 시켜놓긴 했지만 처음엔 긴가민가 했다고 한다.

"1968년 11월 박 대통령이 포항에 처음 내려오셨는데 헬기가 모래사장에 내렸단 말야. 그런데 모래가 어찌나 날리는지 밖에 나오시지를 못해요. 내가 브리핑은 틀림없이 하는 사람인데 브리핑을 하고 보니까 대통령 표정이 못마땅한 표정이야. 브리핑이 끝나서 '끝났습니다' 했더니 '응, 그래?' 하면서 아무 소리 안 하고 밖으로 나가, 모래바람 때문에 눈을 비비면서 허허벌판을 보고 '여보게, 이거 어디 되겠나?' 이러시는데 내 가슴이 그만 철렁 내려 앉으면서 '이 양반이 나보고 정말로 모래 속에 파묻혀 죽으라는 말인가' 하는 생각이 다 듭디다. 그때 나는 교훈을 얻었어요. 지휘자가 전쟁에서 지고 있더라도 부하들에게 무슨 소리를 해야 하는가 하는…."

포항에서 종합제철의 부지조성 공사가 시작된 건 1968년 6월 15일이었다. 그리고 본격적으로 1기 설비의 공장이 종합착공된 건 그로부터 2년 가까이 지난 1970년 4월 1일이었다.

처음 부지공사가 시작됐을 때만 해도 미국·영국·서독·프랑스·이태리 등 5국 8개사가 참여한 대한(對韓)국제제철차관단(KISA)이 기술과 자본을 제공해서 포항종합제철을 건설하는 것으로 돼 있었다. 이것이 1968년 4월 1일에 박태준 회장이 '떠맡은 내용'이었다. 그러나 이 KISA의 계획은 이듬해 무산되고 말았다. 그들은 한국경제의 외채상환 능력과 제철소의 경제성에 의심을 품었던 것이다. 그러니까 터는 닦고 있는데 공장을 지을 수 없게 된 것이다.

박 회장은 당시를 이렇게 회상한다.

"1969년 4월에 KISA의 리딩 컴퍼니인 미국의 코퍼즈 회사에 가서 포이 사장을 만났어요. 밤새도록 얘기했는데 기술도 돈도 안 되겠다는 결판이 났어요. 회사는 설립돼서 우수한 사람들 모아왔는데 일이 잘 안 되니까 다른 데 가려고 눈치 살살 보고 있지, 참 경영자 입장으로서는 기로에 선 거지요."

좌절 속에 이뤄진 '하와이 구상'

그는 하와이에서 이 난국을 헤쳐나갈 길을 찾았다.

"코퍼즈의 포이 사장이 나한테 미안했던 모양이야. 돌아가는 길에 하와이 가서 좀 쉬었다 가라고 그래요. 자기가 별장처럼 쓰는 아파트가 있는데 누구한테 전화를 걸면 키를 줄 거라고. 그래 하와이에서 내려서, 지금 포스코 아메리카 사장을 하고 있는 최주선씨와 그때 같이 갔는데, 그 아파트에 들어가서 밥을 해먹으면서 에이 모르겠다 하고 수영도 하고 그랬어요. 냉장고에 있는 것도 다 먹어치우고…. 거기서 한 이틀 쉬었는데, 잘 놀고나니 이젠 또 어떻게든 해야 되겠다는 생각이 자꾸 들어요. 그런데 그때 자꾸 일본 생각이 나는 겁니다. 다행히 그 KISA라는 조직에 다른 철강국은 다 들어 있는데 일본만 빠져 있었어요. 대일청구권 자금이 얼마나 남아 있을까도 생각해 보고 말입니다. 만약 그걸 쓸 수 있다면 돈은 될 텐데 기술은 어떻게 할까. 후지제철하고 가와사키제철에 부탁하면 어떨까. 그 생각이 나니까 기분이 아주 좋아집디다."

이렇게 돼서 포항제철의 항로가 일본 쪽으로 급선회하게 됐다. 그러니까 포이가 좌절도 주었지만 새로운 희망도 준 것이다. 그는 일본에 들러 신일본제철의 전신회사들인 야하다의 이나야마(稻山) 사장, 후지의 나카노(永野) 사장, 일본강판의 아카사카(赤坂) 사장 등을 만났다.

"그분들이 잘 되어가느냐고 묻길래 명확한 답변을 하지 않고, 어떻게 잘 되어 가지 않겠느냐고 짐짓 태연한 답변을 하였지요. 5개국 8개사의 지원을 받을 경우 기술협력 문제, 의사소통 문제, 기술의 일관성 문제 등을 제철업의 대선배들은 어떻게 생각하느냐고 이야기를 풀어나갔더니. 이구동성으로 공장별 릴레이션이 대단히 어려울 것이라는 점을 강조하더군요. '그러면 이건 가정인데, 일본 그룹에서 공장 건설에 관한 협조요청을 하면 응해줄 수 있겠느냐'고 타진했더니, 고도의 정치적 문제이나, 어떤 면에선 동정도 가고 호의도 간다면서 양국 정부진에 기본적 합의가 된다고 하면 세 분이 같이 해주겠다는 언질을 주더군요."

한일회담 때 맺은 인연으로 우리나라 제철사에 새로운 장이 열리는 순간이었다. 66년 정부는 일본 야하다제철의 차관단 참여를 요청했었으나, 후지와 가와사키 등이 함께 참여하지 않으면 야하다도 참여할 수 없다는 일본정부의 입장에 따라 이를 포기한 바 있었다. 그런데 3년 뒤 이들 회사가 호의적인 반응을 보인 것에 대해선 일단 박태준 사장의 개인적 노력과 능력을 평가하지 않을 수 없다.

그러나 일본 측의 호의적인 반용이 있었다고 해서 제철소가 그냥 지어지는 것은 아니었다. 당시 김학렬 부총리는 대일청구권자금을 쓰려면 한일 정기각료회의에서 일본측을 설득할 일본 제철회사들의 협조각서를 받아오라고 했다. 이제 새로운 일이 시작된 것이다. 이때부터 첫 쇳물이 쏟아질 때까지 박태준 사장은 세 번의 큰 어려움을 겪으면서 세 번이나 뜨거운 눈물을 흘려야 했다.

하루 3시간 자며 공장건설

첫 번째 어려움은 일본 제철회사들에게 협조각서를 받는 일이었다.

"초기 용량 60만t을 100만t으로 수정해서 일본에 갔더니, 그 사람들이 시일이 촉박해서 굉장히들 당황하더군요. 또한 여름이라 휴가들을 가고 자리에 없었습니다. 사무실로 별장으로 뛰어다니면서 결국 협조각서를 받아내고 말았지요. 대충 내용은 '100만t 사업계획을 검토한 결과 일응 타당성이 있다고 생각하나 계속해서 연구 검토할 일'이라는 요지였습니다. 협조각서에 세 분의 서명을 받고나서는 눈물이 쏟아졌습니다. 공항에서 협조각서를 받았다고 했더니 김 부총리가 깜짝 놀라면서 좋아하더군요. 그런데 저녁에 김 부총리가 불러서 갔더니 협조각서 중 '일응 타당성이 있다'의 '일응'을 빼고 다시 받아올 수 없느냐고 해서 또 한바탕 소동을 벌였습니다. 다시 일본으로 건너가 일일이 설득을 하고 수정된 각서를 작성해서 날인을 받아왔습니다. 일본사람들이 '일응'이 있으나 없으나 협조하겠다는 뜻인데 뭘 그러느냐고 하는 걸, 기왕이면 빼달라고 간청을 한 거지요. 각료회담에서 김 부총리가 그 각서를 들고, 당신네들 철강회사에서 이렇게 타당성을 인정하고 협조하기로 했으니, 지원해 달라고 강력히 요청했습니다. 오늘의 포항제철이 있게 된, 참으로 중대한 고비였습니다."

이런 고비를 거쳐서 회사 창립 만 2년 만인 70년 4월 1일 일본의 기술협조를 받아 1기 설비 종합착공을 하게 된다. 그러나 그는 원료를 확보하기 위해 호주에 갔다가 두 번째 어려움을 겪는다. 기초공사 광경을 전부 사진찍어 가서 '우리가 이런 공장을 짓는데 원료를 좀 미리 파났다가 달라'고 했지만, 그쪽에선 당신들을 믿고 막대한 돈을 들여 원료를 파났다가 안 가져가면 누가 책임을 지느냐면서 포철을 신용하지 않았다. 공기가 6개월이나 1년 늦어지는 게 보통인데 무엇으로 당신들을 믿느냐는 것이었다. 할 수 없이 절대로 그런 일이 없을 것이라면서, 호주대사관 직원들을 동원해서 별의별 짓을 다 하는 등 천신만고 끝에 손해배상 각서까지 쓰고 10년 동안 유리한 조건으로 원료공급 계약을 했다.

이렇게 어려운 고비를 넘기고 박 사장이 귀국해 보니 또 하나의 난관이 기다리고 있었다. 그야말로 산 너머 산이었다. 원료공급 계약시 공기가 지연되는 일이 절대로 없을 것이라고 장담하고 왔는데, 막상 돌아와 보니 공기가 석 달이나 지연돼 있는 것이었다. 그는 당장 공기단축 비상령을 내리고 간부사원 전원을 동원해서 공사 감독조를 짜 현장에 투입했다. 그 자신도 밤낮을 가리지 않고 모래펄을 펄펄 뛰며 독려했다.

"비가 올 때 이놈들이 움직이지 않겠지 하고 한밤중에 나가보면 길가에 레미콘 차가 서 있어요. 기사가 다 그 안에서 쿨쿨 자고 있는 거요. 앞 차가 서니 뒷차가 서고, 서 있다 보니 졸려서 기사들이 운전대에 얼굴을 묻고 쿨쿨 자고 있는 겁니다. 내가 그걸 돌아다니며 깨웠어요. 공사기간 동안 내가 하루에 3시간 잠을 잤으면 많이 잔 겁니다. 내가 그렇게 하면서 이 제철소를 건설했소."

그 무렵 포항의 사장 숙소에 와서 이를 지켜본 그의 모친 김소순(78) 여사가 이런 말을 한다.

"밤새도록 잠도 안 자 빼빼 말라가 내가 그 문덩이 같은 포항제철 내버려뿌라 했지요."

그때 그에겐, 효자동 사택에서 독신생활을 한다 해서 '효자사 주지'라는 별명이 붙었다. 그리고 결판날 때까지 먹던 술도 끊었고, 골프도 끊었다.

그는 결국 공기단축 비상령을 내린 지 2개월 만에 5개월분의 콘크리트를 타설해서 공기를 100% 만회해가지고 일본사람들을 깜짝 놀라게 했다.

"그해(71년) 10월 31일, 마지막 한 삽을 다 같이 떠 넣고 만세를 부르며 울었습니다. …남 잘 때 다 자고, 남들 골프칠 때 나도 치고, 그렇게 해서는 제철공장 건설은 꿈에도 생각할 수 없습니다."

당시 그와 그의 직원은, 조상의 핏값으로 공장을 짓는데 일을 하다가 죽어도 죄를 짓는 일이니, 죽어도 공장만은 짓고 나서 죽어야 한다는 절체절명의 사명감으로 굳게 뭉쳐 있었다고 한다.

"중공에는 박태준이 없지 않소?"

제1기 설비는 착공한 지 26개월 만에 준공되어 73년 6월 9일 고로(高爐)에서 첫 번째의 쇳물이 쏟아져 나왔다. 당시의 상황을 포철 사사(社史)는 이렇게 적고 있다.

'아침 7시, 사장님께서 출선구(出銑口)를 지켜보고 계시니 더욱 초조해졌다. 노전반원(爐前班員)들은 이제까지 쌓아온 기술을 다하여 안간힘을 썼다. 근 두 시간여의 고심 끝에 7시 30분, 드디어 출선구는 뚫리고 "펑" 하는 소리와 함께 초선(初銑)은 콸콸 쏟아져 나오기 시작했다. 땀에 뒤범벅이 되어 사투를 하던 노전반원 박경환 사원은 자기도 모르는 사이에 쇳물 건늠다리에 올라서서 "나왔다! 만세, 만세…" 하고 눈물을 흘리며 환호성을 질렀다. 이에 따라 사장님을 비롯해서 전 임직원은 장내가 터져라 만세의 함성을 울렸다.'

박 회장도 당시를 이렇게 회상한다.

"첫 쇳물이 흘러나왔을 때 제철소장, 공장장, 이사들 할 것 없이 그 황소 같은 이들이 모두 감격의 눈물을 흘리더군요."

그도 물론 '필생의 노력을 쏟아 부은 결과를 보고' 세 번째 눈물을 흘렸다.

조강 103만t 규모의 제1기 설비가 완공돼서 쇳물과 철강을 쏟아냈다고 해서 박태준 사장의 꿈이 이뤄진 건 아니다. 그의 꿈은 세계 제일의 철강회사를 만드는 것으로 벌써 저만큼 앞서 가 있다.

지금 포항제철은 그 꿈의 중간단계에 와 있다. 1기 설비가 완공된지 10년 만에, 그리고 회사가 창립된 지 13년 만에 4기 2차 설비까지 준공돼서 연간 조강 생산능력이 910만t이 됨으로써, 포항제철소가 시설 면에서 세계 12위의 제철소가 됐고, 우리나라를 세계 15위의 철강대국으로 부상시켰다. 그러나 생산량 면에서는 앞에서 밝힌 대로 포항제철소가 단연 세계 제일이다. KISA도 IBRD도 고개를 절레절레 흔들며 등을 돌렸던 일을, 박태준 회장과 일단의 쇠에 미친 사람들이 눈을 부릅뜨지 않고는 볼 수 없도록 성공적으로 해낸 것이다.

그러나 성장은 이에 멈추지 않고 있다. 270만 평의 영일만도 18세의 포항제철이 용솟음치기에는 너무 좁아, 전남 광양만의 450만 평의 바다를 메워 그곳에 제2제철소를 짓고 있는 것이다. 이 제철소가 완공되면 포스코가 명실상부한 세계 제일이 될 뿐만 아니라, 우리나라가 세계 철강산업을 리드하게까지 될 것이다.

이러한 성공은 중공의 등소평도 부러워했다고 한다.

몇 해 전 등소평이 일본의 신일본제철을 시찰한 자리에서 이나야마 회장에게 "우리도 포항제철 같은 제철소를 하나 지어달라"고 했다. 그때

이나야마 회장은 이렇게 말했단다.

"중공에는 박태준이 없지 않소?"

"쇠에 미치지 않았다면 호텔을 했을 거요"

포철의 이런 성공은 어디서 온 것일까. 지금까지 박태준 회장을 탐험하면서 살펴오는 가운데서 드러난 그 요인을 정리하면 대체로 다음과 같다.

첫째, 국가가 제철산업에 대해 적극적으로 지원해줬고 박태준 회장을 전폭적으로 신임했다는 점.

둘째, 박 회장이 정치적 압력이나 외부청탁을 받지 않고 공정하고 깨끗하게 경영했다는 점.

셋째, 박 회장이 18년 동안 회사를 이끌면서 회사에 부정부패가 없었다는 점.

그러나 본인은 "포철의 성공원인이 무엇이라고 생각하느냐"는 질문에 이렇게 대답한다.

"첫째는 우리 국민들이 우수한 머리를 가지고 있기 때문이고, 둘째는 또 우리 국민들이 체력적으로 건강하기 때문입니다. 그리고 마지막으로 이런 장점들을 응집시켰기 때문이라고 할까요."

그러나 그는 지난 세월이 지겹기만 했다.

"사장을 하고 싶어 하는 것이 아니다. 솔직히 말해서 개인적인 입장으로는 현재까지 하루도 편한 날이 없었다." (1977. 5. 19. 연수원 특강

에서)

그래도 풀리지 않는 의문이 하나 있다. 그가 아무리 좋은 말로 떡을 주면서 이끈다고 해도, 명석한 두뇌를 가진 사람들이 떡만 보고 그렇게 열심히 따라갈 것인가?

하마터면 광양의 한 과장이 한 말을 잊을 뻔했다.

"우리는 나라를 위해 일한다는 보람을 가지고 일합니다. 내가 나라를 위해서 일한다는 생각을 하면, 다른 데 가서 일하고 싶은 생각이 안 납니다. 우리가 만든 철강으로 자동차도 만들고 배도 만들어서 세계시장에서 경쟁력을 가지고 팔리고 있잖습니까."

그렇다면, 포스코 맨들의 거대한 목표가 '자랑스런 국가건설에' 있었다는 점도 포철의 성공요인에 포함돼야겠다.

그들의 이러한 국가관은 어디서 왔을까. 그 해답을 찾기는 어렵지 않다. 북아현동 박 회장의 자택에 있는 그의 방에는 이런 글귀가 걸려있다.

'짧은 일생, 영원 조국에'

기자는 헤어지면서 박 회장에게 이런 질문을 했다.

— 앞으로 또 하고 싶으신 게 있습니까?

"아이고 지금도 벅찬 일을 힘겹게 하고 있는데…. 내가 쇠에 미치지 않았다면 호텔을 했을 거요. 깨끗하게 위생적으로만 하면 손님이 오게 돼 있어요. 그거 틀림없어요."

얘기가 또 목욕론으로 돌아간다. 월간조선 1986년 2월호

박태준과 오늘의 포스코는…

박태준

朴泰俊 · 1927~2011

경남 동래군(現 부산광역시 기장군) 출생 / 와세다대 기계공학과 중퇴, 육사 6기 수료, 국방대학원 행정학 석사, 英 셰필드 대학교 금속공학 명예박사 / 1961년 국가재건최고회의 의장 비서실장 · 상공담당 최고위원, 11 · 13 · 14 · 15대 국회의원, 국무총리 역임 / 대한중석 사장, 포철 사장 · 회장 역임 / 레종도뇌르 훈장, 화랑무공 훈장, 금탑산업 훈장, 국민훈장 무궁화장, 20세기를 빛낸 기업인(매경), 철강 명예의 전당(AMM)

세계 철강 역사상 창립 첫 해부터 수익을 낸 기업은 포스코가 유일하다. 공정거래위원회가 발표한 '공시대상 기업집단 지정 현황'(2022)에 따르면 포스코 그룹은 자산 총액 96조 3000억 원으로 재계순위 6위다. 포스코 그룹은 포스코스틸리온, 포스코건설, 포스코엠텍 등 38개 계열사를 거느리고 있다.

포스코는 '글로벌 초우량 기업'으로 성장하기 위해 끊임없이 노력해왔다. 2007년 세계 최초로 파이넥스 상용화 설비를 준공한 이래 차세대 '고내식 강재' 포스맥 개발(2014), 인도 마하라슈트라 냉연공장 준공(2015), 태국 CGL 준공(2016) 다방면으로 사업을 확장했다. 이를 바탕으로 2017년 '100억불 수출의 탑'을 수상했다. 고내식 강재는 일반적인 아연 도금 강판보다 5~10배 이상 강한 내식성과 절단부의 부식방지가 되는 강판을 말한다.

박태준은 1986년 포항공대(지금의 POSTECH)를 설립해 과학기술 연구 및 교육에도 힘써 왔다. 포스텍은 2023년 QS 세계 대학 랭킹 71위에 오르며 세계적 명문대로 자리 잡았다.

달리는 총수
김우중
대우그룹 회장

빙수장수 열무장수 신문팔이 소년으로 이름을 날리던 소년이 창업 20년만에 가장 정력적으로 일하는 세계 제일의 세일즈맨이 되기까지. 무서운 집념과 의리로 뭉쳐지고 고난과 영광으로 점철된 세계 49위 재벌 총수의 50년 인간사와 그의 철학.

그리고 그 '큰집' 대우의 앞날은….

글 **오효진** 월간조선 기자

50세의 백발 청년

이번 취재를 위해 대우그룹의 총수 김우중(金宇中) 회장을 처음 만난 곳은 서울역 앞에 있는 대우빌딩에서가 아니라 미국 LA공항의 한 탑승구 앞이었다.

머리가 키(167cm)에 비해 좀 큰 듯싶고, 머리칼이 나이에 비해 좀 많이 세고 빠진 듯싶은 김 회장이 기자를 보자 만면에 웃음을 띠고 자리에서 일어나 손을 내밀었다.

"아 오형, 얘기 많이 들었어요. 빨리 쫓아왔네. 여기 앉으세요."

그는 말을 짧게 끊어서 너무 빨리하는 것 같았다. 그래서 조사를 아예 생략하거나 건너 뛰는 것처럼 들렸다. 일행은 LA에서 산호세로 가는 길이었다.

김 회장이 기자에게 옆자리를 가리키며 앉으라고 했지만 빈 자리가 없어서 기자는 그의 앞에 있는 좀 떨어진 의자에 잠시 걸터앉아 있었다. 그런데 그만 뒤에서 드르렁드르렁 코고는 소리가 들리지 않는가. 돌아보니, 그 짧은 사이에 김 회장이 의자에 머리를 젖히고 단잠에 빠져 있었다. 기자는, 25개 계열사와 세계 5개 지사에 근무하는 10만여 명의 종업원을 거느린, 세계 12위의 대재벌 총수가 공항의 탑승구 앞 의자에서 코를 골며 자는 모습을 그를 수행하는 임직원들이 눈치채지 못할 만큼 흘끔흘끔 돌아봤다. 그러나 미안해 하는 쪽은 내 쪽일 뿐 다른 사람들은 별다른 표정이 없는 것 같았다.

이 몇 분 사이에 기자가 느낀 인상은 김 회장은 대단히 성질이 급하다는 것이었다. 그리고 이점은 성공한 많은 사람들의 공통된 성질이기도 하다. 또 김 회장은 시간을 몹시 아껴 쓰느라고 잠이 모자라서 틈만 나면 잠을 보충하는 것으로 보였다. 이 또한 성공한 사람들의 대체적인 습성이기도 하다. 기자의 이러한 짐작은 김 회장과 함께 여행하는 동안 여러 차례 구체적으로 입증됐다.

김우중 회장이 얼마나 시간에 쫓기고 있는가 하면, 국내에선 도저히 그를 탐험할 시간을 낼 수가 없을 정도였다.

그래서 할 수 없이 기자가 그와 함께 여행을 다니며 틈이 나는 대로 인터뷰를 하기로 했던 것이다. 부랴부랴 지난 호를 마감해 놓고 먼저 떠난 그를 따라가 만난 곳이 LA였던 것이다.

김 회장은 대개의 경우 해외출장을 토요일에 떠나서 다음 주 월요일부터 일을 볼 수 있도록 시간표를 짠다. 그리고 돌아올 때는 대개 일요일에 떠나 월요일에 도착해서 쉬지 않고 곧바로 회사로 출근한다. 그리고 일요일을 유효적절하게 써 먹은 것에 대해 대단히 만족해한다.

이렇게 시간을 쪼개 쓰는 김 회장과 동행해서 취재를 한다는 건 기자에겐 적잖은 고역이었다. 그러나, 기적과 신화를 창조한 기업인으로,패기에 찬 젊은이들의 우상이 되다시피한 김 회장을 누구보다도 가까이서 탐험할 수 있었던 것은 그 고역을 잊고도 남을 만한 것이었다.

부모는 모두 선각자였다

김우중 회장이 신문팔이를 하면서 꿈을 키우던 궁핍한 어린 시절의 기억을 더듬은 곳은, 그 기억과는 사뭇 대조적인 뉴욕의 한 특급호텔 특실에서였다.

그는, 미국조야의 실력자들과 재계 인사들을 숨 가쁘게 연쇄적으로 만나고 다니는 바쁜 중에도 틈을 내서 기자와 마주 앉았다.

쓰든 달든 옛 기억을 더듬는 일은 즐거운 일이다.

"난 아버지가 대구사범에 교사로 계실 때 대구 봉산동에서 태어났어요. 그때 우리 집이 참 컸는데, 아버지가 터에 채소를 갈아 우리 식구가 다 먹고 살았어요. 토마토, 참외, 수박 이런 것도 있었구, 또 감나무도 많았구요. 아버진 매주 일요일이면 우리 형제들을 자전거 앞뒤에 가득 태우고 강에 갔어요. 투망을 던져 고길 잡는 거지. 그럼 그걸로 그날 저녁에 찌개를 끓여 먹고… 또 아버진 밤이 되면 매일 붓글씨를 쓰셨다구. 날 불러가지구 매일 먹 갈라고 그래서 먹 갈던 생각이 나요."

김 회장은 1936년 12월10일 대구 봉산동 225번지에서 김용하(金容河) 선생과 진인항(辛仁恒) 여사의 4남1녀 중 세 번째로 태어났다. 그는 그곳 덕산보통학교에 입학해서 다니다가 3학년 때 해방을 맞았다.

해방이 되자 아버지는 대구사범 초대 학장을 거쳐 문교부 수석장학관이 돼서 서울로 올라오게 됐다. 김우중군도 3학년 때 서울로 올라와 수

송국민학교에 전학하게 된다.

그의 부친은 그후 용산고등학교 교장, 경기사범(현 서울교대) 학장, 서울상대 교수, 군정기획처 기획국장 같은 요직을 거쳐 제주도 4대 지사까지 지내게 된다. 이때까지 어느 누구도 그의 일가가 겪을 풍파를 예측하지 못했다.

6·25에 쑥밭이 된 집안

6·25는 단란하던 김우중 일가를 쑥밭으로 만들어놓고 말았다. 이보다 앞서, 아버지가 제주도 지사를 그만두고 국회의원에 입후보했다가 낙선하는 불운을 겪었지만, 김우중군은 1949년 경기중학에 입학해서 대망의 꿈을 키우고 있었다.

6·25가 터지고 나서 20여일만인 1950년 7월1일, 운명의 날이 다가왔다.

"우린 그때 피난을 못 갔어요. 그래 아버님은 공산당을 피해 제자네집 같은 데로 도망 다니셨죠. 또 어머니도 피해 다니셨어요. 왜냐하면 어머니도 서울서 부인회 부회장을 했거든요. 그 당시 관중(貫中·55·현 대창기업 회장)이 형은 6·25가 나기 직전에 육사에 입학해서 집에 없었구, 덕중(德中·52·현 서강대 교수)이 형도 의용군에 잡혀갈까봐 숨어 있었구, 그래 내가 젤 크니까 동생 성중(成中·45·현 대우정밀사장·자동차 부사장)이와 영숙(英淑·현 43)이를 데리고 어떻게 먹고살땐데, 7월17일 저녁이 왔어요. 그날 따라 어떻게 아버지가 장충동 집에 오셨어요. 또 어머니도 오셨구. 그래 식구들이 오랜만에 모여서 창가에서 옷들을 벗구 저녁을 먹고 있는데 보안서원들이 쳐들어왔어요. 아버님이 그 사람들한테 끌려갔어! 내가 쫓아가야 했는데 그걸 못했어요. 그게 끝이에요."

이렇게 아버지가 납치된 이후, 그 자들이 어머니마저 또 잡으러 올까 봐 어머니는 계속 피해다녀야 했다. 또 집에 있더라도 숨어 있어야 했다.

"당시에 밖에 다닐 수 있는 사람으로 내가 젤 컸어요. 9살짜리 남자동생(成中)하고 7살짜리 여자동생(英淑)하고 먹고 살기는 해야 되겠구, 그러니 어떻게 해요. 참 그때부터 굉장히 고생을 했죠."

그때부터 그는 멀고 먼 장삿길에 뛰어들었다.

"뭐 먹을 게 전혀 없는데 어떻게 합니까. 할 수 있어요? 집안에 얼음을 갈아먹는 빙수기가 있었는데 그걸 메고 시구문 시장에 가서 빙수장사를 했어요."

그러나 벌이도 시원찮으려니와 아침 저녁으론 얼음을 사먹는 사람도 없어서 빈둥빈둥 놀아야 했다. 그래서 조금이라도 돈을 더 벌기 위해 생각해낸 것이 열무장사였다.

"새벽에 뚝섬에 나가면 열무가 많았어요. 갈아놓기만 하고 다들 피란가서 임자가 없는 거죠. 그걸 뽑아다가 단으로 묶어서 팔았어요. 14살짜리였던 내가 내 동생들 데리고 빙수장사 열무장사 하면서 먹고 살았어요. 9 · 28 수복 때까지…."

그러나 9 · 28 수복이 그를 고생에서 해방시켜주진 않았다. 오히려 그는 더 험하고 깊은 고생의 구렁텅이 속으로 빠져들어야 했다.

6·25직후 피란을 못해 부친을 납치당한 김우중군 일가는, 1·4후퇴 때는 열 일을 물리치고 피란길에 나섰다. 그들이 짐을 푼 곳은, 우중군의 옛 추억이 서린, 고향 같은 대구시 봉산동이었다. 그러나 그 큰 옛집은 엄두도 못 내고 그곳에서 얼마 떨어지지 않은 허름한 집에 단칸셋방을 얻어들었다. 처음엔 낯익은 사람들이 많아서 다소 도움을 받기도 했지만, 너무 피란민이 많아서 그도 잠깐 뿐이었다.

"덕중이 형은 내려가서 두 달쯤 있다가 공군에 입대했어요. 그러니 어떡해요.먹고 살 수는 없구. 할 수 없이 신문팔이를 했죠. 아버님 제자분이 그때 경향신문사에 계셨는데, 그분 힘으로 신문을 받아 파는 거죠. 그땐 그것도 '빽'이었어요.처음엔 신문을 한 30장 받아 가지고, 중간엔 팔지 않고 사람이 많은 방천시장으로 내뛰는 겁니다. 중간에 팔면 뒤에 따라오는 놈이 앞질러서 나보다 먼저 방천시장까지 달려가니까."

1등으로 도착해도 그 시장을 전부 독차지하는 것은 아니었다.

"1등으로 가잖아요. 그럼 그땐 배달이 없었을 때니까 모두 돈 받고 파는 거예요. 전쟁 중에 뉴스가 궁금하니까 다들 신문을 사요. 근데('그런데' 라고 발음할 만큼 한가하지 않은 것 같다.) 신문 값이란 게 예나 지금이나 묘해서 꼭 거스름을 줘야 돼요. 그러니까 내가 1등으로 가도 3분의 1쯤 파는 사이에 뒤에 따라온 아이가 나를 앞질러서 팔기 시작하네요!"

여기서 최초의 김우중 스타일이 탄생된다.

"사람이란 절실해지면 능력이 생기는 것 같애요. 100장은 팔아야 먹고 사는 데 그걸 못 팔면 굶잖아요. 그래서 거스름돈을 삼각형으로 말아서 주머니에 가지고 갔지요. 인제 1등으로 도착해서 신문과 거스름돈을 막 던져주고 돈을 받으며 나가는 거예요. 그렇게 해도 그 시장에 신문을 나 혼자 다 팔 수가 없죠. 한 3분의 2쯤 가면 또 뒤에서 딴 아이가 쫓아와 팔고 나가는 겁니다.

그래서 그담엔 아예 돈을 안 받고 막 던져주면서 나가는 겁니다. 그렇게 신문을 다 뿌리고 나서 천천히 돈을 받는다 이거지. 그러니깐 이젠 아무도 못 쫓아오지."

— 그렇지만 신문값을 떼어먹고 달아나면 어쩌지요.

"그렇게 떼어먹히기도 했어요. 그래도 떼어먹히는 것보단 다 파는 쪽이 낫다고 그때 내가 계산한 겁니다. 또 떼어먹힌 것도 며칠 후에 만나서 대개 다 받았고. 내가 이렇게 몇 달을 하니까 그 다음부턴 아예 방천시장엔 신문팔이가 올 생각을 안 해요. 그래서 나 혼자 날렸지요."

김 회장의 얼굴엔 참 그때가 좋았다는 표정이 역력하다.

"이렇게 해서 나중엔 방천시장에서만 100장을 팔고, 그러고 나서 '내일 아침 신문!'하고 돌아댕기면서 또 20장을 팔았지요. 그땐 통금이 엄격했는데, 통금 직전 밤 11시 5분까지 신문을 팔았어요. 아버지가 계시던 대구사범 근처에 길이 세 갈래가 있었는데 인제 그 근처에 또 삼일정 우편국이라고 있었어요. 내가 밤늦게 꼭 거기 서서 신문을 팔았지요. 그렇게 100부를 팔아야 우리 식구가 겨우 먹고 살았지요."

어떤 때는 횡재를 하기도 했다.

"난 신문팔이를 하면서도 경기중학 모자는 꼭 쓰고 다녔어요. 나한테 경기중학이라는 프라이드가 없었다면 오늘날이 없었을 겁니다. 그래 밤 늦게 신문을 팔고 있으면 가끔 길 잃은 사람이 길을 물어요. 내가 친절하게 앞장서서 가르쳐주면 참 고마워해요. 그러고 여러 가지 얘기를 묻지요. 그럴 게 아녜요. 경기중학 모자 쓴 놈이 신문을 팔고 있으니깐. 그럼 아버지 납치당하신거, 어머니랑 동생들이랑 사는 거 이런 얘길 하죠. 그럼 어떤 분은 팁을 듬뿍주는 데 신문 20장 판 거보다도 더 많은 돈을 줘요. 그럼 그 거 바라고 또 밤늦게까지 신문을 팔고 서 있는 거죠."

책이란 책은 모두 다 읽고

김우중군은 대구에서 서울로 먼저 올라와서 혼자 벌어먹고 살다가 1956년 봄 경기고등학교를 졸업하고 연세대 상경대학 경제학과로 진학한다. 벌써 그의 꿈은 구체적인 모습을 형성해가고 있었다.

"아버님이 내가 어렸을 때, 큰형(貫中)한텐 관리나 군인이 되라고 했고, 우리 작은형(德中)은 의사가 되라고 했고, 나한텐 장사를 하라고 했어요. 동생(成中)한텐 법률가가 되라고 했고요. 그래서 그런지 내가 어려서부터 그쪽으로 생각을 하게 됐는지 모르죠. 하여간에 열무 장사를 해도 내가 남보다 잘했고 신문을 팔아도 남보다 많이 파니까 자신이 생겼죠. 자신이 있어야 도전을 하고 도전을 해야 성취를 하지 않습니까?

그래서 나는 어려서부터 그림을 그리고 다녔어요. 이담에 훌륭한 사업가가 돼야지 대학을 졸업하고 회사에 취직해서 바쁘게 뛰어다니는 모습이 머릿속에 그려지는 거죠. 그렇게 되리라는 확신과 자신을 가지고 있었죠. 나는 지금도 앞날에 대한 그림을 그리고 다녀요.

— 그 그림이 어떤 겁니까?

"참으로 모범적인 기업가가 되는 겁니다. 나는 돈을 많이 버는 사람이 돼야겠다는 생각은 해본 적이 없어요. 돈을 잘 써서 이름이 남는 사람이 돼야겠다고 생각하고 있어요."

하여튼 그는 대학에 다니는 동안, '책이란 책은 안 읽은 게 없을 정도로' 책을 읽어 제꼈고, 학생활동도 열심히 했다. 그러나 넉넉하지 못한 살림은 그때도 마찬가지였다. 그는 버스값이 없어서 신당동에서 연대까지 매일 걸어서 다녔다. 그런데도 그가 내색을 하지 않아서 친구들은 그가 그렇게 가난한 학생인지는 눈치 채지 못했다고 한다.

시간을 금처럼 생각하고 아껴 쓰는 그가 바둑을 배우게 된 것도 대학에 다닐 때였다.

"방학 때 하는 일도 없이 집에 있으면 괜히 입만 하나 더 늘잖아요. 그래서 방학 때면, 고등학교 동기에다 대학까지 같이 다닌 이우복(현 ㈜대우 부회장)이네 집에 가서 사는 겁니다. 그 친구집이 충남 서천에 있었는데 아주 잘 살아서 나 하나 먹는 거 걱정이 없었죠. 그런데 그 친구 바둑 실력이 급이잖아요. 그래 9점을 놓고 두기 시작해서 결국 같이 놓고 두게 됐죠."

그가 가난했기 때문에 배우게 된 바둑실력이 이제 3급이나 된다. 그리고 그 결과가 마침내는 그를 한국기원 총재가 되게 했다. 요즘도 그는 비행기 안에서나 건설현장에서 가끔 바둑을 둔다.

그가 대학에 입학하면서 한성실업 김용순 회장과 인연을 맺게 되는데 그것도 따지고 보면 가난 때문이었다.

"6 · 25 한참 전에 우리가 신당동에 살 때 김용순 회장님이 바로 우리 이웃에 사셨어요. 그런데 그분이 아들이 없으니까 우리 어머니한테 나를 양자로 달라고 한 모양이야. 우리 어머니가 나를 줄 리가 있어요? 내가 고등학교를 졸업할 때쯤 보니까 그분이 한성실업을 만들어서 사업을 하시는데 아주 잘 사신다고 그래. 그래 우리 어머니가 답답하시니까 거길 찾아간 거죠. 그때 마침 한성실업에서 첫 번째 장학생을 모집했는데, 내가 거기 뽑혀서 장학금을 받아 대학공부를 하게 됐지요."

6년 만에 이사가 되다

김우중군은 대학교 4학년 때 교수의 추천으로 산업개발연구원에 가서 아르바이트를 하게 된다. 그래서 거기 가서 일을 하고 있는데 1960년 초에 당시 한성의 김용순 사장으로부터 간곡한 부탁을 받게 된다.

"그때 로마에서 올림픽이 있었는데, 김용순 사장님이 레슬링협회 회장이었어요. 그 양반이 거길 가게 됐는데 대내적인 일을 보던 임 부장을 데리고 가게 됐어요. 그러니까 자리가 빌 거 아닙니까. 날 보고 그 자리에 와서 일 좀 봐 달라 이겁니다."

그는, '장학금을 타서 공부한 일도 있고 해서' 산업개발연구원을 그만두고 한성실업에 와서 일을 보게 된다. 그런데 이때 '김우중의 실력'이 또 드러났다.

"가서 보니까, 내가 할 일이 수판 놔서 숫자 맞추는 것하고 타이프 쳐서 서류 만드는 겁니다. 난 수판을 잘 못 놓거덩요. 그래 상고출신 데려다가 수판을 놓게 하니까 금방 꼭 맞춰놓는 겁니다. 또 타자치는 것두 그래요. 그땐 무역거래의 서식이 없어서 처음부터 다 타자를 쳐서 서류를 만들어야 했는데, 가만히 보니까 금액, 날짜, 품목, 이런 것만 틀려요. 그래 먹지를 대고 서식을 많이 복사해놓고 필요할 때마다 금액 같은 것만 집어넣었지요. 그렇게 닷새하니까 할 게 없어요."

잠시도 가만히 있지 못하는 성질인 그가, 자기 일을 다했다고 놀고 있을 리가 없다. 그때 한성이 비료와 섬유의 무역을 하고 있었는데, 그가 맡지 않은 대외적인 일에도 눈길을 뻗쳤다.

"서류를 빨리 만들어서 그걸 은행에 빨리 돌리고, 그걸 찾아가지고 부산에 가서 통관을 해야 합니다. 물건을 하루라도 더 빨리 찾아야 좋은 값을 받고, 또 돈이 돌잖습니까? 그런데 그땐 그걸 아무도 서둘지 않더라구요."

보다 못해 그가 직접 밖으로 뛰어나갔다.

"한국은행에 가서 보니까 여행원들이 일을 잘해줘야 되겠더라구. 여행원이 서류를 얼른 접수해서 대리석에 올려주면 서류가 돌아가기 시작하거든요. 그러니까 여행원들한테 잘해줘야 되겠더라 이거야. 그래, 한국은행에 입행한 우리 동기들한테 여행원들을 데리고 나오라고 했지. 커피한 잔씩 하자고. 그때 나도 뭐 미혼이겠다, 뭐 괜찮았거덩요. 그러니까 그쪽에서도 잘 보일려고 그럴 게 아니냔 말요."

여기서 또 '김우중'의 무서운 일면이 드러난다.

"그때 신문을 보면 문화면에 패션, 머리 스타일, 뭐 이런 게 나오거덩요. 그걸 매일매일 뒤져서 보고 여행원들 만나면 화제로 삼는 거죠."

이제 그 효과가 어떻게 나타났는지만 들으면 된다.

"그담부턴 내가 딱 은행에 나타나면 자기들이 우리 서류가 있나 없나 먼저 찾는 거야. 있으면 저 밑에 있는 것도 쓱 빼서 먼저 처리해주는 거 야. 그래 우리가 항상 1등으로 수속을 했다구."

김용순 사장은 떠난지 3개월 만에 돌아왔다. 그는 떠날 때만 해도 한 걱정을 했는데 와서 보니 생각할 수 없을 만큼 일이 잘 된 걸 보고 감격 한 나머지 김우중씨에게 졸업선물이라며 롤렉스시계를 풀어주며 제발 회사에 그대로 남아 일 좀 해달라고 부탁했다.

결국 그는 그 회사에서 일을 하게 됐는데, 입사한지 6년만인 30살에 이사가 될 만큼 일을 많이 해냈다. 그러나 그는 그것으로도 만족할 수가 없었다. 그는 한성을 떠나야 했던 것이다.

맨주먹으로 차린 회사 '대우'

김우중 회장은 당시의 사정을 이렇게 말한다.

"한성의 사장님이 병이 나셨습니다. 그러니까 회사의 성장이 주춤하더 군요. 한성이 계속 커져야만 나한테도 사업가로 성공할 수 있는 찬스가 있다고 생각했는데 그렇게 되니 큰일 났어요. 그런데다 세상은 점점 정 상화되는데 내 꿈을 펼치려면 더 배워서 실력을 길러야겠다는 생각도 들 었고, 한편 그의 능력을 인정한 다른 회사에서도 그에게 눈독을 들이고 있었다.

"H사에서도 오라고 하고, S사에서도 오라고 하고, 이발하러 가도 따라오고, 밥먹으러 가도 따라오고 그랬어요. 그렇지만 내가 한성을 버리고 다른 곳으로 갈 순 없잖아요."

결국 그는 미국유학을 결심하고 회사에 사표를 냈지만 그를 자식처럼 생각하는 김용순 사장이 놔주지 않아서 6개월 동안이나 속을 끓였다.

1966년 1월 한성실업을 그만둔 김우중씨는 미국에 유학가려고 여권 수속을 밟기 시작했다. 그런데 수속 중에 또 뜻하지 않는 일이 일어났다

"섬유와 제약을 하는 일본의 가네보에서 나를 잘 보고 있었어요. 거기서 하는 말이 1년간 일본에 와서 연수를 받고 한국의 책임자가 되면 어떻냐 이겁니다. 그래 그것도 괜찮을 것 같아 그러자고 했지요. 그래 이번엔 일본에 가기 위한 수속을 하고 있었어요."

그런데 이번엔 정말 운명적인 일이 그를 기다리고 있었다.

"내가 한성에 있을 때 하청을 하던 대도섬유라는 공장이 있었는데 그 사장 도재환씨가 하루는 날 찾아와서 한다는 말이, 섬유경기가 좋은 것 같아서 원단을 짜는 트리코트라는 기계를 들여왔다 이겁니다. 그런데 갑자기 주문이 없어서 큰일 났으니 좀 도와달라 이거예요. 그래 내가 어떻게 도와주면 되겠느냐니까 외국에 나가 주문을 받아달라는 거야, 일본 가기 전만에라도 해달라는 겁니다. 그래 내가 좋다고 하고, 홍콩과 싱가포르에 가서 주문을 받아다 줬어요."

그런데 일은 여기서 끝나지 않는다.

"주문을 받아다 줬는데도, 도 사장이 무역을 안 해봐서 잘 처리를 못하더군요. 두 달이 지나 선적이 가까워졌는데도 물어보니까 날짜 맞추기

가 어렵게 됐어요. 아무래도 내가 안 되겠다 싶어서 일본 갈 때까지 수속을 해주겠다고 했더니 이 친구가 일본 가지 말고 회사를 같이 하면 좋겠다고 부탁을 해요. 난 밑천이 없다고 그랬더니 돈을 꿔주겠다는 겁니다. 그래 자본금 500만원으로, 50대 50으로 회사를 시작했어요. 220만 원을 나중에 돈 벌어 갚기로 하고."

그러니까 자기 돈 한 푼 없이 회사를 차린 것이다. 그것이 1967년 3월 2일로 대우가 고고성(呱呱聲)을 터뜨린 날이었다. 그의 나이 만 30살 때였다. 그들은 충무로 동남서적 3층에 있는 100여 평짜리 사무실에 회사를 차리고 '대우실업(大宇實業)'이란 간판을 내걸었다. 당시 창업멤버로는 김우중, 이우복, 김상중(현 마드리드 지사장), 그리고 여직원 한 명 해서 모두 네 명이었다. 그리고 공장운영은 도재환씨가 맡았다.

— 그때 왜 회사 이름을 대우라고 했습니까?

"그게 대도(大都)섬유에서 '대'자 따고 김우중에서 '우'자 따서 대우(大宇)라고 한 거라구요. 만들어 놓고 보니까 '큰집' 아니에요. 참 좋지요?"

— 회사를 차리고 나서도 사장이 된 게 아니고 부장자리에 앉으셨죠?

"내 나이도 어리고 그런데 사장이다 전무다 하는 게 우습잖아요? 그래서 취체역 업무부장이죠."

"사람은 남을 위해 살아야"

회사를 차리고 나서 그는 '김우중식'으로 새벽에서 밤 11시 30분까지 억척스럽게 일을 했다. 그뿐만 아니라 대우의 작은 식구 4명이 똘똘 뭉쳐서 한 마음 한 뜻으로 일을 했다.

그 결과는 다음과 같다.

"2년 동안에 지금 돈으론 따지면 아마 10억이나 20억 쯤 벌었을 거예요."

— 어떻게 그렇게 많은 돈을 벌었습니까?

"우선 내가 거래선을 다 알고 있었고 두 번째는 나빴던 인도네시아 시장이 갑자기 좋아졌거덩요. 그땐 일본에서 실만 가져오면 원단을 짜서 수출을 할 수 있었어요. 그런데 나랑 잘 아는 가네보의 부장이 나한테 실 배정을 많이 해준 거지요."

이 '인도네시아 건'에 관해선 좀 더 구체적인 얘기를 들어보는 게 좋겠다.

거기에 김우중 회장의 사업 비법 하나가 숨어 있기 때문이다.

"그때 원단이 인도네시아에 직접 들어가지 않고 싱가포르를 통해서 들어갔습니다. 우리가 '떼(鄭)'라는 무역상하고 거래를 했는데 원단 한 마에 20전씩 실어 보냈어요. 그런데 인도네시아에서 수입금지를 철저히 하는 바람에 원단 값이 반 이하로 폭락을 하네요. 그렇지만 장기계약을 한 거니까 거래선 '떼'로선 어쩔 도리가 없죠. 빤히 알면서도 손해를 볼 수밖에요. 그걸 알고 내가 손해를 적게 보게 하려고 물건을 되도록 덜 실었는데도 떼가 부도가 나게 생겼어요. 내가 쫓아가서 물어보니 당장 20만 불이 없으면 은행에서 차압이 들어온대요. 그 당시 우리 회사 자본금이 1만불이었는데, 내가 그 자리서 20만 불을 도와 줬어요. 이게 대단한 결단이었지요. 지금 생각하면 이것 때문에 우리가 살아났어요. 그렇게 1년이 지난 다음에 인도네시아 시장이 완전히 풀리면서 원단 값이 한 마에

37전까지 뛰었네요. 우린 17전에 계약을 해놨는데 말입니다. 그런데 '떼'
가 나한테 하는 얘기가 지금 35전에 가져가도 시세보다 2전이 싸니까 그
렇게 가져가겠다는 겁니다.

그래 가지고 아마 100만불은 벌었을 거예요."

그의 결론은 이렇다.

"서로 도와주면 서로 도움이 됩니다. 남을 도와주면 10년이나 20년이
지나서 도 그 보답이 옵니다. 예를 들면 어느 은행의 대리가 집안에 불행
한 일을 당했을 때 아무것도 아닌 걸 도와주면, 그 대리가 다음에 중역이
돼서 더 크게 갚아요. 그렇기 때문에 사람은 항상 남을 위해 살아야 하는
거죠."

그는 그것이 길게 보면 나를 위해 사는 것이란 점을 잘 알고 있는 것
같다.

섬유류 수출로 일어서다

사업이 잘 돼도 문제는 있기 마련이었다. 동업자가 자기는 그만 둘테
니 투자한 돈을 돌려달라는 것이었다.

"내가 말렸지요. 그런데도 그 사람은 자기는 편히 살겠다는 겁니다. 근
데 돈을 벌었다고 현찰이 쌓여 있는 건 아니거덩요. 그래도 자꾸 달라니
까 물건도 팔고 해서 겨우 해 줬지요."

김우중 회장으로선 그게 어쩌면 홀가분하게 잘 된 일인지도 모른다.
그는 동업자가 떨어져나가고 난 다음에 대우실업의 대표이사가 돼서 회

사를 자기식대로 끌고 나갈 수 있었으니까.

"70년부터 옷을 만들기 시작했죠. 그리고 미국 시장을 뚫었어요. 여기서 대우가 또 한 번 도약할 수 있었죠."

그는, 당시 미국이 섬유류 수입에 있어서 쿼터제를 실시한다는 정보를 남보다 앞서서 입수했다. 그래서 그는 보다 많은 쿼터를 확보하기 위해서 최선을 다해 미국에 섬유류를 수출하는 한편, 다른 사람들의 실적도 사모아서 쿼터량을 늘렸다. 이런 결과 그는 미국정부로부터 우리나라가 배정받은 쿼터량의 100%까지 확보할 수 있게 됐다.

"나중엔 쿼터를 프리미엄으로 받고 대행만 해주고도 한 해에 100억원은 벌었다구. 다들 모르는 사이에 우리가 엄청나게 커버린 거죠. 그때 은행에 정기예금 해놓은 게 300억원이 넘었으니까."

미국의 유명 백화점들과 직거래를 틀 때도 '김우중식'이 주효했다.

"그때 우리는 미국의 수입상(Importer)하고 거래를 했어요. 임포터들이 공장에 오면 여자 근로자들이 모두 나와 길 양쪽에 도열해서 박수를 치며 환영할 땝니다. 그런데 내가 가만히 계산해 보니까 미국 백화점에 직접 팔면 값을 더 받겠더군요. 그래 내가 직접 뉴욕으로 갔어요. 우리 직원이 뉴욕에 한 사람 있었는데, 하는 말이 백화점 구매담당자를 만나려면 미리 선약을 해야 된다는군요. 급해 죽겠는데 그거 되겠어요? 만날 사람 리스트를 죽 만들어 갖고 차례로 찾아다녔죠. 만나주면 만나고, 안 만나주면 다음 사람 찾아가고, 그렇게 하니까 한 85%는 만나주더라고. 자기들도 싸게 사고 우리도 더 받고 하니까 거래가 성립됐지요. 이렇게 해서 시어즈 로벅(Sears, Roebuck and Company), 제이시 페니(JC

Penny), 몽고메리(Montgomery Ward), K-마트 같은 전국적인 체인과 직거래를 하게 된 겁니다. 그 다음엔 고급 브랜드까지도 다 만들어 수출했지요."

― 지금 그 구매담당자들하고 만납니까?

"그럼요. 가끔 만나면 자기들이 날 키워줬다고 흐뭇해하죠. 1975년까지 내가 그렇게 하고 다녔으니까 10년밖에 안 됐는데…."

그런데 그는 세계 굴지의 대그룹 총수가 돼버렸다.

그는 또 섬유류 다음에 신발, 야구장갑 같은 경공업 제품에도 손을 대서 큰 재미를 봤다.

세일즈맨에서 경영자로

대우가 성공하게 된 요인 가운데 하나가 김우중 회장이 경기고 출신이기 때문이란 점도 배제할 수는 없을 듯하다. 본인도 이렇게 말하고 있다.

"사실 난 우리 학교(경기)에 대해선 언젠가 큰 신세를 갚아야 해요. 그때 요직에 있던 선배들이 나를 참 많이 밀어줬어요. 선배들이 날 인정을 해주니까 또 나도 맘껏 뛰었구요."

그뿐인가. 대우가 커가면서 그 주위에 경기출신들이 구름처럼 몰려들었던 것이다.

"딴 건 몰라도 난 의리 하난 철저합니다. 경기사회에선 의리가 좀 부족하거든요. 그러나 우린 의리로 뭉쳤어요."

그렇다면 어떻게 경기 출신들이 그에게로 몰려들었을까?

"우리 같은 조그만 회사에 경기 나오고 서울대 나온 사람들이 누가 들어옵니까? 공모해봐야 뻔한 거지요. 그래 회사는 커 가는데 사람이 없으니까 내가 친구 데려오고, 그 친구가 또 후배 데려오고, 그 후배가 또 제 친구 데려오고…, 이렇게 하다 보니깐 경기 출신이 많아진거죠. 그러다 보니깐 경기 출신이 하는 회사다 해서 경기 출신 선배들이 귀엽게 봐주고…. 이게 회사가 커가는 데 아주 결정적인 거였죠."

— 그렇다면 같은 일류고 출신인 사람들이 창업한 율산·제세·대봉 같은 회사들이 중간에 왜 탈락됐을까요?

"그런 회사에 대해선 잘 모르겠는데 우린 첫째 베이스가 있었어요. 정기예금이 수백억이나 됐는데 금방 무너지겠어요? 또 우린 1976년까진 국내 사업을 하지 않았으니까 다른 회사와 경쟁할 게 없었어요. 남들 수출할 줄 모를 때 우리가 수출을 해서 커버린 거죠."

'조그만 집'에서 시작한 '큰 집' 대우가 명실상부하게 그렇게 커졌는데도, 많은 사람들은 그 사실을 모르고 있었다. 그러나 은행만은 대우를 경이의 눈으로 바라보고 있었고 그 은행의 보고를 받는 재무부도 이 젊은이들을 주의 깊게 지켜보고 있었다.

당시 재무장관이 김용환씨였다.

"그때 한국기계가 적자가 계속되니까 민영화시켜야 되겠다는 말이 있었죠. 그런데 그걸 인수할 사람이 없었어요. 제가 알기로는 그때 한국기계를 삼성과 현대에 맡으라고 했지만 다 완강히 거부했어요. 그래서 김용환 재무가 우리가 정기예금 많이 한 줄 아니까, 우리 보고 맡으라고 한 겁니다. 그래서 내가 생각하기에 밑져봐야 1년에 100억밖에 더 밑지겠느냐, 쿼터 프리미엄만 팔아도 100억을 벌 텐데 그거 날아가면 그만이다 하고 인수해서 130억을 투자했죠."

그때 그는 묘한 발견을 하게 된다.

"거기서 철도 차량을 만들었는데 원리는 옷 만드는 것하고 똑같아요. 우리는 천 가지고 재단을 하는데 거긴 철판 가지고 재단을 하더라구! 우리는 재봉으로 박는데 거긴 용접기로 붙이더라구! 그거 참 남자로 한번 해볼 만한 일이라는 생각이 들더라구."

이제까지 그는 기껏 섬유류나 경공업 제품을 수출하는 세일즈맨이나 혹은 그들의 우두머리쯤으로 여겨졌지만, 그는 한국기계를 인수해서 대우중공업으로 키우면서부터는 '남자로 한번 해 볼만 한 일'에 달라붙어 중공업의 경영자로 면목을 일신하는 데 성공했다.

한국기계 회생 작전

— 김용환 전 재무하고 무슨 관계가 있었다는 소문이 있던데….

"그건 말이 아니죠. 내가 보기엔 그분은 빈틈없고, 머리좋고, 결단성 있는 그런 분입니다. 그분 알게 된 건 한국기계 때문에 알게 된 거예요."

김우중 회장은 한국기계 회생 작전을 설명하기에 바쁘다.

"내가 가서 보니깐 문제가 두 가진데, 하나는 외상이고 또 하나는 의욕이었습니다. 외상거래를 하니 물건을 비싸게 들여오게 돼서 원가에 압박을 주거덩요. 또 30년 동안 국영기업체로만 있었으니까 임직원들 의욕이 빤할 거 아닙니까. 그래 외상거래를 끊고 환경정리부터 시작했어요. 기숙사, 독신자 숙소, 식당, 목욕탕 이런 거 다 새로 짓고 공장도 다 뜯어고 쳤지요. 그런 다음에 작업시간 후에 매일 밤새워 회의를 했어요. 1976년 3월부터 77년 9월까지 1년 반 동안을 정말 딴 곳에서 손을 떼고 덕중이 형 사장으로 모셔다가 대우실업을 맡겨놓고 새벽이고 밤이고 없이 일을 하고 회의를 했어요. 또 그때 우리 회사 엘리트들을 몇몇 그쪽으로 데리고 갔지요. 최명걸 부회장도 그때 데려왔죠. 여러 사람이 힘을 합칠 때 나오는 결과는 엄청난 겁니다. 우리는 만성 적자에서 허덕이던 회사를 운영한 지 1년만에 이익을 봤어요. 그때 우리가 디젤 엔진을 만들었는데 그게 히트해서 큰 도움이 됐지요. 처음에 가보니까, 돈이 없어서 국내 자동차 업체에서 주문을 받고나서 그 부품을 그제야 외국에 발주하는 거야. 그러면 엔진이 급히 필요한 업체에선 기다리지 못하고 외국에서 엔진을 직접 수입해 오는 겁니다. 이렇게 되니 장사가 되겠어요? 그래 우리가 맡고나선 8000대분 부품을 주문을 받기 전에 무조건 들여와서 엔진을 만들어 놨죠. 그리고 외국에서 수입한 엔진이 떨어질 때를 기다렸죠. 수입엔진이 떨어질 때쯤 당국자에게 엔진 재고 8000대가 야적된 걸 보여줬죠. 엄청날 거 아닙니까? 엔진 8000대가 쌓여 있으니! 그래서 엔진이 수입금지 된 겁니다. 그때부터 공장이 제대로 돌았죠. 그때도 우리가 돈이 있었기 때문에 그런 모험을 할 수가 있었던 겁니다."

그는 스스로 '운이 좋은 놈'이어서 '하느님이 뒤에서 돕고 있다'고 생각하고 있다. 한번 기회가 열리자, 그리고 그 기회를 온갖 정력을 다 쏟아 옳게 잡아 성공시키자, 더 많고 큰 기회들이 그야말로 물밀듯이 몰려들었던 것이다.

새로 찾아온 기회에 대해 그는 이렇게 말문을 연다.

"내가 10년 동안 수출을 해서 인정을 받은 데다가, 우리나라에서 제일 골치 아픈 공장을 맡겼는데 1년 만에 이익을 내니까, 인제 새한 자동차를 인수하라고 하네요."

— 그럼 하고 싶어서 한 게 아니란 말씀입니까?

"그렇죠. 우리보고 문어발식으로 확장했다고 하지만, 난 수출과 금융 빼놓곤 내가 하고 싶어서 한 게 없습니다. 나는 솔직히 금융업으로 나가라고 했어요. 우리가 수출금융을 이용해보고 정기예금을 많이 하다보니까 금융에 대한 이해가 다른 데보다 한 발 앞섰죠. 또 내가 외국에 댕기며 보니까 금융회사가 왕이에요 그래서 다들 금융에 별 관심이 없을 때 나는 단자회사, 증권회사, 이런 걸 현찰 주고 사고 그랬죠. 나는 앞으로도 무역과 금융으로 나갈 겁니다."

"우린 평범한 데서 이겼다"

김 회장은 대우의 그 좋던 전성기를 아직도 잊지 못하고 있다.

"1973년에 우리가 지금 럭키빌딩을 사서 거기루 갔거덩요. 그때가 우리 대우의 전성깁니다. 내가 아침에 직원들 나오는 얼굴만 봐도 마누라하고 싸움을 했는지 기분이 나쁜지 좋은지 다 알았으니까. 내가 왜 신문팔이를 할 때 밥 한 그릇을 놓고 우리 식구들을 붙들고 울었다고 했잖아요. 그때처럼 우린 직원들끼리 내몸보다 서로를 더 많이 위해줬지요."

— 그렇게 직원들을 붙들어 놓으면 개인적인 사생활을 할 틈이 없잖아요?

"그때 내가 가만히 보니까 괜히 일찍 나가면 친구들하고 술 먹고 늦게 들어가더라구. 하루 저녁에 봉급 반을 먹어요. 그리고 술 취하면 그 이튿날 회사에 와서도 지장이 있다 이거야. 그러니까 난 잡아놓고 일하게 하고, 일한 만큼 돈 주고, 그러니까 집에 들어가자마자 잠 잘자고 일찍 나와 일할 수 있고, 얼마나 좋아요!"

그는 또 그렇게 온 직원이 한 마음이 돼서 일할 때 시작한 회사는 지금까지 흔들리지 않는다고 말한다.

"부산에서 봉제공장을 지어 놓고 와이셔츠를 만드는데, 한 라인에서 300장에서 400장밖에 안 나와요. 일본은 1200장 이상이 나오는데! 기계도 똑같고, 실도 똑같고, 천도 똑같은데 그 이유가 뭐냐 이거지. 내가 매주말 부산에 내려가서 여성 근로자들과 토의하다가 하도 답답해서 서로 껴안고 막 울었어요. 결국은 마음이었어요. 근로자들이 최선을 다하자고 마음이 굳어지니까 일본 숫자를 훨씬 넘어서서 하루에 한 라인에서 1800장까지 나왔어요. 지금 이 공장이 규모와 능력 면에서 세계 제일의 봉제공장이 됐어요. 다른 새로운 공장에서 최신시설을 갖고서도 우리 부산공장의 생산성을 못 따라 옵니다. 똘똘 뭉쳐가지고 최선을 다할 때의 힘이란 참 무섭습니다. 우린 이렇게 평범한 데서 이겼습니다."

그는 평범한 데서 이긴 사례를 또 한 가지 든다.

"초창기에 수출품을 선적하는데, 그땐 배가 많지 않으니까 물건을 배에 싣기가 힘들었어요. 어떻게 애를 써서 배에다 물건을 실어놔도, 다른 사람이 우리 짐을 끌어내리고 제 짐을 싣는 게 예사였어요. 그 배에 짐을 못 실으면 한 달간을 기다려야 하는데 그 이자가 얼맙니까. 그런데도 다른 회사에선 배를 놓치는 걸 다반사로 했습니다. 그런데 우린 물건을 만들자마자 악착같이 배에 싣고, 그 배가 떠날 때까지 그 짐 위에 지키고 앉아 있었습니다."

그런데 요즘 그때의 대우정신이 없어졌다는 것이다.

"그때부터 지금까지 대우 직원이 수십 배 수백 배는 불어났을 겁니다. 그런데 그 많은 사람들이 다 어디서 왔습니까? 그때의 정신으로 뭉쳐진 게 아니라 사방에서 모여온 거 아닙니까? 그러니까 아직 대우의 문화가 정확하게 정립되지 않았죠. 앞으로 계속 정립해야 하지마는…."

그런 한편, 그는 오늘날 대우가 명실상부하게 '큰집'에 들어앉아 있는 것에 대해 스스로 대견해하고 있다.

"사업엔 사람이 기본이다"

그밖에 경영철학에 관한 인터뷰 내용을 요약해서 정리한다.

— 재벌들이 문어발식 경영을 한다고 비난의 소리가 높은데….

"대량생산의 시대엔 그 말이 맞습니다. 그러나 지금은 첨단기술의 시대입니다. 이런 때 한 가지 품목만 하면, 첨단기술을 끊임없이 개발해야 안 망합니다. IBM은 기술개발을 계속하니까 성장하는 거죠. 그렇지만 우리나라처럼 기술수준이 그렇게 높지 않은 나라에선 경영을 다변화해야 합니다. 만일 누가 조선만 했다간 벌써 망했을 겁니다. 그럼 커다란 회사가 망하는 게 국가적으로 좋으냐 이거죠. 리스크를 분산해서 상호 간 성장을 도모하고 우리의 기술이 항상 앞서갈 수 있을 때 전문화를 해야 성공할 수 있습니다."

— 대우가 세계를 누비면서 외국과 합작을 많이 하는데 그럴 때 원칙이 있습니까?

"우리랑 뭘 함께 해서 그쪽이 손해를 보면 절대 안 되죠. 함께 장사를 해서 이익이 생기면 내가 50% 이하를 갖고 그 이상은 안 가져요. 그래야지 그 다음에도 우리랑 계속하고 싶어 할 거 아닙니까. 우리 때문에 망한 사람은 아무도 없습니다. 아프리카의 어느 나라에선 쿠데타가 일어나 정권이 바뀌었는데도 우리가 그렇다는 걸 알고 변함없이 협조해 주고 있어요."

— 만약 대우의 직원이 큰 실수를 한다면 짜릅니까, 아니면….

"실수하는 친구가 큰일합니다. 시키는 일만 고분고분 하는 친군 실수는 않지만 큰일은 못하죠. 사람은 다 적소가 있습니다. 그런 델 찾아주면, 또 기회를 한번 주면, 보답하려고 열심히 뛰죠. 난 자기희생의 정신만 있다면 사람을 '짜르지' 않아요. 어쩔 수 없이 '짤라야' 할 경우 그 뒷일을 봐주려고 하죠."

— 대우의 부도설이 몇 번 돈 적이 있지요?

"우린 한 번도 그런 걱정을 해본 적이 없어요. 내가 지금이라도 한 달 이내에 외국에 나가 5억불을 꿀 수 있어요. 그런 소문은 다 누가 만들어낸 말입니다. 우린 이제까지 사채를 한 푼도, 한 번도 써 본 일이 없어요."

— 회사는 조직이 움직이는데 대우는 사람이 움직이고, 그 가운데 특히 김우중이 움직인다는 말이 있는데….

"대우가 허술해 보이지요. 그게 정책입니다. 너무 탄탄하게 보이면 안 됩니다. 사실은 내가 없어도 대우는 잘가게 돼 있어요." <u>월간조선 1986년 9월호</u>

김우중과 오늘의 대우는…

김우중

金宇中 · 1936~2019

대구 출생 / 연세대 경제학과 졸업, 연세대 명예경제학 박사, 고려대 명예경영학박사, 미국 보스턴대 명예법학박사, 전남대 명예철학박사, 베트남 하노이대 명예경제학박사 / 대우실업 상무이사(창업), 대우중공업 사장, 새한자동차 사장, 대우그룹 회장, 대한체육회 부회장, 전국경제인연합회 회장 역임 / 금탑산업 훈장, 국민훈장 모란장, 벨기에 대왕관훈장, 독일 십자공로훈장, 프랑스 레지옹 도뇌르훈장, 대한민국 50년을 만든 50대 인물(조선일보), 20세기 한국을 빛낸 기업인(매경)

대우그룹은 한때 41개 계열사를 두며 재계 2위까지 올랐다. '세계 경영'이라는 모토로 사업을 확장시켜 한때 자산이 83조 원, 매출이 62조 원에 달했다. 한편으론 분식회계와 정경유착 비판을 받는 등 고도 성장기의 양면을 대표하는 기업이라는 평가가나온다. IMF 외환 위기를 회복하지 못하고 2000년 해체됐다. 현재 대우중공업 조선해양부문은 대우조선해양을 거쳐 최근 한화그룹으로 인수 절차를 밟았고, 대우실업은 포스코 그룹에 인수되면서 대우라는 이름을 잃었다. 대우자동차는 GM으로 매각돼 한국GM이 됐다. 김우중의 장녀 김선정씨는 미술계에 뛰어들어 저명한 전시 기획자가 됐다.

삼성 뉴 리더
이건희
삼성그룹 회장

외로움과 그리움과 배고픔과 분노에 가
득 찬 가슴을 안고 외톨이로 떠돌던 어린
이가 한국제일의 재벌기업 삼성의 총수
가 되기까지. 그가 18년 동안 저녁마다
받은 후계자 교육은 어떤 것이었나. 그는
어떻게 기업의 규모를 키우며 회장직을
성공적으로 수행하고 있는가. 그가 기치
를 높이 든 '제2 창업'은 어떤 것인가.

글 **오효진** 월간조선 기자   사진 **이오봉** 기자

진돗개 키우느라 거칠어진 손

삼성그룹 이건희(李健熙·47) 회장은 약속장소인 신라호텔 22층 특실에 약속 시간보다 10분 먼저 나와 있다가 기자를 맞았는데 그의 크고 두툼하고 조금 거친 느낌을 주는 손이 기자의 손을 덥썩 감싸 쥐는 순간, 기자의 머리에선 그에 대해 가지고 있던 선입견이 와르르 무너져 내렸다. 기자는 그가 귀공자처럼 생겼으려니 했던 것이다. 그의 선친을 닮아 얼굴선이 가늘고 섬세할 것 같았고 몸도 날렵할 것만 같았으며 표정도 좀 신경질적일 줄로만 알았다. 그런데 그게 아니었던 것이다.

그는 크진 않았지만(168cm) 통통했고, 선이 굵직굵직했으며, 눈도 코도 입도 귀도 큼직큼직해서 관상이 참 좋은 것 같았고, 무뚝뚝하면서도 수줍어하는 것 같았다.

그가 고등학교에 다닐 때 전국대회에서 입상했을 정도의 레슬링 선수로 활약했다는 말을 듣고 참 이상하다 싶었는데 막상 만나서 척 보니 '맞았어, 저러니 그런 걸 했지!' 하는 생각이 들었다.

첫인상이 다소 충격적이어서 그랬는지 첫마디가 좀 공격적으로 나왔다.

— 손이 참 거치십니다.

대한민국 제일의 기업 총수는 이 말이 다소 의외라는 듯한 표정으로
뚜벅뚜벅 말했다.

"골프를 쳐서 그렇게 됐을 거고."

여기까진 그렇겠다 싶은데 뒤이어 또 의외의 말이 나왔다.

"…또 개를 좀 좋아해서 개 빗질을 하다 보니까….'

— 무슨 개를 키우십니까?

"진돗개를 한 20마리 키웁니다. 어릴 때부터 동물을 좋아했지요. 중학
교 1학년 때부터 죽 개 한 마리씩은 키워왔지요. 진돗개를 키우기 시작
한 지 한 20년 됐습니다. 진돗개가 천연기념물 53호로 지정이 돼 있는데
도 보존이 잘 안 되고 있었어요. 그래서 세계적으로 개 종류가 200 여종
되는데 진돗개가 한국 원산지인 개로 등록되지 못했지요."

— 아직도 그렇습니까?

"6년 전에 겨우 세계견종협회에 등록을 했습니다. 그 등록요건이 까다
로워요. 똑같은 종류끼리 교배시켜서 몇 % 이상 같은 종류가 나와야 하
고…. 그 요건에 맞춰서 등록을 마치는데 12~13년 걸렸습니다."

— 개 키우면서 얻은 철학 같은게 있습니까?

"개는 절대 거짓말 안 하죠. 배신할 줄도 모르죠."

— 삼성 회장 그만두시고 개박사하셔도 되겠습니다.

여기까지 그의 말을 듣는 동안 그가 왜 삼성그룹 회장이 될 수 있었나
를 조금은 알 수 있을 것만 같다.

몰두하는 일은 다 사업과 연관돼

그에겐 개에 대해서 뿐만 아니라 무엇에건 깊이 파고드는 대단한 집념이 있는 것 같았다. 그는 '개박사'일 뿐만 아니라 또 '골프박사'였으며, 탁구, 승마, 레슬링, 자동차, 농사기술, 전자제품 등에 대해서도 상당한 경지에까지 들어가 있었다.

그는 골프의 원리를 이렇게 설명한다.

"공이 날아가는 거리는 헤드 스피드(Head Speed)에 비례합니다. 힘으로 때리면 많이 나간다고 생각하는데 그게 아니죠. 헤드가 얼마나 빨리 공을 지나가느냐에 달린 겁니다. 힘이 아니라 스피드죠. 드라이버가 초속 40m로 맞으면 250야드에서 270야드를 나갑니다. 이렇게 하는 것이 프로들입니다. 저희들이 치면 180에서 200 야드를 나가는데 이건 초속 35m에서 36m쯤 될 겁니다. 그러니까 헤드 스피드가 얼마나, 또 얼마나 정확하게 치느냐가 공이 얼마나 날라가며 얼마나 페어웨이(Fair Way)에 정확하게 떨어지느냐를 결정하죠. 우선 스피드를 내려면 머리를 절대 들지 말아야죠. 회전을 정확하게 하면서 궤도의 정확도를 지켜야죠."

— 이런 걸 어디서 다 배우셨습니까?

"들은 것도 있고, 책과 비디오로 배운 것도 있고, 또 제 자신이 실험해서 터득한 것도 있습니다. 힘으로도 한번 쳐보고 힘 빼고 스피드로도 한번 쳐보고…."

— 베스트 스코어는?

"71까지 쳤습니다."

— 어떤 재벌총수는 골프치면 회사 망하고 나라 망한다고 임직원들한테 못치게 하던데요.

"제 생각엔 일 내놓고 하루 종일 골프만 치면 안 되겠지만 짧은 시간에 잘 치는 게 오히려 일에 도움이 되지 않나 그래 생각합니다."

— 좀 이상하지 않습니까? 상대랑 말도 좀 하면서 쳐야지요.

"제 경우엔 코스를 도는 것보다 연습장에서 연습하는 게 더 재미가 있습니다. 아이언 5번 가지고 170야드 보낼 때는 확률이 어떻게 되고 150야드 보낼 때는 확률이 어떻고, 4번 가지고 할 때는 어떻고…. 이게 확률 게임 아닙니까? 칠 때, 지나가는 흙의 종류, 풀이 누워 있는 방향… 이런 거에 따라 저항이 전연 다르게 되죠. 바람, 습도도 영향이 있고요."

— 아이고, 그런 거 골치 아프지 않습니까? 뭣 땜에 그런 거 골치 아프지 않습니까? 뭣 땜에 그런 걸 그렇게 연구하세요. 기업만 잘 경영하시면 되지….

"그걸 깊이 연구하면 기업경영하고 연결이 되지요. 골프채에도 밸런스가 있어요. 샤프트 무게와 헤드 무게의 비례를 말하는 건데, 이거에 따라 수백 가지를 만들 수 있어요."

— 아니 지금 삼성에서 골프채도 만드십니까?

"그건 아니지만 상품 제조에 대한 참고가 되죠."

그가 몰두하는 일은 다 사업과 연관이 있는 것 같았다. 그런 걸 생각하니 이 회장이 조금쯤 무서운 사람이란 생각이 들었다.

확실히 이 회장은 '그거 그런' 사람은 아닌 것 같았고, 생각했던 것처럼, 또 떠도는 소문처럼 '아버지 잘 만난' 그런 사람도 아닌 것 같았다. 예컨대 기자와의 이런 힘겨루기에서도 그런 점이 드러났다.

"제가 중앙일보의 주를 30%쯤 갖고 있는데, 개인으론 제일 많을 겁니다. 그런데 비판하고 싶거나 미운 사람이 있으면 그 사람을 바짝 올려놓고, 칭찬할 거 다하고, 누가 봐도 나쁜 얘기 하나 안 쓰고 골탕 먹이는 방법이 있는데, 이런 기사를 쓰는 기자가 진짜 기자다 이런 얘기를 기자들에게 합니다."

까만 고무신

— 그럼 제가 또 이 기사를 잘 써도 안 될 것 같습니다.

"(웃음) 절 두고 하는 말은 아닙니다. 선대 회장(李秉喆)께서 일본에 가까운 분이 많아서 일본대학 교수가 선대 회장에 대한 단행본을 써서 몇 만 부가 팔리기까지 했는데, 그 책에 아주 좋은 얘기만 씌어 있어요. 그래서 우리 회장님이 원고료를 줘야 하겠다고까지 했는데, 지금 가만히 생각해보니 그 교수가 한 수 위였던 것 같아요. 삼성 회장을 바짝 올려놓고 삼성의 이름을 세상에 알려놓으면, 삼성에 관심 있는 일본 사람들은 다 사 볼 거 아닙니까. 그 책엔 좋은 것만 잔뜩 들어 있으니까 일본의 경제인, 젊은 사람들이 이걸 읽고 '삼성을 조심해라' 이래 돼버렸어요. 그 후로 우리가 일본에서 기술을 받아오는 데 아주 어려움을 겪고 있습니다."

이러니, 생각나는 대로 묻고 눈에 보이는 대로 쓸 수밖에 없겠다.

우리는 점심 식탁으로 옮겨 앉아 얘기를 계속했다.

그는 이병철 전 삼성그룹회장과 박두을(朴杜乙)여사(81)의 7남매 중 끝에서 두 번째인 3남(아들 중 막내)으로 1942년 1월9일(음 41년 11월 23일) 대구에서 태어났다.

이병철 전 회장은 그때 벌써 벼 200석 지기를 물려받은 사업가였지만 절약하는 집안의 전통 때문에 어린 건희군은 풍족하게 자랄 수가 없었다고 한다.

"대구에 와서도 까만 고무신을 신고 다녔어요. 어쩌다 흰 고무신을 사 받으면 애낀다고 구석에다 숨겨놓고 그랬죠."

어린시절, 늘 혼자 떨어져 살아

— 선친께서 받은 유산은 할아버지께서 번 것이었습니까, 물려받은 거였습니까?

"그 웃대 할머니(증조모)가 상당히 살림을 이루셨답니다. 하여튼 지독한 분이란 얘기를 들었습니다. 어떻게 하면 한 시간 덜 자고 어떻게 하면 한 끼 덜 먹고, 어떻게 하면 베 한 치를 더 짜느냐만 생각하셨답니다. 그때의 부의 축적은 악착같이 벌어서 안 쓰는 것밖엔 없으니까요. 그때 번 게 400석 지긴데 그걸 할아버지가 물려받아 100을 더 버셔서 큰아버지한테 300석, 아버지(이병철 전 회장)한테 200석을 물려주셨답니다."

그는 대구에서 유치원에 다닐 때 있었던 추억 한 가지를 소중하게 간직하고 있다.

"제 생일에 어머니가 김 다섯 장하고 계란 삶은 거 한 개를 다른 형제들보다 더 주시며 '네 생일이라 주는거다'고 하셨습니다."

그들 일가는 1947년 서울 혜화동(163의 25)으로 이사한다.

"(아버지가) 49년에 48년형 시보레를 사셨어요. 운전수가 요즘 파일로
트보다 더 인기있는 기술자였지요. 그때 위대식(魏大植)씨가 운전기사
로 와서 죽을 때까지 아버지를 모셨어요. 저도 처음으로 자동차를 만져
봤지요.

서울로 오셔서 본격적으로 사업을 시작하실 땝니다. 혜화동 집이 한
60평쯤 됐는데, 그게 대궐처럼 보였어요. 대구에선 두 평짜리 방 세 개,
세 평짜리 방 한 개에 열대여섯 명이 살았어요. 혜화동 집은 지금 제일병
원 이사장이신 큰집 형(李東熙)이 살고 계시죠."

그러나 그 큰 집처럼 서울생활이 그에게 영화를 가져다준 것은 아니었
다. 그는 곧 전쟁을 만나야 했고 그리고 떠돌이로 다녀야만 했던 것이다.

"혜화국민학교 2학년 때 6·25가 나서 마산으로 피난 가서 거기서 국
민학교를 좀 다니다가, 대구로 갔다가, 또 부산에 가서 두 번 옮기고, 휴
전하고 일본으로 갔지요. 그래서 국민학교를 6번 옮기며 다녔습니다."

— 일본에는 왜 가셨지요?

"휴전 후에 선대 회장님이 제일제당 만드신다고 일본에 왔다 갔다 하
셨는데 1년에 서너 번 가셔서 한 번 가면 두 달씩 계셨으니까 그때 심심
하셨던 모양입니다."

— 어머니 안 보고 싶던가요?

"나면서부터 떨어져 사는 게 버릇이 돼서요…. 저희 남매가 부모님과
함께 다 모인 게 셀 정도였어요. 중학교 3학년 때 처음 한 번 모이게 돼

서 사진방에 연락해서 사진을 찍은 적이 있으니까요. 그래서 그런지 지금도 혼자 있고 떨어져 있고 하는 건 아무렇지도 않아요. 그게 보통인 것 같아요."

배고픔·차별·분노·그리움·외로움

— 그런 환경이 성격 형성에 어떤 영향을 주었을까요?

"그러니까 성격이 내성적이 됐고, 친구도 없고 술도 못 먹으니 혼자 있게 됐고, 그러니까 혼자 생각을 많이 하게 됐고, 생각해도 아주 깊게 생각하게 됐죠. 또 선진국에 살다보니 앞선 제품과 기술에 관심이 많게 되고 이겨야겠다는 마음도 생기고 그랬죠. 가장 민감한 때에 배고픔, 인종차별, 분노, 객지에서의 외로움, 부모에 대한 그리움, 이런 모든 걸 다 느꼈습니다. 그래서 지금도 일본에게라면 뭐든지 지고 싶지 않아요. 상품은 물론이고 레슬링, 탁구, 뭐든지…. 일본만 이기면 즐거워요."

그렇다고 건희군이 일본에서 소학교에 다닐 때 할 일 없이 빈둥거린 건 아니었다.

"외국에서 친구없이 심심했겠다 싶으시겠지만 전 혼자서 제 나름대로 꽤 바빴거든요. 수요일과 토요일 오후, 일요일과 노는 날, 이런 때 노상 극장에 가서 살았죠. 일본에서 소학교 때 3년간 본 시간을 편수로 계산해 보니까 1200~1300개 되겠습니다."

— 요즘도 그렇게 보십니까?

"요새는 비디오 테이프가 발달해서 그걸로 봅니다. 지금 제 침실이 서

재고 식당이고 잠자는 장소지만, 방바닥의 3분의 1은 테이프로 꽉 차 있습니다."

— 근사한 영화사를 하나 차라시지요.

"제가 이런 환경에 안 태어났더라면 아마 영화사를 했거니 감독을 했거나 했을 겁니다."

— 그런 게 하고 싶었습니까?

"특별히 뭘 하고 싶은 건 없었고요. 그 대신 제 성격이 여러 분야에 관심이 많아 파고들고, 또 세계 일류라고 하면 특히 관심이 많습니다. 사기 전과 20범이라든지, 절도전과 20범이라든지…. 또 어떤 사람이 대한민국 1등이라면 전 만나고 싶고 얘기하고 싶고 그렇습니다. 일본에서도 일류 야쿠자 집단의 사람들하고도 한 1년 놀아본 경험도 있습니다."

— 왜요? 어떻게요?

"일본에서 대학 다닐 때 골프 치면서 퍼블릭 코스에서 그런 사람들과 어울렸죠. 프로 레슬링으로 유명한 역도산과도 자주 만났고."

— 거기서도 사업에 도움이 되는 걸 뭘 좀 배우셨나요?

"여러 계통의 1급들을 보면서 그 사람들이 톱(Top)에 올라가기 위해서 어떻게 노력하는가를 연구했죠."

— 공통점이 있던가요?

"있죠. 우선 철저하고, 인간미가 넘쳐흐르고, 그리고 벌줄 때는 사정없이 주고, 상 줄 때도 깜짝 놀랄 정도로 주고…."

— 회장께서도 그런 사람들을 본받은 겁니까?

"본받으려고 노력은 하는데 힘듭니다."

삼성이 큰 줄 최근까지 몰라

— 삼성이 한국 제일이란 걸 언제 느꼈습니까?

"그건 극히 최근입니다. 사실은 솔직하게 말씀드리면 제가 회장 되고 느낀 것 같아요. 아니, 회장 되고 1년 안에도 그걸 못 느꼈습니다. 그런데 생각하는 것보다 삼성이 크고 영향력이 크다는 걸 느낀 건 특히 외국에서였습니다. 외국까지 인사를 다니는 데 약 1년2개월이 걸렸는데, 세계적으로 꿈같은 회사인 GE같은 회사의 회장님도 상당한 관심을 가지고 절 대해주시는 걸 보고 삼성이 크긴 큰가 보다하고 느꼈습니다."

58년 그는 서울 사대부고로 진학했다.

— 레슬링은 누가 시켜서 한 겁니까?

"제가 일본에 있을 때 한창 프로 레슬링이 유행했습니다. 프로하고 아마추어하곤 전연 다르지만 그 영향을 받았는지, 유도할까 레슬링 할까 하다 레슬링을 하게 됐죠. 2년 가까이 했는데 연습 중에 부딪혀서 왼쪽 눈썹 부근이 찢어진 적이 있었습니다. 그런 일은 레슬링 하자면 흔한 겁니다. 그런데 어머니가 그걸 보시더니 깜짝 놀라 가지고 형제, 누나 총동원해서 교장한테 찾아가 빼달라고 해서 다음날 제가 레슬링부에서 쫓겨났습니다."

— 그런 인연으로 아마 레슬링협회를 맡게 되셨군요.

"네, 처음 아마 레슬링협회 회장이 된 게 82년인데 근처에도 잘 갈 수 없던 선배인 장창선 전무와 함께 일을 하게 되니까 처음엔 참 거북하데요. 요즘은 좀 편해졌습니다만"

— 거기서도 공 좀 세우셨습니까?

"82년에 맡아서 그해 열린 아시안게임에 메달을 한 개도 못 땄습니다. 레슬링 사상 처음으로 완전 노메달이었습니다."

— 역시 큰 기록을 세우셨네요!

"(웃음)예, 전 막말로 좀 쉽게 먹고 들어갈 줄 알았는데 큰 망신을 했죠. 그래서 점검을 해봤더니 첫째 자금이 없어요. 그 당시는 여럿이 겨우 주머니돈 긁어모아서 선수 한두 명 외국에 보낼 땐데, 소련이나 일본은 선수 하나에 코치 하나 트레이너 하나를 보낼 정도였으니 우리 선수들이 그걸 보고 기가 탁 죽어서 같은 실력이라도 판판이 지고 나오는 거죠.

그래서 그 분위기부터 고쳐야겠다 싶어서 각 체급별로 선수를 뽑고, 또 경쟁심을 주기 위해 제2진을 만들었어요. 요샌 3진까지 만들어놓고 있습니다. 전지훈련도 다 보내고…. 그러니까 열심히들 해요. 다행히 LA 올림픽 때 금메달 두 개를 따게 됐죠."

— 탁구나 골프나 이런 경기를 할 때 승부근성이 있다고 생각하십니까?

"취미, 재미, 장난으로 할 때는 정말 이겨도 좋고 져도 좋지요. 그러나 본업(경영)에 와서는 승부근성 정도가 아닌 것 같아요. '이겨야 한다'가 아니고 '절대로 살아남아야 된다'니까…."

'20분 정신' 깨우쳐야 일본추월

— 지금 우리가 일본을 따라잡을 수 있다고 보십니까, 없다고 보십니까?

"지금의 우리 사고방식으로는 영원히 못 잡습니다. 그래서 우리 삼성인한테만이라도 우리가 얼마나 약하고 얼마나 뒤떨어져 있나, 반대로 일본이 얼마나 강하고 앞서 있나를 깨우치게 할려고 합니다. 우리 민족은 이것만 알면 또 강해지니까요. 그래서, 그 희망을 가지고 그 일을 하고 있는데 상당히 힘도 들고….”

— 그 내용이 뭡니까, 저한테만 좀 가르쳐 주세요.

“삼성 1급 비밀인데요. …사실 또 별건 없어요. 일본인들이 단결력이 어떻게 강하고, 구체적으로 물건 만들 때 어떤 식으로 하는가, 그런데 우린 어떤가, 이런 거 알려주는 겁니다.

좋은 예가 하나 있어요. 일본에선 8시에 일을 시작한다 하면 전원이 8시10분 전에 옵니다. 미국인들은 8시에서 8시 5분에 옵니다. 그런데 한국인들은 8시 정각이나 플러스 마이너스 1분에 옵니다.”

— 그래도 미국보단 낫군요!

“그렇지요. 그런데 이게 국민성의 차입니다. 일본 사람들은 10분 전에 와서 전화기 팩스 이런 거 닦고 서류 정돈합니다. 또 일본인들은 하루 일이 끝나면 10분 동안 남아서 기계 닦고 정돈하고 갑니다.

하루에 이 20분이란 시간이 문제가 아니죠. 바로 이 '20분 정신'이 하루 8시간 일을 하는데 불량률을 없애주고 생산성을 높여줍니다.

그런데 이 정신이 계산으로는 안 나옵니다. 그러나 시간을 물리적으로 계산할 수는 있지요. 삼성그룹 전체인구가 18만 명인데 이 사람들이 하루에 20분간을 준비해와 마무리한다고 할 때, 1년간 7000여명을 고용한 효과와 같아져요. 인건비로는 1000억이 돼요.”

— 말하자면 정신을 고쳐야 한다 그거군요.

"예, 그것도 바로 조그만 정신입니다. '하루 20분의 정신'말입니다. 18만 명에 1000억이 나오니 4000만이면 얼마겠어요? 정신을 돈으로 따질 수 없지만 따질 수 있는 돈만도 얼맙니까?"

삼성에 '세계 제일'은 없다

그는 최근 삼성전자 계열사에 나와 있는 일본인 기술고문들에게 여기 와서 일하면서 느낀 것이나 불편했던 점을 각자 써보라고 한 적이 있다. 그는 그걸 받아 보고 깜짝 놀라 내용을 정리해서 과장급 이상들에게 읽히라고 지시했다. 이것 또한 삼성이 전과 달리 변화한 모습이라고 한다.

"일본인 고문들이 지적한 걸 보면 우리가 고쳐야 할 게 다 들어 있습니다. ▲개인은 다 훌륭하지만 연구한 게 전달되지 않고 있다. ▲현재 자기들이 제일이란 자만에 빠져서 창조적 도전을 하지 않는다. ▲한국 기업은 미리 대비하지 않고 문제가 터진 후에 돈을 쓴다. ▲삼성의 관리자들은 너무 급하고 실적과 결과만 평가한다. ▲부자 나라 일본의 근로자는 살아남기 위해 일벌레처럼 일을 하고 연구소엔 밤새도록 불이 켜져 있는데 삼성은 안 그렇다… 이런 지적들을 했지요. 그런데 일본 사람들은 단서를 달았어요. '다행히 한국에는 젊은 파워가 있다. 누가 어떻게 이 젊은 힘이 성장하도록 발전시키느냐가 중요하다. 이것은 경영자의 책임이다.'"

우리는 식탁에서 소파로 옮겨 앉아 다소 심각한 표정으로 얘기를 계속했다.

"삼성이 크다고 항상 비판을 많이 받고 있는데 삼성전자가 명실공히 국내에서 제일 큰 개인기업인데 매상으로 볼 때 일본의 도시바 히다치의 10분의 1에서 15분의 1입니다. 그러니까 일본이 매상 대비 5%를 RD(연구개발)에 쓴다고 할 때의 절대금액하고, 우리가 10%를 쓴다고 할 때의 절대 금액하고는 이건 비교가 안 되죠."

그러니 정신상태가 이런 데다 연구개발비마저 일본만큼 쓸 수 없는 형편이니, 일본을 따라잡기 힘들다는 말이었다.

— 지금 삼성이 연구비를 얼마나 씁니까?

"첨단 쪽은 8~10%를 씁니다만 일본과는 비교도 안 되죠."

— 삼성이 지금 국내제일이라고 합니다만 삼성제품 가운데 세계 제일은 뭐가 있습니까?

"솔직하게 말씀드리면 없습니다. 인원이 많다는 건 자랑거리가 안 되고…. 세계 2위는 하나 있죠."

— 그게 뭡니까?

"반도체"

— 매상에서 그렇습니까, 제품에서 그렇습니까?

"매상도 그렇고 기술도 그렇고요. 지금 256KD램, 1메가 4메가가 공존해가 있는데, 256은 후지쯔가 1등 했고, 1메가는 도시바가 1등 했고, 4메가는 지금 서로 1등 하려고 피나는 경쟁을 하고 있죠. 1K에서 4메가까지 1등을 두 번 계속한 회사가 한 번도 없습니다. 도시바가 1메가를 1등하고 4메가를 1등 하려고 지금 피눈물나는 노력을 하고 있죠."

— 삼성도 지금 도전하고 있습니까?

"삼성은, 도시바 히다치가 4메가에서 제일 앞서가는 회사인데 그런 회사보다 지금 6개월 뒤져가고 있습니다. 6개월이면 별 거 아닌 걸로 생각하시는데 반도체에선 6개월이 6년보다 더 깁니다. 현재 4메가 값이 한 개에 100~200달러 합니다. 1메가는 지금 8달러 하거든요. 3년 전에 1메가가 100달러였습니다. 그러니까 1백 달러 이상 할 때 많이 만들어야죠. 6개월 후엔 50달러로 떨어지거든요. 그러니까 6개월은 엄청난 거죠."

공부도 노하우, 경제원칙에 따라

— 대학 다닐 때는 공부 좀 하셨습니까?

"공부에는 정말 취미가 없었습니다."

— 일본에선 누가 봐주는 사람도 없었을 텐데요.

"그렇지만 낙제점수에서 10% 정도 올리는 노하우(know-How)가 있잖습니까. 그것도 기술이지요. 어떤 과목의 교수가 어떤 문제를 낼 거라는 탐지전을 벌였죠.

공부를 열심히 안 하면서 생존해온 그 노하우 자체도 사업에 연결이 되고 있지 않나 저는 생각하고 있습니다. 이런 말을 젊은 사람들한테 해가 안 되겠지만 결국 공부도 적게 하면서 효율을 많이 내는 방법을 찾아야지요. 전 그건 정말 철저합니다."

— 거기에도 경제원칙이군요. 그런 방법 좀 가르쳐주세요.

"A라는 과목을 먼저 수강한 학생들한테 과거 2년간 시험지 좀 내놔봐라 해서 공부합니다. 그럼 80% 이상 들어맞죠."

-그래도 정말 '남다른' 노력을 하셨군요.

여기서 말머리를 잠시 돌린다.

-시중에서 선친을 어떻게 부르는지 아십니까?

"'돈 아무개'라고 하지요?"

— 우리는 누가 돈을 잘 쓰면 '니가 돈 아무개 아들이냐?'합니다. 실제도 돈을 잘 쓰십니까?

"개인적으론 거의 안 씁니다. 또 특별히 쓸 일도 없고 기회도 없습니다. 85년까지는 물건을 엄청나게 사 보았습니다. 전자제품도 새로 나왔다 하면 일단 한 번씩 다 사 보고 써봐야 했으니깐요. 외국에 가도 그 나라의 특산품, 최고품 한 번씩 사봤거든요. 워낙 많이 샀기 때문에 어떤 면에선 지금 물건에 질려 있습니다. 그런 점에선 제가 많이 써봤습니다."

— 지금 입고 계신 와이셔츠의 상표는 실례지만 뭡니까?

"신세계 피코크 오리지널입니다."

— 양복은?

"제일모직"

— 선대 회장께선 주로 일류품만 입으셨다던데….

"양복뿐 아니라 의류에는 다 관심이 많으셨죠. 어떤 면에선 취미였다고나 할까요."

— 양복은 검은색을 즐겨 입으십니까?

이 말끝에 동석했던 삼성 비서실의 고정웅 상무가 "왜 늘 같은 옷만 입으십니까?"하고 물었다.

"그렇게 보이지요? 지금 입고 있는 옷하고 똑같은 게 다섯 벌이 있지요."

— 아 그래요. 왜 같은 걸 다섯벌 씩이나….

"색깔이나 체크무늬 있는 것도 그렇구요. 새까맣게 입는 것도 그렇구요. 그렇지만 이런 복장(검은 바탕에 보일 듯 말 듯한 줄무늬 양복) 가지고는 어디서든지 통하지 않습니까. 상가 가도 통하고 결혼식에 가도 통하고."

이것도 경제원칙인지 모르겠다.

— 이미지 관리를 하시려면 다양하게 입는 게 안 좋습니까. 젊고 진취적인 그런 이미지를 풍겨야지요.

"그렇게 소위 만든 이미지는 전 참 싫어합니다."

18년간 경영수업을 받다

그는 일본 와세다 대학을 졸업하고 미국으로 건너가 조지 워싱턴대 대학원에 진학했다. 이때도 그는 공부보다 자동차에 관심이 더 많았다.

"제가 처음 산 차가 이집트 대사가 타던 차였어요. 새 차를 사놓고 50마일도 안 뛰었는데 아랍전쟁이 터져서 본국으로 발령이 난 겁니다. 새 차가 6600불 할 땐데 그걸 4200불에 샀습니다. 그걸 서너달 타고 4800불에 팔았습니다. 600불 남았죠. 또 미국인이 1년도 안 탄 걸 사서 깨끗하게 청소하고 왁스 먹여서 타다가 팔았죠. 이렇게 1년 반 있는 동안 여섯 번 차를 바꿨는데 나중에 올 때보니까 600~700불 정도가 남았더라구요."

놀라워하는 기자의 눈초리를 향해 중고자동차의 시장원리가 설명

된다.

"중고자동차 시장원리는 간단합니다. 넘버를 탁 달면 1마일을 탔든 반 마일을 탔든 그 자리서 값이 3분의 1로 탁 떨어집니다. 그러니까 1년 이내에 팔리는 놈을 골라 사면 새차를 헌 차 값에 살 수 있죠. 그런데 미국인은 차를 신발로 알고 청소를 잘하지 않아요. 우린 힘이 남을 때니까 청소를 잘해서 몇 달 타고도 팔 때는 더 비싸게 팔 수 있는 거죠."

— 미국에서 돌아와서는 뭘하셨습니까?

"처음에(66년) 옛날 반도호텔 건너편에 있던 삼성빌딩의 비서실에 출근했습니다. 사장님(이병철) 보실 신문의 삼성 관련 뉴스에 빨간 줄을 쳐서 올리는 일부터 시작했습니다. 그땐 24시간 모시고 다녔습니다. 골프장까지 모시고 갔습니다. 골프도 친구분과 치시면 저는 뒤에서 프로하고 또는 혼자서 치면서 따라갔습니다."

— 아버님한테 훈련을 많이 받으셨다는데 삼성의 후계자로 훈련을 받고 있다는 걸 자각하신 때가 언제쯤이었습니까?

"전혀 언질이 없었어요. 79년인가부터 삼성그룹 부회장이란 명함을 썼는데 그때부터 감으로 알았어요. 이야기를 거의 안 하세요. 그 분을 모시면서 살아남은 게 운이 좋은 것일 수도 있지만, 또 살아남지 못했으면 이 골치 아픈 자리에 앉지 않았을까를 생각하면 운이 나쁜 것일 수도 있죠."

— 어디서 보니까 '메기론'을 말씀하셨던데요.

"건전한 위기의식을 항상 가지라는 겁니다. 옛날 회장님께서 하신 이야기인데 그분이 20대에는 농사를 지으셨습니다. 그땐 논에 으레 미꾸라지를 키웠답니다. 그래서 한쪽에는 미꾸라지만 키우고 한쪽에는 미꾸라지 속에 메기를 한 마리 넣어서 키웠는데 가을에 생산할 때 보니 미꾸라지만 키운 쪽은 미꾸라지들이 오그라져 있고, 메기랑 같이 키운 쪽은 살이 쪄 통통하더래요. 메기가 잡아먹으러 다니니까 도망 다니느라고 많이 먹고 튼튼해져서 그런 거지요. 메기보다 빨라야 살아남지 않습니까? 결과적으로 보니 메기가 있는 것이 더 낫다 하는 말씀을 들은 적이 있습니다. 삼성이 제일이다 하는 생각이 들어서 지금도 그렇게 착각하는 사원들이 많아요. 제일이 될려면 어떻게 해야 하느냐를 제가 메기처럼 다니며 교육하고 있어요."

— 경영수업은 어떻게 받으셨습니까?

"아버님이 '논어'를 보라고 해서 본 것 외에는 없습니다."

— 아버님이 무서웠습니까?

"직원들은 상당히 무서워했는데 제가 안 무서워한 유일한 사람입니다. 회사에서나 집에 오셔서나 주무시기 전까지 제가 늘 모셨는데 눈빛만 보면 90% 정도는 뜻을 알 수 있었어요."

— (부인, 자녀들과) 외식을 한 번도 안하셨어요?

"20년 동안에 우리 가족끼리 외식한 게 두세 번 정도 될까요. 외식이든 뭐든 가족끼리 한 것이. 저는 집에 가서 잠옷 갈아입고 제 방에 한번 앉아 버리면 거의 출입을 안합니다. 애들도 2~3일에 한 번 와서 '아빠' 소리 한번 하고 한 5분 정도 이야기하는게 고작이죠."

— 그러면 자녀 교육에 문제 없을까요?

"전체 테두리는 강하게 정해 놓지요. '너거 아버지 잘산다고 네가 부자 아니다. 경비원이다 뭐다 사람 쓰고 있는데 내가 이 자리에 있기 때문에 내가 고용한 사람이지 니 사람 아니다' 이러고 사용인한테도 '니도 내 자식이 귀여우면 절대 버려놓지 말라, 차는 태워줘라, 그렇지만 필요없는 것 해주면 나한테 혼난다'고 일르지요."

제2의 창업은 회사 자율화

우리는 오후 4시쯤 한남동 자택으로 자리를 옮겼다. 대지 310평에 건평 145평짜리 2층집. 잔디 깔린 정원을 지나니 정말 진돗개 20여 마리가 이 회장을 맞는다.

다섯 평쯤 될 듯한 그의 넓은 방에는 한쪽 벽 중앙에 더블베드가 놓여 있고 두 벽에는 책이, 그리고 한쪽 벽에는 대형 TV, VTR세트, 그리고 오디오 세트들이 놓여있다. 밖이 훤하게 내다보이는 창가엔 작은 탁자와 의자가 놓여있었는데, 이 회장은 거기 하루 종일 앉아 있을 때가 많다고 한다.

놀랄 일은 그 방의 바닥이었다. 정말 방바닥의 3분의1쯤엔 각종 비디오 테이프들이 놓여 있었는데, 언뜻언뜻 개에 관한 것, 골프에 관한 것, '앞서가는 농어촌' 등이 보였다. 그 집 지하실에 보관된 테이프까지 합치면 1000개가 넘는다고 했다. 그는 또 요즘 도쿠가와 시대를 배경으로 한 27권짜리 일본의 만화를 읽고 있다고 했다.

이병철 회장을 그린 연필화가 걸린 응접실로 나와 우리는 새로운 화제를 꺼내놓고 얘기를 시작했다.

— 회장이 되셨을 때 어떤 느낌이 드셨어요?

"실감이 나지 않았습니다. 87년 11월 19일 아버님이 돌아가시고 5분 후에 사장들이 모여서 결정을 했는데 저는 아무렇지도 않았습니다."

— 지금 회장께서 제2 창업의 기치를 높이 드셨는데 구체적으로 어떻게 하시겠다는 겁니까?

"선대회장께서 50년 동안 이끄시다보니까 독재도 하시게 돼서, 직원들이 틀에 박힌 대로, 하란 대로 하기만 하면 됐는데, 이제 한국 사회가 엄청나게 바뀌면서 자율개념의 경영이 필요하게 됐습니다. 나라나 회사나 조직의 원리는 비슷합니다. 지금 국가 전체가 민주화가 됐습니다. 삼성도 그렇게 바꾸어야지요. 이걸 제2 창업이라 할 수 있죠."

— 5공 청산하고 민주화 한단 말이군요.

"옛날에는 회장님이 80%, 비서실이 10%, 각 사장이 10%의 힘을 가지고 있었는데, 앞으로는 제가 20%, 비서실의 250명이 40%, 각사장이 40%를 가지도록 하려고 해요. 저는 20%를 가지고 있다가 비서실과 각사가 충돌할 때 중재만 하면 되지요."

— 아니, 비서실이 너무 큰 힘을 가지고 있는 것 아닙니까?

"비서실이 그냥 뒷바라지만 하는 비서실이 아닙니다. 힘도 군림하는 데 쓰지 않습니다. 전략적 지원, 공격적으로 일을 하도록 돕는 일, 기회를 포착하도록 돕는 일을 할 겁니다. 각 사장들에게 실패를 하더라도 열심히 하려고 했다면 책임을 안 묻겠다고 제가 공언을 해도 아직 안 믿으니 답답합니다."

듣고 보니 비서실이 총무처 · 경제기획원 · 감사원 · 내각 등의 기능을 갖고 있는 것 같았다.

— 앞으로 어떤 부분에 역점을 두려고 하십니까.

"역시 반도체죠. 반도체가 무기가 될 소지가 충분합니다."

— 삼성이 어떤 회사가 되기를 바라십니까?

"도덕적으로 비난받지 않는 회사, 협력업체건 대리점이건 누구에도 손해를 주지 않는 회사, 이것이 내 회사다 하고 종업원들이 생각하는 회사, 그런 회사를 만들려고 하는데 참 힘이 듭니다."

'인간중시' '기술 중시' '평생직장'

— 선친께서 '경청(傾聽)'이라고 써 주신 액자는 어디 걸려 있습니까?

"중앙일보 제 사무실에 걸려 있습니다."

— 남의 말은 잘 듣습니까?

"때와 장소와 상대에 따라서 99% 듣기도 하고 100% 혼자 생각하기도 하고."

— 창업은 쉽지만 이룬 걸 지키는 건 어렵다는 말이 있습니다만 2세 경영이 일단 성공적이라고 평가들을 합니다….

"제 생각엔 실수를 안 한 것 같고 낙제를 안 한 것 같지만, 아직 성공했다고는 생각지 않습니다."

— 경영을 맡으신 이후에 인원으로나 매상으로나 삼성이 명실상부한 제일의 기업이 됐는데요. 그게 다 성공의 증거 아닙니까?

"이제 국내 제일은 아무 의미 없습니다. 또 규모가 제 능력 때문에 늘어난 게 아니고 선대에 만들어진 조직이 저절로 한 거지요."

— 삼성의 '제일주의'를 어떻게 생각하십니까?

"지금은 제일의 개념이 바뀐 것 같아요. 옛날에는 제일 좋은 회사는 뭐다, 제일 좋은 차는 뭐다, 했는데 요즘의 개념은 회사 출퇴근할 때 제일 좋은 차가 뭐냐, 스키 갈 때 제일 좋은 차가 뭐냐, 이렇게 바뀌어 가고 있거든요. 회사도 크다 작다보다는, 개발력이 강하고 복지가 잘 짜여져서 종업원 자신이 '이건 내 일이고 여긴 우리 집이고 20분 희생은 당연하다'고 생각해야 좋은 회사라는 쪽으로 바뀌고 있습니다. 이제 규모가 크고 많이 만드는 것은 바람직하지 않습니다."

— 삼성을 경영하시면서 종업원 쪽에 역점을 두십니까, 좋은 상품 만드는 데에 역점을 두십니까?

"종업원 쪽에 역점을 둬야 좋은 상품이 나온다는 게 제 철학입니다."

— 그렇게 하기 위해 삼성이 다른 회사에 없는 시책을 펴는 것이 있습니까?

"지금 입으로는 열심히 '인간중시' '기술 중시' '평생직장' 이렇게 떠들고 있습니다마는 실지로 종업원들이 피부로 느낄 때까지 앞으로 몇 년 걸릴지 모릅니다. 꼭 증명해 줄 겁니다. 하도 속아온 사람들이기 때문에 말로 해선 믿지를 않아요."

— 요즘 근로자들이 집 문제로 가장 절망을 느끼는데 회사 차원에서 종업원들의 집 문제를 연구하는 것이 있습니까?

"오 부장 같은 분들이 비판만 안 한다면 좋은 방법이 있습니다. 서울시에서 60~100km 떨어져 나간 데는 땅값이 싸거든요. 거기에다 수만 채 지어서 철도를 놓는 겁니다. 그런데 그런 걸 하자면 허가장이 100개 정도는 필요할 거고, 그 이전에 재벌이 땅장사한다고 비난하는 바람에 시작도 못합니다. 철도도 자체로 사철로 놓고…. 이 방법이 아니면 지금 땅이 없어 주택난 해결하기가 힘듭니다. 전 국토 중 주택이 차지하는 면적이 한국은 1.9%이고 일본은 3.5%니까 일본의 반도 안 됩니다. 그린벨트도 필요하지만 절대로 주택지를 늘려야지요."

"재벌의 땅 투기는 부도덕한 일"

— 재벌들이 땅 투기를 한다는 비난에 대해서 어떻게 생각하십니까?

"재벌이든 대기업이든 중소기업이든 땅 투기로 이익을 삼는다면 부도덕한 일이죠. 그러나 부동산 회사가 부동산을 개발해서 이득을 갖는 것은 당연하죠. 그렇지만 전자회사, 모직회사가 땅 투기를 하는 것은 법으로는 위반이 안 되더라도 도덕적으로는 안 됩니다."

— 삼성이 일본 어느 회사의 10분의1이라고 하지만 한국에서 차지하는 비율로 볼 때는 삼성이 더 크지 않을까 보는데요?

"그럴 가능성도 있지만 왜 잘살고 큰 사람을 못살고 작게 하향 조정하느냐 하는 겁니다. 잘하는 사람, 못하는 사람 한 교실에 모아놓고 중간치 강의를 하면 밑에 사람 못 알아듣고 위에 사람 낮잠 자고 그래요."

— 화란(네덜란드)에 부자들이 많은데 그 부자들이 모여서 국내 땅을 다 사고 국내 기업을 다 소유할 경우 화란 전국이 몇몇 사람의 손안에 다 들어가게 될 겁니다. 그런데 그 사람들은 외국 나가서 회사 차리고 세계적으로 뻗어나가며 기업을 키웁니다. 삼성도 그럴 계획은 없습니까?

"법과 언론과 행정이 그걸 허락하지 않습니다. 삼성에서 외국의 회사를 사거나 부동산을 사면 조선일보 사회면에 톱으로 날 겁니다. 정부에서 허가도 안 납니다. 현지법인의 경우 어느 정도의 자본금은 인정되지만 만약 좀 큰 규모로 회사를 차리고 땅을 사면 해외서 땅 투기한다고 그러겠죠."

"복지재단 세워 소외계층 돕겠다"

— 삼성이 대학생들 인기 조사에서 몇 등이나 했습니까?

"1등이라죠, 아마."

— 노조가 없는데도 학생들이 제일 가고 싶어하니까 희망이 있네요.

"노조 없다는 말씀이 귀에 걸리는데 노사협의회라고 노조보다 더 강한 게 있습니다. 왠만한 노조보다 더 심하고 솔직한 대화가 오갑니다."

— 노조에 대해서 너무 심각하게 생각하시는 것 아닙니까?

"노동자의 권리를 위한 노조는 필요하죠. 그러나 파괴를 위한 노조, 노조를 위한 노조는 안 됩니다."

— 재벌이 국민들로부터 신뢰를 받지 못하고 있다는 거 아십니까?

"예 압니다. 앞으로 기업이 국민과 종사하는 사람들로부터 사랑을 받아야 합니다. 그게 제 이상입니다."

— 그러자면 돈만 벌지 말고 뭘 좀 하셔야지요.

"그러지 않아도 돌아가신 선대 회장의 유지를 받들어 호암기념사업 복지재단을 2주기(11월19일)를 기해서 발족할까 합니다."

— 소년·소녀 가장을 어느 정도 돕게 됩니까?

"지금 정부가 세대당 월 3만8000 원씩을 보조하고 있는데 저희는
1차년도인 내년에 전국 7000 세대 중 500 세대에 월 10만원씩을 지원
할까 합니다. 그러다가 3~4년 후엔 전세대에 지원할 생각입니다. 또
아이들이 18세가 되면 법적으로 생활비 보조를 못하니까 그땐 기술교
육을 시켜서 취업시킬 생각입니다. 그리고 첫 번째 탁아소도 곧 문을
열 겁니다."

— 술집에는….

"1년에 두세 번 가면 많이 가는 겁니다."

— 그럼 임직원들이 섭외비 많이 썼다고 야단치시겠군요?

"아닙니다. 술값이 안 나가면 섭외를 소홀히 한 거니까 야단치죠."

— 술 못 먹는 사람이 떡 잘 먹는다는데요.

"떡, 홍시, 토스트 같은 걸 잘 먹지요. 아까 그 자리(침실 창문 옆)서 하
루 세 끼를 먹는 때가 많습니다. 그 자리에 한 번 앉으면 7~8시간씩 앉
아 있으니까요."

"하루에 한 갑반쯤. 끊을까…"

— 무얼 하십니까?

"책보고, 비디오 보고, 음악 듣고, 생각하고…."

— 담배를 너무 많이 피우십니다.

"하루에 한 갑반쯤. 끊을까 하다가 누가 술도 못 먹는데 그것만은 놔
둬라 해서…."

— 건강의 비결은?

"비결이랄 건 없지만 집에서 냉온탕을 자주 합니다."

— 아침에 몇 시에 일어나십니까?

"별 일 없으면 늦을수록 좋구요."

— 한 12시까지 주무십니까?

"그건 너무 길고 일요일엔 10시까지는 자죠."

— 저녁에는?

"대개 2시~3시에 잡니다."

— 그때까지 뭘 하세요?

"주간지, 월간지를 봅니다. 주간지는 우리나라 것 하나 일본 것 둘(《일경 비지네스》, 《다이아몬드》), 월간지는 취미(《犬》, 《세계의 자동차》), 본업(경제지)해서 네 권을 봅니다. 우리나라 잡지는 그때그때 나올 때 훑어보는 정돕니다."

기자는 이 회장댁에서 된장찌개를 곁들인 저녁을 대접받고 7시 넘어서까지 이 회장과 얘기를 나눴다. 장장 7시간 반을 탐험한 것이다. 우리가 헤어질 때 이 회장은 대문 밖에까지 나와서 바래주었는데 문득 그의 얼굴을 보니 참으로 큰 짐을 지고 있다는 생각이 들었다. 그래서 그런지 차를 타고 돌아오면서는, 내가 하고 싶은 공부를 하고, 내가 좋은 여자를 골라서 장가들고, 내가 하고 싶은 직업을 택해서, 오로지 내 뜻대로 취재를 하고 글을 쓰는 이 조그만 기자가, 저 큰 삼성의 회장보다 행복하지 않은가 하는 쓸데없는 생각을 잠시 해봤다. 월간조선 1989년 12월호

이건희 삼성 회장의
생생한 육성으로 듣는
삼성 신(新)경영 1993~1996

이건희 회장은 "그룹의 목표와 회장의 경영철학을 실천하는 사람은 임원과 일반 직원들인데, 회장에서 비서실-사장-임원-직원으로 전달되는 동안 뜻이 왜곡돼서는 곤란하다"며 "내 얘기와 지시, 회의내용을 그대로 녹음해서 직원들 앞에서 틀어주라"고 당부했다.

글 **권세진** 월간조선 기자

**IMF사태 예측 등 이건희 회장
업무지시 녹음테이프 30개
(1000分 분량) 내용 전격 공개**

한국 경제는 물론 세계 경제에도 큰 업적을 남긴 이건희 삼성 회장이 2020년 10월 25일 별세했다. 이건희 회장은 선대 이병철 삼성그룹 창업주의 3남으로 1987년 11월 삼성그룹 회장에 취임했다.

이 회장은 1993년 6월 독일 프랑크푸르트에서 "모든 걸 바꿔라"라며 삼성의 질적 성장과 혁신을 선언했다. '프랑크푸르트 선언'으로 불리는 이 선언 이후 수년간 이건희 회장이 직접 진두지휘한 혁신은 '삼성 신(新)경영'으로 불리며 삼성을 국내 1위 기업으로 만드는 원동력이 됐다. "마누라와 자식만 빼고 다 바꿔라"는 말도 이때 나왔다. 이후 삼성은 반도체 등 핵심 사업의 성장세를 이끌어냈고, 신경영 선언은 삼성 역사에서 중대한 의미를 갖는다.

삼성 신경영과 급성장의 원동력이 이건희 회장의 리더십이었다는 점에 의문을 갖는 사람은 거의 없다. 이 회장은 신경영에 나서면서 전자, 중공업, 금융, 유통, 생활 등 모든 분야를 철저하고 꼼꼼하게 챙겼다. 이

같은 사실은 이 회장이 비서실장과 나눴던 대화에서 명확하게 드러난다. 이 회장은 신경영 선언 4개월 후 비서실을 개편해 현명관 삼성건설 사장을 비서실장에 임명하고 삼성의 완전한 변화를 지시했다. 비서실은 이후 구조조정본부, 전략기획실, 미래전략실로 이름이 바뀐 삼성의 핵심 조직이다. 이 회장은 3년간 비서실장으로 일했던 현명관 비서실장에게 신경영의 '알파와 오메가(처음과 끝)'를 전수했다.

이 회장은 비서실장에게 자신의 모든 업무 지시와 통화를 녹음하도록 했고, 현명관 전 비서실장은 이 회장의 육성이 생생하게 담긴 녹음테이프 40여 개를 보관해 오다 《월간조선》을 통해 2020년 12월호부터 이듬해 4월호까지 '삼성 신경영(1993~1996)'이란 제목으로 모두 4차례에 걸쳐 이건희 육성록을 공개해 큰 화제가 됐다.

《월간조선》에 보도된 내용 중 이건희 육성록 일부를 발췌해 소개한다.

Part 1 세계 일류 기업을 만들기 위한 기업인 이건희의 일성(一聲)

육성녹음으로 느낀 이건희 회장에 대한 인상은 늘 차분한 목소리와 약간 느린 속도의 말투를 유지하며, 긴급하거나 심각한 사건에도 크게 언성을 높이거나 화를 내지 않는다는 것이었다. 이 회장은 말수가 많지 않으며 절제된 언어를 쓰는 것으로 알려져 있다. 그러나 비서실장이나 사장단과의 대화에서는 소소한 일까지 하나하나 꼼꼼히 체크하며 자신의 의견을 길게 이야기하는 모습을 보였고, 감정적으로 자극을 받았을 때는 격한 단어를 내뱉기도 한다.

대화에는 이 회장이 자주 사용하는 말버릇이 몇 가지 등장한다. 업무 지시를 할 때 "내 뜻을 아시겠지"와 "녹음하고 있나?", 그리고 아이디어를 제시할 때 "연구해봐" 등이다. "빨리해"와 "무조건 해"도 종종 등장하는데, 말 그대로 이런 말이 붙은 지시사항은 1~2일 내로, 반드시 시행해야 하는 사항이었다. 이 회장은 사장단에게 업무 지시나 회의를 할 때 대체로 반말체를 사용하지만 동갑(1942년생)인 비서실장에게는 존댓말과 반말을 섞은 반(半)존대체를 사용했다. 기사에서는 편의상 전체를 반말체로 소개한다.

이 회장은 업무 지시를 하지 않을 때도 아이디어가 떠오르면 밤낮을 가리지 않고 비서실장을 찾았다. 현명관 비서실장을 임명한 지 얼마 안 된 시점(1993년 11월)에 이 회장이 새벽 2시 반에 비서실장에게 전화해 강조한 이야기다.

"세계를 향한 전략을 짜야 돼. 마스터플랜을 만들어보자고. 세계 1위를 하려면 업(業)의 개념을 잘 연구해야 돼. 반도체건 브라운관이건 전술은 있는데 전략이 없단 말이야. 전략을 세우고 업의 개념을 세우고 설계, 생산성, 인건비, 물류, 데이터분석까지 쭉 해야 돼. 그리고 삼성에서 떼어낼 업종은 뭐냐, 삼성이 더 깊이 들어갈 업종이 뭐냐, 그 업에서 내 위치가 어디냐 이런 걸 완전히 분석을 해야 되고. 그리고 인력은 기초가 있으면 좋겠어. 중학교, 고등학교 때부터 똑똑한 아이들 골라서 거기(우리 업에) 맞춰가지고 키워야 된다고."

"그리고 내가 늘 얘기하지만 100불짜리를 제발 80불에 팔지 말라는 얘기야. 80불짜리를 80불에 파는 건 좋다 이거야. 근데 덤핑은 하지 말라고. 우리 철칙은 싼 물건은 될 수 있는 대로 하지 말라는 거야. 정 하려면 철학이 있는 걸 해야지. 시계로 치면 스와치 같은 거, 플라스틱으로 만들지만 철학이 있는 저렴한 가격이거든. 싸게 많이 판다고 해도 철학이 있는 걸로 하자고. 될 수 있으면 삼성은 그런 건 안 하면 좋겠고. (신경영 선언) 1년쯤 지나니까 (사내) 분위기가 많이 바뀌었어. 앞으로 우린 된다는 얘기야. 전략만 잘 세우면 된다고."

"삼성은 삼성다운 걸 하면서 세계 일류, 고부가가치를 만들어야 돼. 이런 큰 전략을 만드는 회의를 일 년에 여섯 번쯤은 해야 돼. 틀만 만들어 놓으면 그 방향으로 쭉 가면 되거든."

"다들 5년 후 10년 후에는 뭘 할지 걱정은 하고 있나? 각 팀 각 부서에서 매일 걱정해야 돼. 시뮬레이션은 하고 있나? 생각해본 적도 없는 거 아냐? 일본 일류 회사들은 직급별로 내년에 뭘 할지를 다 파악하고 있어. 우리는 사장 중역들도 내년에 뭘 할지 모르고 있단 말이야."

이 회장이 '문득 생각나' 비서실장에게 전화를 하는 경우는 대부분 그 주제가 ▲한국 경제는 앞으로 무엇을 먹고살 것인가 ▲사람을 어떻게 키울 것인가 ▲엔고 현상을 어떻게 활용해 우리 경제를 성장시킬 수 있나 등이었다. 1993~1994년은 일본 엔(円)화가 가치 절상된 엔고(円高) 현상이 지속됐다. '잘나가던' 일본 경제의 위기였다. 이건희 회장은 엔고 현상에 대해 누구보다 진지하게 받아들이고 있었다. 엔고를 기회로 외국 회사, 특히 일본 회사의 생산시설 등 외국자본 유치를 서둘러야 한다는 것이었다.

"일본이나 미국, 선진국 기업들을 끌어들일 기회야. 그들 입장에선 한국이 이뻐서가 아니라 한국밖에 안 되는 게 몇 가지 있거든. 중국, 동남아에는 조선, 철강, 자동차 같은 투자집약적 산업이 준비가 안 돼 있어. 투자에 고임금 노동을 필요로 하는 산업이거든. 이런 업종을 지금 우리가 잘 하면 제대로 끌어들일 수 있는데. 정부가 한일관계 끊어놓으면 엄청난 손해가 생길 거라고."

한번은 해외 출장 중인 비서실장에게 전화해 약 한 시간 동안 엔고 현상 대책을 논의하기도 했다.

"내가 전화한 건 말이지. 엔고가 자꾸 확대되잖아. 그러면 일본의 기계, 전자, 철강, 자동차 산업이 빠져나가지 않을 수가 없어. 무엇보다도 전자는. 지금이 좋은 기회니까 연구를 해보라고. 도시바, 미쓰비시, 샤프 이런 데다 냉장고, VTR 같은 건 우리나라에서 만들어 가라고 하는 건 어때. 여러 가지 가능성이 있잖아. 알아보라는 정도가 아니라 구체적으로 들어가라는 얘기야.

일본 기업들은 지금 언뜻 중국 같은 데 나가려는 발상을 하겠지. 그런데 그걸 우리가 가져온다고 해봐. 거제조선소 같은 데서 만들어서 바로 배로 싣고 가버리면 그날 도착하잖아. 서로가 이익이 된다고. 저쪽(일본 기업)은 싸게 만들면서 우리가 경영하고 생산하면 안심이 되잖아. 동남아나 중국으로 가면 얼마나 신경 쓰이겠냐고. 우리가 하면 단순 OEM(주문자상표부착생산)이 아니지. 단순 OEM은 저쪽도 관심 없지 않겠어? 내가 말한 이런 식으로 저쪽을 설득해야 돼. 이사급, 상무급에서 자꾸 만나라고."

Part 2 인사(人事)를 중시한 이건희

이건희 회장은 계열사별 임원 상여금 차별화, 고졸사원 승진 기회 확대, 해외 주재원 이중급여 문제 시정 등 인사(人事) 관련 문제에도 직접 나섰다. 평소 하던 얘기는 이렇다.

"사람이 제일 중요해. 절대로 파벌 만들면 안 돼. 하나회 같은 거 보라고. 사람은 주기가 있어서 잘될 때가 있고 안 될 때가 있는 거야. 잘될 때 이쁘다 하고 안 될 때 밉다 하고 이런 거 하지 말라고. 실수하면 바로 바꿔버리고 그러면 사람이 클 수가 있나. 인간이 일 년에 석 달 꽃 피지 못해. 내 경험상 그래. 결단 잘되고 좋은 결과 나오고 하는 게 일 년에 두 달 하기 힘들다고. 잘못되고 사고 나면 빨리 수습하고 반성하고 기록하면 돼. 그걸 숨겨놓는 게 나쁜 거지."

그는 직접 나서서 급여체계를 개선했다. 먼저 같은 수준으로 맞춰져 있던 계열사 사장단의 상여금에 차등을 둘 것을 지시했다.

"능력 있는 사람과 아닌 사람의 갭(gap)을 크게 하라고. 계열사별로 하는 일이 다르잖아. 일에 따른 대우를 해줘야 일할 맛도 나는 거 아냐. 나랑 윗사람이랑 평가 기준이 달라서 헷갈린다 하면 의논하면 되는 거고. 불만 있을까 봐 겁낼 필요 없어."

이후 상여금 차등화는 임원과 사원까지 시행됐다.

이 회장은 그때까지 대졸 사원과 고졸 사원의 승진과 급여 등이 현격하게 차이 나고 있는 상황을 개선하기 위해 직접 지시를 내렸다. 비서실장에게 한밤중에 전화해 한 이야기다.

"쭉 생각해본 거 결심을 했는데. 고졸 중 실력 있는 이는 정직하게 올려주자고. 과장이든 부장이든 이사든 달아줄 수 있어야 돼. 혼다(Honda)가 그러고 있다는데. 혼다는 입사를 하면 학력을 다 없애버린다네? 누가 고등학교를 나오고 대학을 나왔는지 전혀 따지려 하지 않고 따지지도 않는대. 그게 오늘날의 혼다를 만든 전부는 아니지만 원동력 중 하나야.

우리는 직반장(편집자 주: 공장 등 생산현장의 직급)들이 올라가지도 못하고 손해 보고 있는 거 아니냐고. 10년을 일해도 4급이고 잘해야 3급(편집자 주: 삼성 직급 기준)이잖아. 승진을 시키자고. 다만 조건을 영어나 일어 2급 이상으로 하면 돼. 다른 외국어도 좋고 영어나 일어면 더 가산점을 주고. 또 신경영을 얼마나 잘 이해하는지 시험을 보는 거지. 신경영 책자 안에서 문제를 내 시험 보게 하고 예를 들어 80점 이상이면 승진 조건이 된다든가. 직반장들이 승진을 못 하니 대졸 사원들에게 콤플렉스가 생기잖아. 이걸 바꾸려면 임원들부터 교육을 시켜야 돼. 고졸을 고졸이라고 생각하지 말라고.

○○○(편집자 주: 익명처리) 알지. 얼마나 일 잘해. 그런데 이 친구 지금 제일 겁내는 게 삼성은 대졸 아니면 안 된다는 거야. 물론 우리는 대졸이면서 아주 우수한 사람들도 필요하지만 그건 0.1%에 불과하잖아. 설계나 개발, 디자인은 대졸이 한다 해도 그게 전부는 아니니까. 다만 고졸 승진에는 외국어 우수, 신경영 시험성적 우수라는 조건을 붙이면 되겠지."

이건희 회장은 위기관리에는 단호한 모습을 보인다. 1996년 5월 삼성 건설이 참여한 춘천 통신선로 매설 현장에서 발생한 가스파이프 폭발 사고 당시의 발언이다. 당시 땅을 파던 인부가 가스파이프 주변 1m는 파선 안 된다는 원칙을 지키지 않고 작업하다 파이프를 건드려 가스가 유출된 사건이다.

이 회장은 이 보고를 받고 격분한다. "또 사고가 났네. 그런 수준이면 건축을 하지 말아야 되는 거야. 최종 도장 찍은 사람이 누구야? 어디서 온 사람이야?" 비서실장이 "해당 본부장은 삼성그룹 공채 출신이며 원래 우리가 지하굴토공사는 하지 않지만 인근 지하상가 공사가 연결돼 있기 때문에 (우리 하청업체가) 하는 김에 하다 사고가 난 것"이라고 설명하자 이 회장은 "그래서 내가 하청업체 잘 쓰라고 몇 번을 얘기해, 뭐 하는 사람이야?"라고 힐난했다.

이어 비서실장에게 이렇게 지시한다.

"그룹 사장, 대표이사 다 모아놓고 설명해. 이런 식으로 계속한다면 사업 끝낸다고. 오늘 사장단 회의 했다고? 내일 또 한 번 해. 자필(自筆)로 나한테 이렇게 하겠다고 쓰라는 거야. 이렇게밖에 못 하겠다 하면 내가 오늘부로 나간다고. 내가 여러분들한테 내 신임을 묻겠다는 거야. 이게 몇 개월 안에 안 고쳐지면 나는 정말 관두고 명예회장으로 남든지 할거야. 이런 사고가 이미지를 얼마나 나쁘게 해. 회장이 사고 수습하고 있어야 돼? 회장은 기업 장래를 생각하고 전 임직원 복지를 생각해야지 장사만 하려고 있는 게 아니라고."

이어서 이렇게 말했다.

"거기 도장 찍은 사람하고, 도장 안 찍어도 알고 있었던 사람은 다 인사조치해, 책임자는 싹 대기발령을 내놔. 뒷다리는 잡지 말아야 할 거 아냐."

이 회장은 이 사건을 해결하기 위해 해당 공장(삼성중공업 1공장) 폐쇄를 검토한다.

"우리 임직원에게도 경종을 울리는 거야. 삼성은 이런 짓 하려면 사업 안 하는 게 낫다는 걸 이야기하려는 거지. 우리 임직원을 보호하는 것도 중요하지만 남의 임직원을 다치게 하는 업종은 문을 닫는다는 걸 보여줄 거라고. 빨리 회의해서 결정하고 신문광고부터 해. 삼성의 21세기 목표는 임직원과 주주 모두가 함께 행복하자는 거거든. 사람을 다치게 하고 사회 혼란을 가져오는 업종은 포기할 거야. 법조팀이랑 다 모아서 검토하고 광고문구 만들어서 빨리 발표해버려."

이런저런 사고를 겪으면서 이 회장은 "원래 나는 사업가 체질이 아니다"라며 부담감을 토로하기도 했다. 앞서 언급한 춘천 가스파이프 사고를 보고받은 직후의 얘기다.

"늘 얘기하지만 나는 사업가 스타일이 아냐. 위에 두 형제가 사정이 그렇다 보니 내가 할 수 없이 맡은 거야. 원래 내가 맡은 건 동방생명, 중앙개발, TBC 라디오 정도였다고. 난 그 외에는 92년까지는 관심도 없었어. 지금 반도체 잘되고 이익이 몇조원이 나고 하니까 다들 내가 기분 좋아하고 들떠 있는 걸로 생각하고 있겠지. 하지만 나는 더 불안해. 맨날 사고 수습이나 하고 있으니 더 그런 걸까."

이 회장은 항상 미래에 대한 불안감을 갖고 향후 수십 년간의 계획에
온 신경을 집중하고 있었다. 자동차산업 외에도 특히 제약업, 의과대학
에 관심이 컸다.

"철강, 반도체, 자동차, 전자 같은 투자집약적인 대형 산업하고 도로
같은 인프라를 지금 다 해놓지 않으면 후대에서 원망을 들을 수도 있어.
지금 제1, 제2 이동통신 나오는데 앞으로 제4, 제5 이동통신 시대로 갈
거야. 일본, 미국도 그렇게 가고 있고. 20세기 초반에 해야 할 인프라가
지금 제대로 안 돼 있다면 지금 빨리 해야지 21세기로 넘길 순 없잖아.
그렇게 되면 돈은 돈대로 모자라고 사람은 사람대로 모자란다고."

이 회장은 제약산업이 미래산업이라고 판단하고 병원을 기반으로 제
약산업에 진출하고 싶어 했다. 해외 유수의 제약회사 인수 등의 방법으
로 1등 제약회사를 만드는 게 목표였다. 외국 제약회사 인수, 국내 제약
회사 인재 스카우트에 관심을 보이기도 했다.

"의료산업은 21세기에 꽃이 필 거야. 지금은 의료산업이 적자라 하지
만 소득이 올라가면 의료비가 국방비같이 자꾸 올라가게 되거든. 생산
으로 돈을 버는 건 메모리(반도체)가 마지막일 거야. 미래를 보지 않고는
크게 돈 벌 수 있는 게 없어. 특히 길게 보고 준비해야 할 건 제약산업이
야. 우리 병원(삼성의료원)이 있으니 제약도 최고급으로 해서 진출해야
지. 일단 해외 특허부터 확보하고. 지금 외국 제약회사들 매물로 나와 있
지 않나? 독일, 이태리, 스위스 이런 나라의 세계적 제약회사 하나 사는

것도 생각해봐."

"우리 병원이 있으니 제약연구소하고 의료기기연구소를 만들자고. 그룹 총동원해서 신약을 사 오든 특허를 사 오든 최고 수준으로 해야 돼. 1년에 1000억원 집어넣을 각오하고 제약회사를 사든가. 서울대 약학과 출신들이 오고 싶어 하는 연구소를 만들어야 돼. 제약연구소, 의료기기연구소, 병리학연구소를 같이 만드는 거지. 보통 병원에 병리학연구소는 있는데 제약연구소나 의료기기연구소는 없잖아. 이걸 우리가 제일 먼저 만들어보자고. 우리가 4000만 우리 국민의 건강을 위해서 해야 되는 거야."

회장 취임 후 제일병원과 고려병원(現 강북삼성병원)을 인수한 그는 의과대학 신설도 추진하려 했다.

"의과대학을 단독으로 만들자고 내가 그랬지. 포항공대식으로 키우자는 거야. 장학금 다 주고 생활비 다 주고 천재들을 모아오는 거지. 서울 의대 갈 전국 1등은 안 온다 해도 2~5등은 우리에게 올 만한 그런 의과대학이 생겨야 돼."

한편 김영삼 정부가 기업과 경제에 대한 개념이 부족하다며 한탄하기도 했다.

"내가 더 걱정하는 건 다음 세대야. 자동차만 아니라 반도체, 철강, 중화학공업을 탄탄하게 해놓지 않으면 경제회복이 절대 안 되게 돼 있어. 지금 경기가 괜찮게 느껴지는 건 5공, 6공에서 워낙 좋지 않았고 지금 엔고(高) 현상 때문에 반짝하는 것뿐이지. 97~98년 되면 기본 경쟁력이 안 돼서 진짜 불경기가 오게 돼. 대통령 탓 할 수도 있다고. 이런 걸 걱정하는 건데 말이야. 국내 산업이 공동화되면 어쩔 건지. 미국은 10~20년 전에 공동화돼서 경제가 펑크 났잖아. 2000년을 바라보는 시대에 그러면 어떡할 거냐고."

"대한민국에 몇 사람 빼놓고 나라 걱정 하는 사람이 얼마나 있어? 다 자기 잘살 생각뿐이지. 언제부터 이리됐는지 모르겠어. 정치를 아무리 잘해봐야 경제가 안 되면 안 되는 거잖아. 관리고 정치인이고 문제야. 경제인과 정치인의 차이점이 그거지. 결국 정치인들은 애국논리고 경제논리고 상관없이 정치논리에만 움직이는 거지."

삼성은 자동차산업에 대한 정부 허가를 받지 못하면서 청와대와 긴장관계가 계속됐고, 문제의 '베이징 발언', 즉 이 회장이 "정치는 4류, 관료는 3류, 기업은 2류"라고 기자들 앞에서 말하는 사건이 터지면서 삼성은 청와대와 갈등관계에 빠졌다. 이 회장은 자주 비서실장에게 이와 관련한 괴로움을 토로했다.

한번은 삼성이 서울 강남구 도곡동의 땅을 매입한 사실에 대해 청와대에서 "외부에서 좋지 않게 보고 있다"는 경고가 들어오자 이 회장이 분노하기도 했다.

"우리가 수원하고 기흥에 사업장이 있으니까 강남에 제조업 센터를 만들고 복합화하려고 하는 거지 무슨 삼성이 부동산 투기라도 하나? 정부가 요구하는 업종 전문화를 계속할 뿐이잖아. (한숨) 우리 투자를 해외에 집중하는 건 어떤가. 정부는 국내 산업공동화는 생각 안 하나? 농사 짓는 땅도 농민이 3년 농사를 안 지으면 그다음엔 농사를 못 지어. 기업이 경기를 계속 가져가려면 일을 계속하고 투자를 계속해야 되는 건데 왜 자꾸 기업을 압박하는 거지? 기술자들 다 흩어놓으면 다시는 기업 못

한다고."

또 "이미 청와대는 권위주의에 물들어 있다"며 "나는 그거(권위주의)
안 되려고 몸부림치고 있는데, 그게 4년 후 관둘 사람과 기업주의 차이
아니겠느냐"라고 했다. "자동차사업 하겠다는 게 나쁜 짓 하는 게 아닌
데 왜 못 하게 하는 거지?"

Part 5 연말 사장단 회의에서 "더 강하게 바꿔야"

1993년 연말 삼성그룹 사장단 회의는 프랑크푸르트 선언 이후를 평가
하는 자리가 됐다. "마누라와 자식만 빼고 다 바꿔라" 했던 이 회장은 계
열사 사장들에게 "개개인에 따라서 쇼크의 정도가 달랐겠지만, 이것(신
경영)은 시대의 흐름이고 앞으로 더 변해야 한다"고 강조했다.

"변화하지 않으려는 건 사실 사람의 본성이기도 해. 하지만 80~90년
대의 변화는 과거 몇십 년의 변화와는 차원이 달라. 과거 20년간,
1970년부터 90년까지 삼성그룹이 1000배 컸다고. 과거 60년대 70년대
경영자라는 건 도장 찍고 섭외 좀 하고 부하들 잘하라고 격려해주면 통
하던 시대지만 앞으로는 그러면 안 돼. 경쟁자들이 앞서 가버리면 안 뛰
는 사람은 주저앉을 수밖에 없고 몇 년 내에 사라지게 된다고. 특히 우루
과이라운드 시대에 강대국들하고 경쟁해야 되는 사람들이야 여러분은.

지도자로서 책임감을 가져. 애사심은 물론 국가와 사회도 좀 생각하
고. 독재정권, 군사정권에서는 힘이 한곳에 몰려 있고 거기만 공략하면
일하기도 쉬웠지만 지금은 권력이 계속 평준화되고 있어. 전 세계적으로

마찬가지고. 대충 넘어가고 잘해보자 하는 게 안 통하는 시대야. 그래서 는 세계 경쟁에서 살아남을 수 없어."

신경영 선언 이후 삼성인이 가져야 할 자세도 강조한다.

"사회에서 나랑 삼성을 보는 눈이 달라졌어. 외부의 관심과 기대도 커 졌고 부담도 커졌고. 내 말이 선대 회장보다도 더 강해져버렸지. 삼성의 임원이라면 국가적, 사회적 책임을 가져야 한다고 생각해. 내가 말하는 대로 따라오면 돼. 나는 늘 사람 키워라, 기술 중요시해라 강조하고 있 어. 기술이 없으면 기술을 사 오든지 기술자나 고문을 데려오면 되는 거 고. 그런데 이런 내 말을 한마디도 안 듣는 회사들은 대형 적자를 내고 사고를 낸다고."

이 회장은 임원들을 향해 인생 선배로서 조언하는 모습도 보였다.

"위로 갈수록 책임이 커지지. 사람을 볼 때는 단기적으로 보지 말고 몇 달이 되든 몇 년이 되든 전체적으로 평가를 해. 아랫사람이 일하다 실수 좀 하는 건 야단도 치지 마. 근데 똑같은 실수가 계속되면 안 돼. 작은 일 이 일어났을 때 집어내서 담당자한테 경고를 하면 본인도 반성하고 옆에 도 교육이 되는 건데 그렇게 하지 않으면 큰 사고가 나지. 또 큰일이 났 을 때면 실수가 아니고 반복된 일이라면 파면을 해버려. 그걸 못 해서 결 국 큰 손해를 끌고 가는 경우가 많아. 금방 해결할 수 있는 걸 인심 잃기 싫어서 5년 10년 덮어놓다가 몇천억짜리 탈이 나버린다고. 탈 자체가 중 요한 게 아냐. 돈이 아까워서 내가 이런 소리 하는 게 아니거든. 그런 정 신으로 일을 하면 젊은 사람들이 의욕을 갖고 일할 수 있는 구조가 안 돼. 열심히 일하고 뛰겠다는 분위기를 만들어야 하는 게 여러분들의 일이야. 잘되는 회사는 공통점이 다 있어. 열심히 일하고, 불량품 없고, 연공서열 인사가 없지."

Part 6 신경영 선언 후 첫 인사(人事), 신임 임원들에게 한 이야기

프랑크푸르트 신경영 선언 후 첫 임원 인사인 1994년 1월 1일 자 삼성 그룹 신임 임원 인사는 큰 의미를 갖는다. 여성 임원 및 고졸 임원이 처음으로 탄생했다. 이때 이사가 된 임춘자 삼성생명 이사는 이명희 신세계 회장 등 삼성가(家) 여성을 제외하고는 삼성의 첫 여성 임원이다. 임이사를 포함해 고졸 임원 4명이 탄생했고, 대부분이 40대였으며 30대임원도 여러 명 나왔다. 정보통신부 장관을 지낸 진대제 전 삼성전자 사장도 이때 만 38세로 임원이 됐다.

선대 회장 시절부터 있었던 기존 임원들이 신경영에 소극적인 데 실망했던 이 회장은 신임 임원들이 삼성 신경영을 실천해줄 것이라는 기대를 걸고 이들 앞에서 1시간에 걸쳐 이야기를 한다.

"매년 신임 이사가 나오지만 오늘 이 자리의 분들은 과거의 신임 이사하고는 여러 가지 차이가 있어. 제2 창업 신경영의 첫해 이사는 정말 엄선해 실력 위주로 연공서열 배제하고 발탁한 거야. 여성도 한 분 계시고. 고졸도. 과거에는 고졸 하면 과장, 부장이 최고였는데 앞으로는 고졸도 여성도 사장이 될 수 있어. 이게 21세기로 가는 기초야. 여러분은 축복받은 거고 운이 좋은 거지. 신경영, 변화를 하자고 하는데 딱 걸린 거니까. 책임감은 더 커졌지만.

지금 이 자리엔 몇몇을 제외하고는 거의 40대야. 아직 머리가 굳어지지 않아서 변화할 가능성이 있어. 다만 지난 15년여간 양 위주로 일했던 습성은 빨리 버려야 돼. 지금부터는 과거의 양 위주 경영은 무시해버리고 질과 이익을 봐야 한다고. 과거엔 외형만 늘리면, 매상 늘리면 고과 A가 나왔는데, 21세기를 대비하는 지금은 이런 사고방식을 완전히 뜯어 고치지 않으면 살아남을 수 없어. 여러분이 곧 몇 년 후 삼성그룹의 실무 최고 책임자가 될 건데, 여러분 선배들은 안 변할 거고 여러분 밑의 사람들은 신인류에 가까워. 집에서도 사회적으로도 가운데 낀 세대라고. 과거 선배들은 과장, 부장, 이사 되면 전부 책상에 앉아 도장 찍으려 했는데, 그거 진짜 국력 낭비라고. 이사까지는 현장에서 뛰지 않으면 개인 손해, 회사 손해, 국민 손해야. 자신이 구체적으로 뭘 할지를 고민해 봐."

이 회장은 부서이기주의 탈피와 '복합화'를 강조했다.

"그룹 안에서도 이상한 풍토가 있어. 기술자고 관리직이고 영업직이고 그런 계급이나 구분 짓지 말라고. 기본적으로 기술에 대한 개념은 다 알아야 되고 경영, 판매, 관리 이런 것도 서로 다 알아야 21세기에 살아남을 수가 있어. 여러분은 21세기에 상무, 전무 되고 중심이 될 사람들인데, 그때는 상무, 전무가 지금 사장이 하는 일을 다 해야 되는 때라고. 현장에서 열심히 뛰어야 돼."

Part 7 신임 임원들의 질문에 "현장 뛰어라"

신임 임원 몇 명의 질문에는 공들여 답변을 한다. 삼성물산의 신임 이사가 '변화하려고 하지만 뜻대로 되지 않는데, 구체적으로 어떻게 해야 하느냐'고 묻자, 이 회장은 "변화를 위해 구체적인 방안으로 내놓은 것이 7-4제(오전 7시부터 오후 4시까지 근무하는 제도)"라고 답한다.

"러시아워를 피하고 일의 효율은 높이면서 개인시간도 가질 수 있게 하자는 게 7-4제의 목적이야. 일단 원래 10시간, 12시간씩 하던 일을 선진국처럼 8시간에 끝낼 수 있도록 하는 게 목적이고. 일을 그렇게 해치우지 않으면 선진국을 따라갈 수가 없어. 근데 7-4제를 한다고 당장 효율이 나오진 않겠지. 5년, 10년이 걸릴 수도 있고. 당장 할 수 있는 건 7-4제를 하고 남는 시간에 취미를 하든 골프를 치든 낮잠을 자든 그림을 그리든 하라 이거지. 뭐든지 철저히, 열심히 하면 개인 능력이 저절로 나오게 돼 있어. 이게 곧 자율경영이야. 스스로 개발하고 스스로 발전하지 않으면 절대 안 되는 거야. 이러면서 장기적으로는 8시간 아닌 6~7시간 내에도 일을 끝낼 수 있는 효율을 갖게 되는 거고."

다른 신임 이사의 '국가경쟁력을 높이기 위한 방안이 무엇이냐'는 질문에는 "인프라"라고 답했다.

"경제가 발전할수록 부품과 원자재, 그리고 사람이 국제적으로 이동해야 되는데 이 과정에서 효율을 높여야 되거든. 독일의 예를 들어 보자고. 독일 큰 도시에는 전부 국제공항이 있어. 30분~1시간마다 비행기가 뜨고. 서울~부산이 400km가 좀 넘는데 부산 출장 가려면 하루 만에 안 되고 1박 해야 되잖아.

그런데 독일에서는 700~800km 떨어져 있는 도시의 지점을 하루 만에 갔다 와. 아침에 집에서 공항 가서 비행기 한 시간 타고 지점 갔다가 회의 한 시간 하고 점심 먹고 본사 돌아와서 보고하고 퇴근할 수 있는 거야. 우리는 그에 비하면 24시간 늦게 가는 거지. 비효율적인 거야. 거기다 우리는 보고한다고 보고서 만들고 팩스 보내고 하는데 그것도 하루 만에 안 되잖아. 제발 서류 만들지 마. 웬만하면 말로 전화로 메모로 다 해. 독일 사람이 하루 만에 할 걸 우리는 일주일 걸린다고. 인건비 생각하면 독일 갔다 오는 게 더 싸겠어."

이 회장은 '소프트 인프라'도 강조했다.

"도로나 항공 같은 '하드 인프라'도 중요하지만 교육, 통신 같은 소프트 인프라도 중요해. 21세기엔 개인이 전부 전화를 가지고 세계 어디로 가도 전화가 다 돼야 되거든. 미국은 전국에 망을 깔고 있고 곧 할 거야. 그런데 우리 정부는 맨날 5대 그룹 누를 생각만 하고 21세기 생각은 조금도 안 한단 말이야. 앞으로 정보화 사회에 바로바로 전화가 되는 게 얼마나 중요한가."

임원들에게 부하직원을 다루는 노하우도 전수했다.

"실수를 빨리 공개한 사람은 칭찬하고 상을 줘. 작은 사고라고 덮어두는 인간은 큰 사고 친다고. 뒷다리 잡는 녀석은 내쫓아버려. 꼭 자르라는 거 아니고 다른 연구를 시키던가. 사고치고 실수한 사람 계속 두는 건 회사에 손해 끼치고 이미지 손상시키고 신용 잃게 하는 거야. 부하직원 하나 제대로 못 다뤄서 자기 인생 날아가는 경우도 있어. 이 그룹에도 너무 많다고. 인사 기준 신상필벌 기준 회사가 제대로 할 테니 여러분도 평가 잘 해. 급하게 하지 말고 사람의 주기를 잘 보라고. 20대 꽃피는 사람도 있고 40대 반짝하는 사람도 있어. 다 필요해. 근데 윗사람한테 자잘한 선물하고 스케줄 잡고 인맥 리스트 만들고 이따위 짓 하는 인간들은 잡아내. 절대 파벌 만들지 말라고."

"21세기 초일류 기업에 걸맞은 최고 경영자가 되고 싶다"는 신임 임원에게는 "젊은 사람, 신인류를 많이 연구하라"고 조언했다.

"지금 한국은 30대 이하 인구가 더 많아. 그들이 우리의 소비자라고. 30년 사이 이 나라가 얼마나 많이 변했어. 50년대만 해도 굶어 죽는 사람 있었는데 지금은 전부 다이어트하잖아. 많이 변했다는 건 한국의 핸디캡이기도 해. 이런 상황에 옛날식으로 내가 사장입네 전무입네 하면 아무도 안 따라온다는 거야. 21세기에는 창조성과 개성이 있는 업종과 사람이 살아남을 수밖에 없는데 젊은이들의 발상과 아이디어를 활용해야 돼. 젊은 사람들을 진심으로 신바람 나게 움직일 수 있는 방법을 생각해야지."

Part 8 비(非)제조업 간부들에게 '業의 개념'과 친절 당부

삼성전자 반도체의 성장으로 삼성그룹이 단기간에 성장하긴 했지만 비(非)제조업 부문은 삼성에 여전히 쉽지 않은 과제였다. 이 회장은 금융 및 서비스 계열 사장단을 소집해 1시간 동안 특강을 갖고 신경영을 당부했다.

그는 금융 서비스 계열사의 변화하지 않는 기업문화를 지적하며 신속한 국제화를 주문했다.

"제조업은 그래도 수출을 하기 때문에 외국에 나가서 뛰어야 되고 국제화의 개념은 알고 있는데 금융, 보험 이쪽은 국제화 수준이 제로에 가까워. 1~2년 공부해서 될 일이 아니거든. 5~6년 전부터 박사학위 받은 고급 인력을 데려와서 기본을 연구시키라고 했는데 알아보니 몇 명밖에 없다네. 충고를 이렇게밖에 못 알아듣나? 또 박사를 뽑아놨으면 사장이 일 년에 서너 번 만나서 얘기도 듣고 격려하고 해야지 뽑아만 놓으면 뭐 하냐고. 1~2년 사이에 나가잖아. 제발 전문가 활용하고 연공서열 없애고 실력 위주 인사 하라고."

이어 해외 서비스 기업에서 '제대로' 배우고 오라고 당부했다.

"외국 나가서 배우고 오라고 연수를 보내고 출장을 보내면 돌아와서 전파를 해야 되는데 그것도 제대로 안 돼. 애초 열심히 배우고 돌아와서 노하우를 전파할 인물을 보내야 되고 가기 전부터 철저하게 공부를 해야 되는데 그게 안 돼. A급 인재를 보내라고. 출장 간다고 가서 임원 한두 명 만나고 시내 관광이나 할 거면 아예 가지를 마. 한번 가면 기술자들, 여사원들까지 만나보고 어떻게 일하는지 다 보고 와야 될 거 아냐. 우리가 뭘 잘하고 못하는지 완전히 파악을 한 다음에 남의 걸 봐야지."

그는 부끄러웠던 일화를 소개하기도 했다.

"신세계에서 일본 미쓰코시(三越: 일본 최초의 백화점)에 배우러 갔는데, 어느 날은 그쪽에서 전화가 왔어. 삼성, 신세계 얼마든지 도와드리고 싶지만 열 번 오는데 어떻게 열 번 똑같은 질문을 하느냐고, 시간낭비를 하느냐고 하더라고. 보내지 말란 얘기잖아. 내가 지금 이렇게 얘기하지만 앞으로도 또 그런 사건은 나올 거야. 연수를 왜 가는 거야? 목적 없이 회장이 가라니까 가는 거면, 가서 슬렁슬렁 보고 올 거면 가지 말라고."

친절의 개념도 설파했다.

"고객에 대한 친절이 뭔지 알고는 있나? 잘 차려입고 미소짓고 절하는 게 친절이 아니라고. 손님이 알고 싶어 하는 질문에 정확하게 대답할 줄 아는 것, 그게 친절이야. 또 상대방을 잘 파악해서 제대로 된 상품을 추천하는 게 친절이거든. 일본 기업이 인사 잘해서 친절하다고 하는 줄 아나? 해외 전문가들 불러서 들어보라고.

업(業)의 개념을 이해하라고 내가 여러 번 얘기했는데 이해하고 있나? 자기 회사가 어떻게 시작했고 발전했는지 제대로 파악하고 있어야 전략을 세울 수 있어. 보험이든 호텔이든 그 업이 지구상에서 언제 시작됐는지, 한국은 언제 시작했는지, 어떻게 변천해왔는지, 어떤 규제가 있는지 철저하게 이해하고 있어야 돼. 이런 기본적인 걸 모르는 상황에서 회장이 소리 지른다고 연수니 교육이니 한들 뭐해. 오히려 낭비야."

Part 9 종업원 만족도 향상을 위한 노력

신경영 선언 8개월 후인 1994년 2월, 삼성경제연구소는 신경영과 관련한 임직원 만족도 및 변화에 대한 설문조사 결과를 이건희 회장과 비서실에 보고한다.

이 회장은 "내 이야기를 직접 들을 기회가 적은 말단 직원들이 신경영에 대해 무관심하고 이해도가 떨어지는 것은 당연한 일"이라며 "그렇지만 회장이 이토록 추진하는 신경영에 무관심한 건 각사의 사장 리더십에 문제가 있는 것"이라고 지적했다.

"이사 이상은 내가 직접 불러놓고 얘기했지만 사원들은 들을 수가 없었지. 또 그 사람들 입장에서는 신경영 한다고 월급이 몇십% 늘어나는 것도 아니고 신경영에 매력을 못 느낄 수밖에 없어. 또 신경영이다 변화다 하니까 전직하겠다는 사람도 많고, 실직에 대한 부담감도 갖게 되겠지. 이건 다 중역들 책임이라고. 사원들이 신이 나지 않는 건 사장 리더십이 문제야. 사원들에 위기의식을 심어주고, 정신교육을 하고, 질 경영이 잘되면 더 많이 받을 수 있다는 얘기를 해야지. 여기(비서실 사장들) 공장 내려가 본 적 있나? 맨날 전화로 하거나 공장 사람 부르고, 가도 공장장 방 한번 갔다 오거나 그런 거 아니냐고. 각사별로 사장부터 인사 책임자가 현장에 몇 번 내려갔는지 조사해. 또 어느 회사 어느 직급이 불만이 많은지 조사해보고. 사장이 자주 가는 회사는 불만이 적을 거야."

Part 10 "내가 뭐가 답답해서 변화하자고 고함 치겠어"

이 회장은 삼성경제연구소 임원들을 부른 자리에서 1시간여 특강을 갖고 변화와 경쟁의 논리를 당부한다. 신경영이 아직 임원들 사이에서 뿌리 깊게 자리 잡지 못한 상태에서 연구소가 그룹 임원들의 '정신교육'을 위한 틀을 마련해주길 원했던 것으로 보인다.

"사실 제일 중요한 건 왜 변해야 하느냐는 거야. 솔직히 나 개인은 변할 필요 없어. 지금 내 재산 가지고 얼마든지 잘 먹고 잘살 수 있단 말이야. 그렇지만 나는 20만 삼성 가족을 책임지고 있는 입장이야. 변화 없이는 안 돼. 나라가 망하게 돼 있어. 우루과이라운드라는 게 뭐야. 자유

무역, 평등무역 하겠다는 건데 미국하고 아프리카 어느 나라하고 어떻게 일대일로 붙냐고. 선진국이 텃세 부리고 후진국일수록 불리해져. 공정하다는 거 말은 좋지만 우리는 완전히 위기야. 미국에 반도체 수출 10%만 줄어도 우리 공장이 흔들흔들할 거라고."

그는 개인적인 심경도 토로한다.

"삼성 회장이 뭐가 답답해서 변해야 된다고 하겠느냐고. 3대가 먹고살 게 있는데 왜 이렇게 밤새 고함을 지르고 있겠어. 우리나라의, 민족의, 삼성의 미래를 위해서 이러는 거야. 내 재산 5%, 10% 느는 게 무슨 상관 있냐고. 죽을 때까지 1000억, 2000억원 못 쓴다고. 보석 사고, 차 사고? 그건 돈이 이동하는 거지 쓰는 게 아니잖아. 재산 5000억이 1조 되는 게 무슨 뜻이 있겠어. 재산이 1억에서 2억 되는 건 큰 차이가 있겠지만 1조에서 2조 되는 건 뜻이 없어.

지금 우리 나이, 40~50대가 변하느냐, 얼마나 잘 하느냐에 따라 우리나라가 일류국가냐 이류국가냐가 판가름 나는 거야. 1950~1970년대에서 조금 늦는 거하고 1990~2000년에 조금 늦는 건 차원이 달라. 지금 늦으면 완전히 기회상실을 하는 거라고. 이런 걸 알면서 내가 어떻게 가만히 있을 수가 있나."

'습관을 바꾸기가 쉽지 않다'는 임원의 말에는 이렇게 답한다.

"어떻게 바꾸냐고? 쉬운 거부터 바꿔봐. 수영을 시작하든 잠을 한 시간 줄이든. 방법을 알려줘도 모르는 사람이 왜 이렇게 많아. 가난은 나라도 못 구한다고, 자기가 안 변하려는 사람은 죽어도 못 변해. 자기 의지라고." <u>월간조선 2020년 12월호</u>

이건희와 오늘의 삼성은…

이건희

李健熙 · 1942~2020

경남 의령 출생 / 일본 와세다대 경영학과 졸업, 조지워싱턴대 경영대학원 수료, 서울대 명예경영학 박사, 고려대 명예철학 박사, 와세다대 명예법학 박사 / 삼성물산 부회장, 삼성그룹 회장, 국제올림픽위원회(IOC) 위원, 대한레슬링협회 회장, 대한올림픽위원회(KOC) 명예위원장, 전경련 부회장 역임 / 대한민국 체육훈장 맹호장 (1984), 체육훈장 청룡장(1986), IOC 올림픽 훈장, 2005년 세계에서 가장 영향력 있는 인물 100인(타임지), 존경받는 세계 재계리더 21위(영국 파이낸셜타임스), 대한민국 50년을 만든 50대 인물(조선일보), 21세기를 빛낸 기업인(매경)

창업주 이병철 이후 이건희, 이재용 등 2~3세대가 기업집단 삼성을 이끌어 왔다. 이병철의 후계자인 이건희가 삼성을 국내 최고의 기업에서 세계 최고의 기업 반열에 올려놓았다. 창업보다 힘들다는 수성(守成)에 성공했다. 공정거래위원회에 따르면 삼성의 자본총액은 371조6271억7300만원이며 자산총액은 914조7705억2400만원 이다. 재계 1위다. 이 가운데 작년 3월 기준 삼성전자의 시가총액은 3420억달러(약 437조7600억원)으로 전 세계 주식시장에 상장된 기업 가운데 22위다. 범(汎)삼성가 기업으로 삼성(삼성전자 회장 이재용), CJ그룹(회장 이재현), 신세계그룹(회장 이명희), 한솔그룹(총수 조동길) 등이 있다.

사진=삼성

'섬유에서 석유까지'의 선경
최종현 SK그룹 회장

우등상 근처에도 가보지 못한 수원의 '보통소년'이 한국 5대 재벌의 사령탑이 되기까지. 그리고 가장 뛰어난 '보통사람'과 사돈을 맺기까지. 그는 어떻게 빚더미에 파묻힌 선경직물과 유공을 살려냈는가.
창업자인 형은 왜 아우에게 선경을 맡겼는가. 대학생들이 가장 가고 싶어하는 기업을 만든 비결 SKMS(SunKyung Management System)란 무엇인가. 그는 과연 '정경유착'을 발판으로 부총리까지도 만들어낸 막강한 실력자인가.

글 **오효진** 월간조선 기자

선경의 '집'이 어디 있는가

한국 5대 재벌의 하나인 선경(鮮京) 그룹의 최종현(崔鍾賢·61) 회장을 만나러 가기로 결정을 하고 나서 첫 번째로 부딪친 문제는 어딜 가야 최 회장을 만날 수 있는가 하는 것이었다. 아무리 생각해도 선경의 본부가 되는 빌딩이 어디 있는지 생각해 낼 수가 없었다.

12개 계열사에 종업원 3만여 명을 거느리고 1년에 6조 7000억 원 어치를 파는 선경, '장학퀴즈'로 유명한 선경, 그 회장이 노태우 대통령과 사돈이 됐다고 해서 더 유명해진 선경의 '집'이 어디 있는지 모르다니! 생각하면 좀 어처구니가 없는 일이었다.

삼성빌딩은 남대문 앞에 있고, 현대빌딩은 계동에 있고, 럭키금성의 쌍둥이 빌딩은 여의도에 있고, 대우빌딩은 서울역에 앞에 있다. 그런데 선경의 사옥은 어디에 있는가. 기자는 남미와 동구권을 여행하면서 SKC라고 쓴 대형 비디오테이프 광고를 보고 감격한 적이 있다. 그런데 막상 그 본부가 서울 어디에 있는지 모르고 있었던 것이다.

최근의 한 여론조사는 대학생들이 졸업 후 가장 취직하고 싶어하는 회사가 선경이라고 밝히고 있다. 그들 역시 선경이 어디 있는지 뚜렷하게 모르고 있지 않나 싶다. 그런데 왜 그런 회사를 가고 싶어 할까.

이런 의문을 품고 결국 찾아간 곳은 을지로2가 외환은행 본점 앞에 있는 13층짜리 구 중소기업은행 본점 건물이었다. 이것도 겨우 2년 전에 큰 맘 먹고 사들였다고 했다. 그 전까진 전봇대처럼 뾰족하기만 한 명동의 19층 건물(현 SKC 사옥)이 선경의 사령부였다고 한다.

크지도 않고 빛나지도 않는 선경빌딩의 7층 회장실에서 나이보다 젊어 보이고 호남형으로 생긴 최 회장에게 '집 애기'를 했다.

"집 좀 크게 잘 지으시지요. 선경이 여기 숨어 있는 줄 몰랐습니다."

최 회장한테선 이런 답이 돌아왔다.

"집만 커서 뭘해요. 실속이 있어야지!"

바로 이 말 속에 '선경다움'이 있지 싶다. 선경은 꼭 최 회장처럼 숨어서 우뚝 서 있지 않은가. 하드웨어(집)보다는 소프트웨어(사람)를 더 중요하게 여기는 곳이 선경이라지 않은가. 그래서 대학생들이 제일가고 싶어하는 게 아닐까.

벌써 '탐험'을 반쯤 한 것만 같다.

부부가 함께 단전호흡을…

우리들은 회장실 옆에 붙은 식당으로 자리를 옮겼다. 길다란 탁자 위에 흰 식탁보가 깔려 있었고 그 위에 좀 촌스럽게 투명한 비닐이 씌워져 있었다. 식탁엔 육개장이 준비돼 있었다. 점심엔 선경의 임원 댓 명이 함께 초대됐다.

— 점심식사는 늘 여기서 하십니까?

"늘 하는 건 아니고 자주 하지요. 그때그때 필요한 경영진들과 여기서 함께 식사를 하고 바로 회장실로 들어가 회의를 합니다. 밖에서 점심을 먹으면 한 시간 반은 걸리는데 여기서 식사를 하면 시간도 절약되고, 식사하면서 대충 의견이 조정되니까 금방 회의에 들어갈 수도 있고요."

선경의 경우에 있어서도 역시 무서우리만큼 시간은 돈이다. 그래서 좀 어깃대 본다.

— 어디처럼 경영진들을 새벽 6시에 불러서 회의를 하시면 시간도 절약되고 식대도 경제적일텐데요.

"제 형님(崔鍾建)이 너무 부지런해서 그렇게 하셨어요. 전엔 오전에도 회의를 했는데 오전엔 각사(各社)가 다 바쁘니까 제가 양보를 하고 12시에 여기서 함께 점심을 먹죠."

— 회장께선 사장이나 중역들을 거느리고 드시면 기분이 좋으시겠지만 여기 불려오는 분들은 맛없는 점심을 들게 되는 건 아닙니까?

"요즘은 자주 하니까 그렇지도 않아요."

화제가 육개장으로 옮겨졌다.

"이게 내가 어려서 먹던 육개장인데 궁중요리랍니다."

대접에 말갛고 노르스름한 국물이 담겨 있었고 잘게 찢은 쇠고기가 그 옆에 놓여 있었다. 고기를 국물에 넣어서 먹는 것이라고 했다.

— 어디서 보니까 최 회장께서 요리도 썩 잘하신다고 했던데요. 김치, 된장 이런 걸 직접 담그신다면서요?

"아 그건 좀 잘못된 얘긴데요. 내가 서울농대 농화학과를 다녔어요.

187

그래서 식품공학, 양조학 같은 걸 좀 알지요. 그래서 발효에 관계되는 술, 된장, 고추장에 대한 원리는 알고 있어요. 그래서 한마디씩 하는 거지요. 내가 직접 만드는 건 아니고."

언뜻 최 회장을 보니 아주 건강 체질처럼 보였다.

— 무슨 운동을 하십니까?

"조깅도 하고, …워커힐 호텔 체육관에 가서 이것저것 하기도 하고…." 요새 와서는 단전호흡을 해요.

— 단전호흡을요? 어떻게 그런 걸 하시게 됐습니까?

"단전호흡을 한 지 3년이 넘었어요. 선경에 경영체계가 있는데 그걸 만들면서 선경인의 자세에 패기를 해석하기가 어려워요. 그 뜻을 알아야 남에게 교육시킬 것 아니에요. 일과 싸워서 이기는 게 패기다, 패기가 없으면 처음부터 일한테 지는 거다, 이런 이야기지만….

패기(覇氣)의 '기'자는 우리나라 말에 많이 들어 있는데 도대체 그 기가 뭔지 알아야 되지 않느냐, 그게 사실상 존재하기에 우리 선조 때부터 그 말을 많이 써온 게 아니냐, 그게 사실상 이롭다면 경영에도 받아들일 수 있는 거 아니냐…. 그래서 기에 대한 연구가 시작이 되었어요.

1979년에 경영 관리체계를 받아들이기 시작하면서 기획실장더러 기에 대해 조사해보자고 했어요. 기를 많이 쓰는 합기도도 연구했고 또 단전호흡도 연구했지요. 그래서 기획실장이 직원들하고 먼저 단전호흡을 해보고 괜찮으니까 나한테 권유해서 시작한 것입니다."

— 해 보시니까 좋습니까?

"아주 좋아요. 매일 아침이면 집사람하고 둘이서 마주 앉아서 단전호흡을 하죠."

— 단전이 배꼽 어디라던데 거기다 기를 몰아넣는 겁니까?

"배꼽 밑인데 거기로 호흡을 하는 것입니다."

— 그럼 걸어다니면서도 할 수 있습니다.

"아무 때나 할 수 있지요. 밤에 잠이 안 오면 할 수도 있고."

— 그걸 하면 건강에 어떻게 좋습니까?

"기가 충만해지니까 좋지요. 내가 3년 하고 나니까 과거에는 두어 시간 산에 올라가려면 서너 번 쉬어야 했는데 지금은 안 쉬고도 올라갈 수 있어요."

— 선경 임직원들도 단전호흡을 많이 하겠네요?

"권유를 많이 했어요. 내가 해보고 좋아서 사장들이나 공장에 있는 분들에게도 권했고 또 연수할 때도 시키지요"

"우등상 근처에도 못갔다."

우리는 식사를 마치고 다시 회장실로 돌아와 얘기를 계속했다.

최 회장은 1929년 11월 21일(양력) 경기도 수원시 평동에서 아버지 최학배(崔學培)씨와 어머니 이동대(李同大)씨의 8남매 중 형 종건에 이어 둘째 아들로 태어났다. 그의 호적상의 생년월일은 1930년 4월 20일로 돼 있는데 그건 그의 부친이 일제에 '협력하기 싫어서' 차일피일하다가 뒤늦게 출생신고를 했기 때문이란다.

— 부친께서 농사를 많이 지으셨다죠?

"아버지 말씀으로 볏 백이나 한다고 하셨으니까 한 100~200석 한 게 아닌가 하지요."

그는 수원에서 세류국민학교를 1회로 졸업하고 서울에 있는 경기공업학교로 진학했다.

— 왜 서울로 가셨습니까?

"그때는 일제 말엽이라 공업학교에 가야 징용에 안 끌려갔지요. 그래서 서울에 있는 경기공업학교(기계과)로 진학해서 수원에서 기차통학을 했어요. 공부는 안 하고 매일 비행장에 끌려가서 일만 했지요. 3학년 때까지 그렇게 다니다가 해방이 되니 기차가 제대로 안 다녀서 기차통학을 할 수 없잖아요. 그래서 수원농림학교(임학과) 3학년에 편입했어요."

— 기계과로 진학한 건 부친의 뜻이었습니까?

"아니 별 뜻 없이 가게 됐어요. 임학과도 수원농림으로 편입을 하려니까 거기에 자리가 비어었다고 해서 할 수 없이 택하게 된 거구요."

이때 이렇게 별 의미없이 선택된 기계과 임학과는 후에 큰 의미를 띠게 된다.

— 학교 다닐 때 우등상 타셨습니까?

"우등상 근처에도 못가봤어요."

— 저는 저희 집안에 혼사가 있을 땐 꼭 상대방이 초등학교 때 우등상을 탔느냐고 묻습니다. 제 기준으로 볼 때 회상께선 자격 미달입니다.

"하하하…, 그래도 할 건 했지요, 영어 수학 같은 건 잘했어요."

— 이 글을 학생들이 읽을까봐 겁이 납니다. 공부를 잘하지 못해도 회장처럼 될 수 있다면 누가 공부를 열심히 하겠습니까?

"평범한 사람도 보람있는 일을 할 수 있다면 오히려 큰 교훈이 되겠지요. 하하…."

— 대학 진학 때도 집이 수원에 있어서 또 별 뜻 없이 농과대학으로 가게 된 것입니까?

"아닙니다. 난 공대로 가려고 했는데 집에서 자꾸 농대로 가라고 해서…."

— 부친께서는 농사짓는 사람을 만들려고 그러셨나요?

"아닙니다. 화학은 내가 택한 것입니다."

여기서 처음 그의 독자성이 나타난다. 그는 농대 농화학과로 진학한 것이다

— 그렇다면 실력이 모자라서 공대 화공과로 못가고 농대 농화학과로 가셨군요?

"바로 그겁니다. 난 실력이 있다고 생각하는데 선생님과 부모님이 자꾸 안 된다고 그래서…. 그래 여기 얘기가 많아요."

수학을 제일 잘하던 아이

그 많은 얘기는 바로 이런 것이다.

"내가 농고에 간 건 가고 싶어서 간 게 아니잖아요. 그래서 아무 때고 기차통학 하기만 좋아지면 다시 서울로 간다는 생각에 농업 공부를 별로 안했어요. 그러나 수학 영어 화학은 열심히 했지요.

서울로 가지 못하고 수원농림을 졸업할 때 서울공대 화공과로 가겠다니까 담임 선생님이 우리 집에다 대고 웃기는 짓 한다고 말렸어요. 그래

서 집에서 농대로 가기로 결정이 됐는데 담임 선생님은 거기도 안 된다는 겁니다. '너 같은 애가 될 리가 없다'는 겁니다. 그래도 우겨서 농대 농화학과에 가서 합격을 하고 왔더니 이 양반이 놀라서 '그럴 리가 없다'는 겁니다. 그런데 수학 선생님은 그 반대예요. 그 애가 거기 합격한 건 당연하다는 거지요."

— 수학을 열심히 하셔서 그랬겠군요.

"아닙니다. 처음엔 수학도 안 했어요. 내가 중학교 때 축구 주장을 했는데 오후만 되면 수업에 빠지고 공 차러 나가니까 수학 선생님이 '너 공부하러 왔냐, 공 차러 왔냐'하며 야단을 쳐요. 또 이 양반이 수학 시간만 되면 나보고 나와서 문제를 풀라고 해요. 그러니 어떻게 합니까. 할 수 없이 열심히 공부를 해서 앞에 나가 풀었지요. 그랬더니 이번엔 '너 누구 것 베껴 왔느냐'고 또 야단이에요. 그러다 보니 내가 수학을 젤 잘하는 놈이 돼 버렸어요. 그러니 그 선생님은 내가 대학에 합격한 건 당연하다고 생각한 거요."

후에 서울농대 학장이 된 표현구 박사가 바로 그의 큰자형으로 그 학교 출신이었던 점도 그가 학교를 선택하는 데 영향을 끼쳤을 것으로 보인다.

사진 취미가 화학 취미로

— 화학은 어떻게 해서 택하게 되셨습니까?

"중학교 3학년 때 해방이 되고 나서 일본 사람들이 카메라하고 현상약을 놓고 그냥 갔는데 어떻게 해서 그게 내 손에 들어왔습니다. 카메라는 철커덕하고 주름상자가 튀어나오는 건데, 그걸로 사진을 찍어서, 직접 현상약, 정착약을 섞어 만들어 가지고 사진을 빼는 겁니다. 여러번 실패한 끝에 성공을 했는데 사진이 돼서 나오는 게 신기했어요. 하도 신기해서 선생님들한테 물었지요. 어떻게 사진이 되어 나오느냐고. 그런데 아무도 대답을 못해요. 그래서 혼자 궁리를 하고 공부를 하다가 그만 화학에 취미를 갖게 됐습니다. 그때부터 서울공대 화공과에 가려고 했던 겁니다.”

이런 걸 보면 개인사에 있어서나 민족과 국가의 역사에 있어서나 결코 우연이란 없는 것만 같다. 그가 선경을 '섬유에서 석유까지'로 발전시키고 '수원의 직조공장에서 세계의 기업으로' 성장시킨 것은 어릴 때의 그의 화학 취미와 무관할 것 같지가 않다.

그래서 그런지 최 회장은 '선경 경영관리체계' 중 '선경인의 자세'에 '모든 선경인은… 경영에 부수된 지식, …수학 물리 화학 생물을 알아야 한다'고 정해 놓고 있다.

이것도 그냥 지나칠 수 없었다.

— 아니, 그런 걸 어떻게 다 압니까?

“전문적인 것을 다 알아야 하는 건 아니고 그저 고등학교에서 배우는 정도는 알아야 경영과 관리에 도움이 된다는 말입니다”

— 고등학교에서 배우는 정도라뇨? 그게 얼마나 높은 수준인데요!

기자는 선경인이 아닌 게 순간 참으로 다행스럽다는 생각을 해봤다.

— 그후 농대를 졸업하셨습니까?

"아닙니다. 3학년까지만 다녔습니다. 6·25 후 1953년도니까 강의도 제대로 안 됐죠. 그래서 이제 공부다운 공부를 해야겠다는 생각이 들어서 미국 유학을 갔습니다."

— 어느 대학엘 가셨지요?

"위스콘신대학에 가서 생화학을 공부했습니다. 3학년에 편입했지요."

— 처음 가서 어려움은 없었습니까?

"화학은 말이 별로 필요없는 과목이니까 괜찮았지만 미국 역사하고 영어는 강의를 따라가기가 처음엔 어려웠죠."

— 대학원에선 전공을 경제학으로 바꾸셨는데….

"그때서야 내가 비로소 무엇을 해야겠다는 생각을 처음으로 했어요. 중학교 땐 징병 피하느라 공업학교를 갔고, 후엔 기차가 안 다녀서 농업학교로 전학했고, 또 대학도 장래 생각없이 그냥 갔지요. 화학 쪽에도 취향은 있었으나 계속 공부해서 교편을 잡거나 연구해야겠다는 생각은 하지 않았어요. 그러다 사회과학을 해야겠다는 생각이 들었는데 그중에서 경제학이 과학을 좀 한 사람이 하면 쉬울거다 해서 시카고대학에 가서 경제학을 하게 된 겁니다."

"부총리를 만들었다는데…"

— 그 당시에 형님께서 이미 선경직물을 하고 계셨는데 후에 경영에 참여하기 위해서 경제학을 하신 건 아닙니까?

"아닙니다. 나는 다른 길을 가려고 했습니다."

— 그때 꿈이 교수가 되는 거였다고 하던데요.

"많이들 그러는데 그건 아니었고, 칼럼니스트가 될까 하고 생각한 적은 있지만 교수가 되려는 생각은 하지 않았어요. 과학을 했으니 경제학도 해 놓으면 교육은 어느 정도 갖추게 되는 게 아니냐 하는 생각이었지요. 사회에 나와서 사업을 하든 정치를 하든 행정부에 들어가든 갖출 건 다 갖춰놔야지요."

— 그때까지도 심중에 진로를 잡지 않으셨단 말입니까?

"그 당시에 국회의원을 해야 한다든가 하는 얘기가 주위에서 오갔어요. 수원에 기반도 있었으니까. 사업을 해도 형님이 하시던 직물공장에서 시작한다는 생각은 안 했고 별도로 무역업을 생각했어요. 그 다음에 관청도 생각했죠."

— 시카고대학에서 박사를 따실 생각이셨습니까?

"박사를 딸 수 있으면 딸라고 그랬는데 너무 시간이 오래 걸릴 것 같았어요. 그때가 30대 초반이었지요. 박사학위를 따는 데 시간이 다른 사람보다 많이 걸릴 수밖에 없는 것이 전과를 했기 때문이에요. 또 학위 따고 나와도 사실 갈 데가 없어요. 갈 데라곤 교수밖에 없는데 제 성향에 맞지 않는다고 본 것이죠. 나는 다혈질이라 여러 가지를 해야 합니다."

— 시카고대학에서 석사 학위를 따셨습니까?

"경제학을 3년 하고 나서 2년 동안 사회과학 전반을 공부했지요. 거기서 5년간 공부하며 석사 학위를 땄지요."

— 세계적인 석학 프리드먼 교수가 최 회장을 직접 지도하면서 아끼셨다구요?

"그분한텐 강의만 들었습니다. 지도교수는 존슨이라는 교수였어요.

그때만 해도 프리드먼 교수가 벌써 유명해져서 학생 지도를 맡지 않았습니다."

여기서 떠도는 말을 짚고 넘어간다.

— 이승윤 부총리하고는 시카고대학에서 함께 공부하셨다죠?

"네, 대학원에 같이 다녔습니다."

— 부총리를 회장께서 만들었다는 말이 있습니다. 대통령께 천거하셨다죠?

이 말은 물론 최 회장과 대통령이 사돈이란 걸 염두에 두고 한 말이다.

"그 사람 천거 받아서 부총리 될 사람 아니잖아요. 이미 출세해 있던 사람인데 내가 만든다고 되나요."

— 친구분이 부총리 된 게 안 된 것 보다는 그래도 훨씬 낫지 않습니까?

"그것보다는 그 사람이 누구보다 경제학을 알고 국회에 나가서 많은 경험을 쌓았고 재무장관도 했으니 큰 과오는 없을 거예요. 누가 부총리를 하든 나하고는 큰 관계가 있겠어요?"

순풍에 돛단 '선경호'

최종현씨는 1960년 10월말 미국에서 단신 귀국했다. 그보다 한 달 전 쯤 '아버지가 돌아가셨다'는 전보를 받았던 것이다. 그 선에는 돌아가신 아버지로부터 '어서 나와서 네 형을 도우라'는 편지를 받았었다. 그 편지가 으레 그러는 것인 줄 알았는데 귀국해보니 집안 형편이 말이 아니었다.

"공항에서 집으로 가는 차중에서 운전기사가 월급이 넉 달이나 밀렸다고 해요. 형님이 하고 계시던 선경직물 공장이 경영난에 빠진 겁니다. 그게 복구가 안 되면 집안이 몰락하게 되는 겁니다. 그 무렵 종업원이 300명, 직기가 300대, 매상이 3000만 원이었어요. 당시로선 상당히 큰 회사였지요. 그런데 은행 빚이 1500만 원이나 됐고, 월급 밀린 게 1200만 원, 또 사채가 500만 원, 이래서 빚이 모두 3000만 원이 넘었어요. 그러니 이걸 어쩝니까?"

— 그래 어떻게 하셨습니까?

"내가 오자마자 형님(崔鍾建)이 너는 서울 사무실에 있으면서 수출과 판매 업무를 도와달라고 하셨어요. 형님이 1953년에 귀속재산이 된 수원 선경직물 공장을 사들여서 운영하기 시작했지요. 형님이 일제시대 바로 그 회사에 기사로 근무했었습니다. 처음 공장을 시작할 때 나도 한 반년쯤 원료구입과 판매를 맡아서 했었지요. 그런데 와서 보니 형님 부탁도 있고, 또 회사 돌아가는 걸 보니 안 되겠다 싶어서 귀국한 이튿날(11월1일)부터 부사장이 돼서 뛰어들었지요. 뛰어들고 보니 참 막막했어요."

그러나 그 막막함은 그렇게 오래가지 않았다. 한 달 만에 기회가 찾아온 것이다.

"12월에 미 8군에서 열린 크리스마스 파티에 초대돼 갔어요. 거기서 시카고대학 출신 미국인을 만났는데 그 사람이 유솜(USOM)의 킬렌 처장을 소개해요. 킬렌이 '직업이 뭐냐'고 묻길래 '인견사를 쓰는 직물업을 하고 있다'니까, '왜 그런 걸 하느냐'면서 '왜 면을 안 쓰느냐'고 하는 겁니다.

그때 유솜에서 AID원조로 미국에서 인견사 1000만 불 어치를 들여왔었거든요. 미국 입장으로 보면 잉여 농산물인 면을 파는 게 더 급하니까 인견사 쿼터를 없애겠다는 거였어요. 킬렌한테 그런 말을 들으면서 퍼뜩 생각난 것이 '그렇게 되면 인견사 값이 오르겠구나'하는 거였죠. 인견사가 미국에서 안 들어오게 되면 값이 자연히 오를 게 아닙니까? 파티가 끝나고 그 시카고대 출신 미국인에게 물어보니 그런 정책이 이미 결정됐대요."

이제 행동에 옮길 차례였다.

"돈을 부랴부랴 구해서 이미 배정된 인견사 수입권을 사들이기 시작했습니다. 1달러 당 프리미엄을 5원씩 더 주고 10만 불 어치를 샀어요. 그렇게 사놓고 있는데 아니나 다를까 이듬해 4월이 되니 인견사 값이 배로 뛰었어요. 5월이 되니까 값이 또 배로 뛰어서 100고리에 200만 원 하던 것이 600만 원이 됐습니다. 그러니까 아직 물건은 미국에 있는데 앉아서 3배 장사를 한 겁니다. 그해 수출한 것도 좀 있고 해서 5000만 원 정도를 벌었습니다. 그 엄청난 빚을 다 갚고도 은행에 예금할 정도가 됐으니까요."

이 바람에 선경은 어려운 고비를 훌쩍 넘겼다. 뿐만 아니라 동대문시장에 있던 서울 사무실도 당시 무역의 중심시였던 소공동 한복판 복창빌딩으로 옮겼다. 이것은 단순한 이사보다도 더 큰 의미를 지닌다. 선경이 동대문 시장 같은 재래식 시장을 상대하던 규모에서 해외시장을 겨냥할 만큼 도약했다는 것을 뜻한다.

최종현 부사장이 합류한 선경호는 순풍에 돛을 달았다.

선경의 비전을 세우다

빚을 다 갚고 반석 위에 올라앉게 되자 선경은 수출로 눈을 돌렸다. 최 부사장의 이 작전이 히트해 선경은 또 돈방석에 올라앉았다.

"그때 정부에서 구상무역을 하게 해 주었어요. 당시 직물 수출로는 우리가 최고였지요. 홍콩으로 처음 수출도 했고요. 1년에 300만 야드 30만 불 어치를 수출했습니다. 당시에 30만 불이 컸지요. 그땐 나일론이 귀했는데 구상무역으로 나일론을 10만 불 어치 들여왔는데 거기서 또 큰 재미를 봤어요. 비로소 형님하고 나하고 합하니까 예상외에 힘이 나온다는 걸 형님도 알고 나도 알았지요. 그래서 내가 5년만 도와드리면 형님도 탄탄대로가 되고 집안도 괜찮을 거라는 계산을 그때 한 겁니다."

— 5년 후에는 무엇을 하려고 하셨어요?

"나는 형님이 하시는 사업 외에 대학을 일으키는 사업을 하려고 생각했어요. 대학을 일으키기 위해 먼저 돈을 버는 사업을 하려고 했죠."

본격적으로 경영에 뛰어든 최 부사장은 기업의 비전을 세워놓고 그에 맞게 시설을 확장했다.

"형님이 '앞으로 어떻게 하면 좋겠느냐'고 하기에, '수출위주로 나가야 한다. 그러기 위해서는 시설을 현재의 3배로 늘여야 하고, 인견사뿐만 아니라 나일론, 폴리에스테르까지 짜서 500만 불을 수출해야 한다'고 말씀드렸습니다. 당시 정부의 5개년 계획과 맞춰서 사업계획을 세우자는 게 내 생각이었어요. 그것이 국가도 돕고 나도 살 수 있는 길이라고 생각했어요. 결국 그 생각이 맞았어요."

그는 수원에 직기 1000대 규모의 공장을 착공해서 1964년 말에 완공했다. 규모를 갑자기 확장해놓고 나니 이번에 뜻하지 않던 어려움이 속출했다.

"규모가 커지니 경영전략이 필요했습니다. 큰 공장을 운영하면서 실을 일본서 일일이 사와야 하니 그것도 문제였고, 또 짜는 기술이 좋아야 수출이 잘되는데 그렇지 못하니 그것도 문제였습니다. 경제개발 5개년계획을 보니 수입대체산업을 육성하는 항목도 들어 있어서 거기에 맞춰 우선 폴리에스테르 실을 직접 생산하겠다는 생각을 그때 하게 됐습니다."

직조기술개발로 성공 거둬

이 생각은 당시로선 너무 엄청나서 꿈과 같은 것이었다. 당시 선경에 비하면 거인이나 다름없는 동양 나일론과 코오롱이 그보다 한 단계 낮은 나일론을 생산하고 있을 땐데 선경이 그것보다도 한발 앞선 폴리에스테르를 생산하겠다고 나선 것이다. 그런 '큰 꿈'을 꾸고 있으면서도 그는 '최종현답게' 또 '선경답게' 발톱을 숨기고 자세를 낮췄다.

"원사 메이커가 되려면, 기존 국내 업체의 반발이 있으면 굉장히 어려워져요. 그래서 그때 아세테이트가 사양(斜陽)산업이라 해서 아무도 흥미를 안 가졌는데 우리가 그걸 하겠다고 정부에 신청했어요. 그러니까 쉽게 허가가 나왔어요. 우리가 아세테이트를 만들겠다고 한 건 우선 원사 메이커가 되기 위한 전 단계 전략이었어요."

그가 아세테이트부터 택한 데엔 또 다른 이유가 있었다.

"폴리에스테르를 하겠다고 했다간 국내에서도 문제지만 우리에게 기술을 줄 일본 회사가 어디 상대를 해줍니까?"

이렇게 조건을 갖춘 그는 일본의 원사 메이커 데이진(帝人)을 찾아갔다.

"데이진한테 우리가 아세테이트를 하겠다니까 상대를 해주더라구요. 그러면서 왜 사양산업을 하려고 하느냐고 물어요. 그래서 내가 '우리나라에선 아무도 아세테이트를 안 만드니까 수요는 있고 그걸 우리가 하면 독점인데 독점산업 망하는 거 봤느냐'고 했더니 그 사람들이 '그건 그렇겠다'고 해요.

그러다 내가 '아세테이트를 본업으로 하려는 게 아니라 폴리에스테르를 하고 싶다'고 했어요. 그랬더니 그쪽에서 자기들도 짜보니 나일론은 공업용이고 옷감으로는 역시 폴리에스테르가 좋더라고 하면서 나를 직물에 대해서 뭘 아는 사람으로 인정해주고 기술협조를 해주겠다고 했어요. 이렇게 해서 1968년 12월에 아세테이트가 나오고 69년 2월에 폴리에스테르가 나왔어요."

그러나 데이진은 폴리에스테르 기술을 그냥 주지는 않았다.

"데이진이 그냥 줄 수는 없다면서 50대 50으로 합작을 하자고 해서 만든 게 선경합섬입니다."

이제 선경은 폴리에스테르를 원료로 직물을 짜는 기술을 개발해야 했다.

"우리가 직물업계의 선두였으니 우리가 개발해야지요. 여러 가지를 개발했는데 그중 가장 성공한 게 '깔깔이'입니다.

일본 여행자들이 가져온 원단을 샘플로 삼아서 짜는 방법을 연구했어요. 원사(폴리에스테르)를 생산해서 팔 때쯤 짜는 방법도 개발해서 큰 성공을 거두었지요. 그 전엔 실을 생산해도 짜는 기술이 없으니 수요가 없어서 팔 곳이 없었지요. 그러나 직조 기술을 개발해 놓으니 직물을 생산할 수 있었고 수요도 늘었습니다."

갑작스런 창업자의 죽음

선경의 규모를 이렇게 확장시키면서도 그에게선 형님 회사를 어서 떠나야 한다는 생각이 떠나지 않았다. 그러나 그가 귀국하면서 마음먹었던 '5년간'은 폴리에스테르 원사생산 기술을 도입하고 공장을 짓고, 직조 기술을 개발하는 사이 훌쩍 넘어가버렸다. 그래서 그는 할 수 없이 '5년'을 '10년'으로 연장하게 됐다. 마침내 1972년 말로 그 '10년'이 차자 그는 형님인 최종건 사장한테 가서 입을 떼었다.

"내가 형님한테 '형님, 이 정도면 탄탄대로가 아니오? 나도 하고 싶은 게 있으니 이제 손을 떼어야겠습니다' 했더니 형님이 '뭘 하려고 그러느냐'고 해요. '대학원 중심 대학을 세우려고 하는데 여기서 설명을 드려도 모르실 겁니다' '그럼 여기서 돈을 가져다가 대학을 만들면 안 되느냐. 지금도 사람이 없어서 난린데 너마저 빠져나가면 나는 이 일 못한다' '지금 당장 빠져나가는 게 아니고 차츰차츰 빠져나가겠습니다. 처음엔 1주일에 하루만 제 일을 하다가 이틀, 사흘로 늘리면 될 거 아닙니까?' '그러면 안 돼, 나는 너 없으면 못한다' 서로 이러다가 연말이 지나가고 73년 3월에 내가 일본에 가 있는데 전화가 왔어요. 형님이 폐암에 걸렸다고!"

그때부터는 일이 빠르게 진행됐다.

"귀국해 보니 상당히 악성 암이었어요. 다음 다음날 형님을 미국 월터 리드 육군병원에 보냈는데 거기서도 역시 암이라면서 6개월 시한부 인생이니 모든 걸 정리하라고 하잖아요. 그러다 10월에 형님이 돌아가셨으니 손을 떼고 말고 할 것도 없었어요. 그때 벌써 '섬유에서 석유까지'라는 캐치프레이즈를 내걸고 사업을 확장할 땐데 형님이 '석유는 네가 해서 학교 세우는데 써라' 하셔서 그렇게 생각하고 있었습니다."

"명예·권한·돈을 다 버렸다"

— 그 당시 주식 소유는 어떻게 돼있었습니까?

이런 때 보통 형제간에 흔히 있을 수 있는 '재산문제'가 그들 사이에도 있었지 않았을까 해서 좀 머뭇거리며 던진 통속적인 질문에 그는 명쾌하고 거침없는 대답을 했다. 이 역시 '최종현식'일 것이고 이 때문에 그의 오늘이 있었을 것이다.

"나는 주식 같은 건 안 따졌어요. 나는 깨끗하게 한 푼도 안 갖는 걸로 했어요. 이렇게 했기 때문에 우리 형제가 일어난 겁니다. 많은 사람들은 우릴 보고 행운이니 뭐니 하지만…. 첫해 실험한 게 적중한 겁니다. 나는 대외적인 일을 하며 플랜을 짜고 형님은 국내의 일을 맡으신 게 효과를 발휘한 겁니다. 그러면서 모든 명예, 권한, 돈을 모두 형님한테 돌렸습니다. 저는 그저 일만 했지요."

— 형님하고 의견 충돌은 없으셨습니까?

"있어도 그 양반은 오너에다 창업자고 나는 협조자니까 크게는 없었어요. 한 푼 갖고도 돈 문제로는 안 싸우겠다고 결심했지요. 월급 외에는 전연 돈에 한 눈 안 팔고 별도 주머니를 안 찼어요. 이걸 잘못하면 형제간에 싸움 난다구요. 그 다음이 권한사항으로 다소 의견이 맞지 않을 경우도 생겼죠. 그런 땐 내가 양보하며 뒤에서 조정을 하는 겁니다."

그는 예로 폴리에스테르를 들어올 때 얘기를 했다.

"처음에 아세테이트를 하자고 하다가 갑자기 폴리에스테르를 해야 한다고 하니까 형님이 깜짝 놀래셨죠. '너 미친놈 아니냐' 이거예요. '아직 아세테이트 문제도 다 안 끝났고 그거 한다고 사채를 잔뜩 동원해 왔는데 어떻게 하라고 또 폴리에스테르까지 벌리느냐' 그러세요. 그걸 하면 1년 만에 회복할 수 있고 아세테이트보다 훨씬 낫고 그게 진짜라는 걸 우리 형님은 몰랐어요. 형님한텐 감으로 들어와야지 계산된 것은 잘 먹혀들지 않거든요. 그래서 한 달 동안 형님한테 폴리에스테르 하잔 말을 안했어요. 아세테이트만 추진하면서 부장들한테 '기회 있을 때마다 당신들이 폴리에스테르를 해야 한다고 자꾸 말씀드리라'고 하고 난 뒤로 쏙 빠졌지요.

그 후 부장들이 몇 번 하는 소리를 듣고 그제야 형님이 솔깃해서 '그렇다면 한번 해보지'고 그래요. '합시다' 했더니 형님이 상공부로 어디로 다니면서 열흘 안에 허가를 따왔어요. 그 방면엔 내가 도저히 형님을 못 따라가요. 이렇게 둘이 맞으면 큰 힘이 나오는데 안 맞으면 불이 나죠. 나는 형님을 보좌하러 왔지 올라타러 온 게 아니거든요. 그래서 나는 돈도,

명예도, 권한도 포기하고 철저하게 일만 했어요."

그 결과 선경이 어떻게 됐는가.

"선경 서울 사무실이 동대문시장에서 소공동으로 옮긴 것도 굉장한 일이지만 당시 신도직물을 누른 것도 획기적이 일이지요. 우리 형님이 그쪽 김 사장한테 꼼짝을 못했어요. 그런데 1년 지나니까 역전이 돼서 김 사장이 우리 형님한테 꼼짝을 못하는 겁니다. …모든 사회활동도 형님이 하시게 했어요. 은행관계 일만 내가 맡았지요."

— 계속 봉급만 받으셨어요?

"그렇죠. 그때 집도 없었어요. 그 10년 동안에 계속 투자하느라고 여유가 없었어요. 선경합섬 세울 때 형님이 '이건 네 꺼다' 해도 안 받았어요."

— 그래도 섭섭한 적이 더러 있으셨겠지요?

"나는 사주 같은 걸 잘 안 보는데 형님은 그런 걸 좀 믿으셨어요. 1972년 말인가 한번은 그러세요. '야 니가 잘해서 선경이 잘되는 것 같지만 누가 그러는데 내 사주가 잘 되게 돼 있대!' 그 소리를 들으니까 '내가 10년 동안 정성을 쏟아 부은 게 사주쟁이 말 한마디로 다 날라가 버리는구나' 하는 생각이 들면서 참 서운하게 느껴지데요. 형님은 깊은 생각 없이 하신 말씀이 있겠지만…."

최 회장이 모든 걸 형님한테 돌리고 자기는 일만 했다고 거듭 말하는 걸 들으면서도 걱정 많고 의심 많은 평범한 사람은 또 평범한 걱정과 의심을 하지 않을 수 없다.

— 형님이 돌아가시고 나서 선경을 물려받는 데 무슨 문제가 없습니까?

"암이라고 그러실 때 제가 회사재산을 정리해서 보여드렸죠. 그랬더니

'지금 아무리 설명해도 나는 모른다. 나는 집하고 청평 별장밖에 없다. 회사는 종이조각이지 아무 것도 아니다' 그러세요. 요새야 주가도 비싸지만 그때는 그게 아니잖아요. '회사가 잘 되고 안 되는 것은 너한테 달려 있고, 네가 잘 돼서 네 자식 먹여 살리면서 내 자식 차별대우하겠느냐' 그러시는 겁니다. 나한테만 그러는 게 아니라 유서 작성하는 사람한테도 그게 유언이라고 하세요. '내 자식들한테 회사 경영을 맡길 수 없으니 회사는 이 사람이 해야 되는데 잘 할 거다' 이러세요. 당신 아들들은 걱정을 안 하셨는데 딸들은 뭘 좀 줬으면 해서 집 사주겠다며 3억 원을 집값으로 내놓아라 하세요."

— 딸이 몇 명입니까?

"넷입니다."

— 그래서 주셨습니까?

"안 주었죠. 그런 거라면 제가 다 할테니 다 맡기시라고 했어요. 그 후 형님이 가지고 계시던 재산을 상속법에 따라 자녀들에게 나누어 주었어요."

— 그럼 당시엔 형님께서 주식의 대부분을 가지고 계셨겠군요.

"그렇지요. 그때 선경직물과 선경합섬이 주가 됐었는데 형님이 상당수를 소유하고 계셨지요. 형님 돌아가신 다음에 생긴 회사들은 대부분 제가 일으킨 거구요."

— 지금은 회장께서 대주주시겠습니다.

"개인으로 볼 땐 제일 많이 가지고 있지요."

— 선경은 다음에 누가 맡게 될까요?

"연구과제입니다. 누가 맡느냐보다 회사를 지속시키기 위해서 가족들이 어떻게 협조를 해야 하느냐, 이걸 먼저 생각하고 있어요. 가족 중에 누가 나를 그대로 대치하는 일이 앞으로 계속 있을 수 있느냐 이거예요. 나는 앞으로 선경을 경영할 수 있는 사람이 선경을 맡아야 한다고 생각합니다.

만약 가족 중에 그런 능력이 있는 사람이 있다면 맡길 수도 있죠. 또 전문경영인이 맡을 수도 있구요. 우리 가족 내부에 큰 이견이 있는 건 아니고 나의 이런 생각이 서로 이해가 된 상태입니다. 회사를 잘못 맡았다가 망쳐놓으면 집안도 없어지는 것 아닙니까?"

제2창업, '석유에서 섬유까지'

— 결국 회사경영을 가족 세습제로만 하지는 않겠다는 말씀으로 들리는데, 지금 자녀들을 미국에서 교육시키고 트레이닝 시키는 건 다음에 경영을 맡길 걸 염두에 두고 그러시는 것 아닙니까?

"교육이야 다 시키지요. 제가 능력이 있으면 맡기는 거고 그렇지 않으면 못 맡기는 거죠. 가족이라고 타고 앉는 건 아니지 않습니까?"

1973년 선경의 창업주 최종건 회장이 48세의 젊은 나이로 타계하자 아우 최종현 회장은 경영권을 물려받아 제2의 창업을 단행한다. 그가 내건 집념의 캐치프레이즈는 '석유에서 섬유까지'. 선경의 이름 아래 석유에서부터 섬유까지 일관된 수직적 생산체제를 갖춘다는 것이다.

최종건 회장의 시대가 눈에 보이는 실을 가지고 직물을 짜는 '섬유'에 매달린 시대였다면 최종현 회장의 시대는 시커먼 석유로 신비스런 실을 만들어내는 '석유화학'에 매달린 시대라고 봐야 할 것이다. 그가 석유 쪽에 매달린 건 중학교 때 사진에 취미를 갖고, 대학에서 화학공부를 한 것과 결코 무관할 수 없는 일이다.

앞에서 언급했듯이 '석유에서 섬유까지'는 형의 작고 후에 갑자기 튀어나온 건 아니었다. 그는 형이 타계하기 전부터 그런 주장을 해왔고 실제로 계획이 진행되고 있었다.

"72년도에 일본에선 처음으로 달러가 남아돌고 석유 소비가 급격히 늘어났는데 땅이 귀해 일본 안에 정유 공장을 세우기가 힘들게 됐습니다.

그래서 우리와 합작투자를 하고 있던 데이진이 한국에 합작으로 정유 공장을 짓자고 제의해 왔어요. 데이진과 이또츄가 합쳐서 50%, 우리가 50%로 합작키로 했습니다.

우리가 대주주여서 내가 사우디아라비아에 가서 원유를 공급받기로 약속까지 받았지요. 그런데 1973년에 중동전쟁이 일어나고, 석유가 무기화 되고 그 결과로 오일쇼크가 일어나면서 그 계획은 무산됐습니다."

그러나 그는 여기서 포기하지 않았다.

"그 당시 박정희 대통령이 중공업·중전기·중화학을 하겠다고 추진하고 있었어요. 우리는 중화학 쪽인 석유를 하려고 했습니다. 울산에다 정유공장을 짓고 그 근처에 선경합섬을 지으려고 했지요. 그런데 채산성이 보이지 않았어요. 또 기존 석유회사들이 모두 외국기업과 합작을 하고 있었어요. 유공은 걸프와, 호남정유는 럭키와 칼텍스가, 경인에너지는 한국화학과 유니온이 각각 합작하고 있었지요. 그러니 우리가 어떻게 할 수가 없었어요."

그래도 그는 포기하지 않고 길을 찾았다.

"계획서를 보니 1980년에 걸프의 유공 소유주식 50%를 25%로 낮추도록 돼 있었어요. 그래서 우리가 그 25%를 살 생각을 한 거죠. 그런데 문제는 걸프가 그걸 우리한테 판다고 해도 정부가 승인을 할 건지가 문제였어요. 우리 선경의 사보 1975년 1월호를 보면 내가 석유회사를 설립하겠다고 한 말이 나와요. 그때부터 계획을 아주 구체적으로 세웠지요."

그는 사보를 찾아 그 항목을 펴보였다.

"이거 보세요. '석유에서 섬유까지'라고 되어 있지요? 기업 확장과 함께 경영능력도 배양시켜야 한다는 말도 여기 있어요. 하드웨어도 중요하지만 소프트웨어도 중요하다고 강조한 말도 여기 있어요. 여기에 우리 '선경 경영체계'가 잉태돼 있습니다. 2000년대에 우리 회사가 일류가 된다는 것도 예측했지요. 그때 그런 애기를 하니까 아무도 안 믿었죠. 요즘 와서야 다들 믿지만…."

"유공, 정부가 맡겼다"

선경 경영체계 애기는 잠시 뒤로 미루고 다시 이야기의 방향을 석유쪽으로 돌린다.

— 선경이 유공을 인수한 걸 놓고 다들 007작전에 비유했던데요.

"전혀 그렇지 않습니다. 걸프 주식을 사려고 아주 오랫동안 나 혼자 구상을 하고 있었고 그 계획대로 된 겁니다. 또 그 준비를 철저히 했어요.

1977년 10월에 사우디 석유상 야마니를 만나게 되었는데, 벌써 그 이전에 파이잘 국왕 처남의 도움을 받아 사우디의 다른 사람들과 친하게 지내게 됐고 그들의 도움으로 1차 오일쇼크 때, 국가도 못 가져오는 석유를 내가 가서 가져왔어요. 사우디가 석유 금수조치를 내리고 있었는데 내가 가서 빼내 와서 우리나라가 위기를 거뜬히 넘겼습니다. 그때 나라가 커미션도 지불 못해서 내가 커미션 50만 불을 주었습니다. 그래서 박정희 대통령이 늘 나한테 빚을 지고 있다고 생각했지요."

그러나 10·26이 일어나 박 대통령이 타계하게 되니 그가 닦아 놓은 길이 별 소용이 없게 돼버렸다.

"80년이 돼서 걸프의 주를 인수하겠다니까 당시 정부에선 유공을 국유화해야지 민간인한테 못 주겠다는 겁니다. 그래서 내가 걸프의 주식을 사겠다는 거지 정부 주식 사겠다는 게 아니라고 해도 당시 장관이 안 된다고 하더라구요.

그래서 몇 달 끌다보니 걸프는 빠져나가겠다고 하고 돈은 안 들어오고 그래서 유공이 주인 없는 회사가 돼 버렸어요. 이렇게 되니까 이젠 정부가 겁이 나서 이젠 선경더러 운영해 달라고 갖다 맡기는 겁니다.

우리가 맡고 싶기도 했지만 유공인수의 전말은 이렇게 된 겁니다. 어디랑 경합이 됐다던가, 그걸 인수하려고 전(두환)장군이 노(태우)장군을 만났다든가 하는 얘기는 다 엉터립니다. 유공 인수 후에 당시 보안사령관이던 노태우 장군을 만난 적은 있습니다. 또 그후에 대통령을 만났더니 '기름이 부족해서 걱정했는데 최 회장이 가져와서 고맙다'면서 1980년 2차쇼크 때 내가 기름을 현물시장에서 사온 걸 고마워하더군요."

걸프를 내보낸 뒤 유공을 인수한 최 회장은 유공을 또 '최종현식'으로 만들어 놨다.

인수당시 적자가 202억원이었는데 그 다음해에 120억원 흑자를 냈고 3년 만에 220억원 흑자를 냈어요. 지금까지 유공에 투자한 것이 2조원이 넘어요. 인수 당시 공장대지가 100만 평이었는데 지금은 200만 평이 넘습니다.

'석유에서 섬유까지' 5단계가 올 4월로 다 끝납니다. 마지막 단계인 파라자이렌 생산시설이 준공되거든요. 세계에서 꺼먼 기름을 캐내서 거기서 또 원사를 뽑아내 짤 때까지의 일관된 생산체계를 갖추고 있는 곳은 아마 우리가 처음일 겁니다."

— 지금 선경에서 섬유와 석유의 비율이 어떻게 됩니까?

"섬유가 10%도 안 되지요. 연 매상고가 100억불인데 그중 섬유가 10억불이 안 됩니다. 인수전에는 섬유가 30%였어요."_{월간조선 1990년 5월호}

최종현과 오늘의 SK는…

최종현

崔鍾賢 · 1930~1998

경기 수원 출생 / 서울대 농화학과 3년 수료, 美 위스콘신대 화학과, 美 시카고대 대학원 졸업(경제학 석사) / 선경그룹 회장, 유공 사장, SK 대표이사 회장, SK상사 대표이사 회장, SK케미칼 대표이사 회장, 전경련 회장, 한국경제연구원장 역임 / 국무총리 표창, 금탑산업 훈장, 제임스 밴 플리트상(코리아소사이어티), 뉴밀레니엄 경영자상(한국경영사학회) 수상

SK는 1953년 창립된 선경직물을 모태로 한다. 섬유에 이어 무역, 석유화학, 의약, 에너지, 이동통신, 반도체 등으로 사업을 확장해 오늘날에 이르렀다. 공정거래위원회가 발표한 '공시대상 기업집단 지정 현황'(2022)에 따르면 SK그룹의 자산총액은 292조 원으로 재계순위 2위에 자리해 있다. SK 이노베이션, SK 하이닉스, SK 네트웍스 등 계열사 186개를 거느리고 있다.

SK는 4대 핵심 사업인 그린(Green), 디지털(Digital), 첨단 소재, 바이오 분야에 집중하고 있다. 세계 최대 규모 차세대 D램 FAB M14 준공(2015), 수소 기술 기업 플러그파워사 투자(2021), 미국 조지아주 배터리 공장 상업 생산(2022) 등의 실적을 거두었다. 한국 기업 최초로 RE100(기업이 사용하는 전력 100%를 재생에너지로 충당하겠다는 캠페인)에 가입하는 등 사회적 가치 실현에도 앞장서고 있다. 현재 최태원(최종현 회장의 장남) 회장이 SK를 이끌고 있다.

IMF 위기를 비웃는
롯데 회장의
가려진 인생 역정과 경영 철학

'양치기 출신 회장'
신격호의 괴력

글 **정순태** 월간조선 기자

역경에 처한 도전자에게 꿈과 희망을 주는 인물

IMF(국제통화기금) 사태 이후 국내외 언론에서 가장 주목하고 있는 한국의 기업인은 신격호 롯데그룹 회장이다. 그의 존재는 '위기에 빠진 한국 경제의 방파제' 또는 '거대 다국적 기업에 맞서는 한국의 1번 타자'로 비유되기도 했다. 그럼에도 불구하고 인간 신격호와 그의 경영학은 미스터리의 영역이었다.

그는 특히 자신의 신상에 대해 말하기를 꺼린다. "기업 경영자는 업적이 모든 것을 말하는 것으로 사생활을 일부러 공개하는 것은 쓸 데 없다."

그러나 그는 유별나게 세상 사람들의 눈길을 끄는 인물이다. 백화점, 호텔, 테마파크 등 대중에게 노출되어 있는 업체를 많이 경영하고 있기 때문이다. 그는 인터뷰 요청을 받으면 으레 '남우세스럽다'고 거절한다. "어색하고 쑥스럽다"는 동부 경남 지방의 사투리다.

어찌 보면 그는 가족들에게도 털어 놓을 수 없는 비밀이 많은 남자인지도 모른다. 젊은 시절 한 번의 실수도 용인되지 않은 남의 나라(일본)에서 사업을 일으키느라고 긴장했고, 그것이 또 그의 몸에 배었기 때문이라는 풀이도 있다.

모두가 '튀려고' 안간힘을 쓰는 세태 속에서 그만은 숨으려고 한다. 그러면 그럴수록 그에 대한 궁금증도 증폭되게 마련이다. 다행하게도 필자는 최근 수삼년 동안 일본과 중국을 10여 차례 방문한 덕택으로 롯데의 위력을 실감하고 있었다.

그럼에도 《신격호의 비밀》을 쓰기 위한 취재는 쉽지 않았다. 만약 그 삶의 궤적이 소설보다 더 드라마틱한 것이 아니었다면 높은 취재의 벽 때문에 중도에서 포기하였을 것이다.

그는 인생의 굽이굽이에서 역전타(逆戰打)를 날린 도전적인 삶을 산 사람이다. 운동경기에서는 양육강식(弱肉强食)의 정글에서든 약자가 강자를 꺾는 역전승은 아름답고 흥미진진하다. 그는 바로 그런 사람이다.

취재 과정에서 가장 난감했던 일은 뭐니 해도 사실의 확인 문제였다. 이 때문에 악전고투를 거듭했다. 《신격호의 비밀》의 출판을 전후하여 롯데그룹의 관계자는 판매 금지 가처분 신청과 명예훼손 소송의 제기도 불사하겠다는 뜻을 밝혔다. 나는 그럼에도 타협하지 않았다.

필자는 IMF 사태로 절망에 빠진 사회적 약자에게 희망과 용기를 갖게 하기 위해 《신격호의 비밀》을 나름으로는 엄정한 평전(評傳)의 형식으로 엮었다. 글 중에는 어쩔 수 없이 등장인물들의 프라이버시를 건드린 부분도 적지 않지만, 인간 신격호를 그려내는 데 불가피한 사정이 있었다. 대단히 감사하게도 신격호 회장은 《신격호의 비밀》을 일독한 후 "짚을 데는 짚었다"는 대인(大人)다운 평가를 한 것으로 전해진다.

이제는 신격호 회장의 창업과 수성을 위한 대전략, 그리고 그가 왜 IMF 사태 하에서 최강의 기업인으로 회자되고 있는지, 그 비밀을 탐색

할 차례다. 우선 열악했던 그의 인생 출발점부터 이야기를 풀어나간다.

학업 성적 부진했던 소년

신격호는 1922년 10월 4일, 경남 울산군 상남면 둔기리 377번지에서 아버지 신진수(辛鎭洙)와 어머니 김순필(金順必)의 5남5녀 가운데 맏이로 태어났다. 지금은 울산광역시 울주군 상동면 둔기리로 행정구역명이 바뀌었다.

격호 소년은 만 7세가 되기엔 6개월이 모자라는 1929년 4월, 당시 4년제였던 삼동공립보통학교에 입학, 4년간 공부했다. 1933년 3월 4년제 삼동보통학교를 졸업한 격호 소년은 그해 4월, 읍내에 있는 6년제 언양공립보통학교의 5학년으로 편입했다.

그러나 격호 소년은 보호자의 기대와는 달리 학업 성적이 부진했다. 그는 클라스메이트들보다 나이가 2~3세 어렸을 뿐만 아니라 통학 거리가 왕복 40리에 달해 힘에 부쳤는지 모른다.

5학년 때의 학업 성적은 평점 7점(만점 10점)으로 57명 중 42등이었다. 조행사정부(操行査定簿)에는 격호 소년에 대해 '수업 시간에 옆을 본다. 태만하지는 않지만, 싫증을 잘 내는 성질이 아닌가 생각된다'고 기록되어 있다.

1935년 3월 언양보통학교를 졸업한 격호 소년은 성적도 부진하고 가정 형편도 어려워 상급 학교에 진학하지 못하고, 여느 아이들처럼 집에서 농사일을 거들었다. 당시엔 한 마을에 농업학교 학생이 1~2명 고보

(高普) 학생이 1~2명 정도였다.

집에서 놀던 격호 소년에게 배움의 길을 열어준 사람은 그의 백부 신진걸(辛鎭杰)이었다. 신진걸의 학비 부담으로 격호 소년은 보통학교 졸업 후 1년만인 1936년 4월 언양에 있는 2년제 울산농업보습(補習)학교에 진학할 수 있었다.

농업학교에서도 격호 소년은 두각을 나타내지 못했다. 1학년 때 학과 성적의 평점은 7.0점, 2학년 때는 조금 향상되어 7.23점이었다. 실습 성적도 '근면(勤勉)' 점수가 6점이어서 평점이 6.88점으로 떨어져 있다.

오늘날 놀라운 심미안과 번득이는 아이디어로서 광고와 마케팅에서 뛰어난 수완을 구사하는 신격호의 학교 성적으로는 의외일 정도로 부진하다. 그러나 학교 열등생이 사회 열등생은 아니다. 남자는 원래 신명나는 일에만 일생일대의 승부를 걸게 마련이다.

격호 소년은 신체도 강건한 편이 아니었다. 2학년 때의 경우 '병결(病缺)' 21일 포함, 29일간이나 결석했다.

농업학교 졸업 무렵에도 그는 가녀린 몸매였다. 키 149cm, 몸무게 42kg, 가슴둘레 72.8cm로 학적부에 기록되어 있다. 담임교사가 관찰한 격호 소년의 모습은 다음과 같다. ▲체질 : 稍建(초건 : 건강한 편) ▲재능 : 보통 ▲성격 : 鈍重(둔중) ▲취미 : 圍棋(바둑) ▲容儀(용의) : 稍正(초정 : 바른 편) ▲擧止(거지) : 不活潑(불활발) ▲長所(장소) : 順良(순량) ▲短所(단소) : 不敏(불민)

덩치는 크지 않으나 행동거지가 무겁고, 그 또래답지 않게 말수가 적으며, 바둑에 몰입하는 스타일의 16세 청년. 오늘날의 신격호를 대번에 연상시켜 준다. 이렇게 세밀히 관찰한 담임교사도 격호 청년의 '재능'만은 '보통' 정도로 속단하고 말았다.

첫부인 노순화(盧舜和), 그리고 신격호의 가출(家出)

1938년 3월 울산농업보습학교 졸업 후, 격호 청년은 함경북도 백두산 밑에 있는 '명천(明川)국립종양장'의 연수생으로 1년 과정을 이수했다. 연수 과정을 마친 신격호는 당시의 조혼 풍습에 따라 18세의 아이로 노순화(盧舜和) 처녀와 결혼했다. 노순화의 친정은 신랑 집과는 달리 상남면(현재의 상동면) 제1의 부농이었다.

결혼을 전후한 무렵, 격호 청년은 양산 통도사 가까이에 있던 경남도립 종축장(種畜場)의 기수보(技手補)로 취업했다. 그는 양털 깎이를 하며 박봉으로 집안 살림을 도왔지만, 가난을 떨쳐버릴 수가 없었다.

새댁 노순화와 신격호는 정이 들 새도 없었던 것 같다. 신격호가 직장인 경남도립종축장 부근에서 혼자 자취를 했고, 주말에 귀가하더라도 대식구가 좁은 방에서 복작거리는 형편이라 신혼의 아기자기함은 애당초 글러 먹었을 터였다. 신격호는 그 무렵의 심경을 다음처럼 슬쩍 비친 적이 있다.

"정말 살기가 어려웠습니다. 그때가 소화(昭和) 16년(1941년)이었으니까…. 일본에 건너가 성공하고 싶었습니다. 아버지가 반대하실 것 같아 몰래 빠져나왔습니다. 가출인 셈이죠."

신격호의 가출은 바로 그의 후원자이던 백부 진걸이 폐결핵으로 사망

함으로써 고향에 눌러앉아 있어서는 장래가 없었기 때문이었다. 백부 진걸의 별세를 전후로 한 시기에 신격호의 조모, 사촌형수, 조부, 백모도 돌림병으로 잇달아 사망했다.

큰집 어른 다섯의 줄초상으로 경황이 없었던 만큼 신격호의 작은집은 경제적 지원을 받을 수 없게 되었다. 위기에 처한 신격호는 달구지 하나를 마련하여 부업을 하려고 했다. 자신이 재직 중인 종축장에다 사료 운반용으로 지입(持入)하려 했던 것이다.

신격호는 새댁 노순화를 통해 처가에 달구지 구입 자금을 빌리려고 교섭했으나 실패했다. 이런저런 이유로 부부 사이도 멀어진 것 같다. 상동면 일대에서 4백 년 동안 세거(世居)한 신격호의 영산 신씨 가문과 면(面) 제1의 부자이긴 하나 당대에 입향(入鄉)한 노순화의 광산 노씨(光山盧氏) 가문은 사이도 좋지 않았다.

"그 시절에는 웬일인지, 한 해가 가뭄으로 벗잎이 모조리 타버리는가 하면, 다음 해는 물난리가 나서 벼포기를 휩쓸어가 버렸다."

마을 사람들은 나무껍질과 풀뿌리로 연명했다. 흉년에 지킬 것 없는 남자는 용감해진다. 결단도 빠르다. 신격호는 도쿄행을 결심하고, 가족들 몰래 집을 뛰쳐나왔다.

일본으로 건너간 가출 청년

"어이, 이리로."
"접니까?"

"뭐, 불만 있는가. 볼 일 있어 오라고 했다."

부산에서 관부연락선을 타고 바다를 건너간 19세 청년은 시모노세키 부두에서 사상 담당 경찰인 특고(特高)에게 걸려들었다.

"일본에 들어온 이유가 뭔가?"

"일본에서 공부하고 싶어서 왔습니다."

"뭐라고, 공부? 공부하러 왔다면 누가 잘 봐줄 것 같으냐. 너, 공산당에 입당하려는 거 아닌가?"

"공산당이라고요? 고향에 연락해보세요. 절대로 거짓말하는 것 아닙니다."

"솔직하게 불지 못하겠다는 말이지. 그럼, 따라와."

청년은 별실로 끌려갔다. 거기서 그는 심한 매를 맞았다. 그러나 없던 일을 털어놓을 수 없었다. 결국 두어 시간 조사를 받고 풀려 나왔다. 그가 1941년 봄의 '무단 가출 청년' 신격호였다.

우여곡절을 거쳐 도쿄에 입성한 격호 청년은 미리 연락해 두었던 고향 친구를 찾아갔다. 친구 둘은 스기나미구(杉並区) 코엔지(高圓寺) 거리 연립 주택의 다다미 8장짜리 방 하나를 빌려 자취를 하고 있었다.

여기서 여장을 푼 그는 생활비를 벌기 위해 우유 배달을 했다. 그러면서도 대학 진학을 위해 와세다(早稻田) 중학 야간부에 편입했다.

친구가 세든 방에 6개월쯤 얹혀살다가 한 평 반짜리 방 하나를 얻어 독립했다. 그 무렵 격호 청년은 문학 지망생이었다.

어떻게 틈이라도 나면 간다(神田) 거리의 헌책방 거리로 달려가 선 채로 문학 전집류를 읽기도 하고, 마음에 드는 책은 호주머니를 털어 구입

해다가 밤을 새며 독파하기도 했다. 이때가 신격호의 질풍노도(疾風怒濤)의 시대였다. 그는 로맨티스트였다.

"작가가 되고 싶다. 그것이 어렵다면 우선 신문 기자가 되고 싶다."

그러나 한 달이 가고 석 달이 지나면서 그것이 한낱 꿈에 지나지 않음을 느끼게 된다.

"문학으로선 밥 먹을 수 없어. 뭔가 기술을 배워서 발명가가 된다면 출세할 거 아닌가."

그는 와세다중학 졸업에 이어 와세다고등공업학교(지금의 와세다대학 이학부) 야간부 화학과에 입학했다. 당시는 전시였지만, 이공계 학생들에 대해서만은 징집을 하지 않았다.

은인 하나미쓰 노인의 6만 엔 출자

1941년 12월 8일 일본군의 진주만 기습으로 일어난 미-일 전쟁은 개전 6개월 후 미드웨이 해전을 고비로 일본군이 수세로 몰리기 시작했다. 1944년 들어서 일본 본토에도 미군의 B-29폭격기의 공습이 본격화되었다.

그러던 어느 날 평소 그를 눈여겨보던 전당포 겸 고물상 주인이 그를 찾아왔다. 하나미쓰(花光)라는 60대 남자는 아르바이트생으로 잠시 인연을 맺었던 격호 학생을 대단히 신임했다.

"군수용 커팅 오일이 품귀 상태다. 자네가 공장을 차려 제조해보겠다면 6만 엔쯤 출자할 용의가 있다. 수요처는 내가 주선해 주지. 자네 생각은 어떤가?"

당시 6만 엔이라면 상당한 거액. 생각지도 않은 스폰서의 출현에 신격호는 재학 중임에도 솔깃했다. 그는 주오선(中央線) 연변의 하치오지(八王子) 지구에서 공장을 차리고 커팅오일 제조에 들어갔다. 커팅 오일이라면 기계를 갈고 자르는 선반용 기름이다.

그러나 그의 공장은 B-29의 폭격을 받아 건물, 기계, 원료가 전소하는 치명상을 입었다. 사이판을 함락시켜 비행장을 확보한 미군이 일본 본토 상륙을 목표로 삼고, 도쿄 근교의 공장 지대에 무차별 공습을 감행한 것이다. 신격호는 그 당시의 심경을 다음과 같이 회고한다.

"처음에는 공장이 잘 돌아갔습니다. 그런데 1년 반쯤 지나 미군기들의 공습을 받았습니다. 정말 난감하더군요. 노인은 '이것도 운명이다. 너도 살 길을 찾아라. 나는 시골에 가 살겠다'고 위로했지만, 어떻게 하든 돈을 벌어 보답하겠다고 생각했습니다."

1945년 8월로 접어들면서 전황은 더욱 급박하게 돌아갔다. 히로시마에 원자폭탄이 떨어지고, 사흘 뒤인 8월 8일 소련이 대일 참전을 선언했다. 그 이튿날 미군은 나가사키에 또 하나의 원자폭탄을 투하했다.

1945년 8월 15일, 일본은 포츠담 선언을 수락하고 항복했다. 신격호는 일황 히로히토의 이른바 옥음방송(玉音放送)을 하치오지의 폐허 속에서 들었다. 그러나 신격호에게 돌아올 것이라고는 하나미쓰 노인에게 빌려 쓴 6만 엔의 차용증서뿐이었다.

한국인 친구들 중에는 "귀환선을 타고 해방 조국에 돌아가자"고 권유하는 사람들도 있었다. 그러나 신격호의 가슴은 복잡한 생각으로 가득

찼다.

"해방은 되었지만 고국에 돌아가도 가난뿐이다. 몰래 가출한 내가 성공하지도 못하고 고향에 돌아가면 얼굴을 들 수 없다. 어떻게든 일본에서 버티고 서서 승부를 걸어보는 거다."

화장품 제조로 재기하고 빚 갚아

결심하면 즉각 행동에 옮기는 것이 신격호의 스타일. 그는 도쿄 스기나미구 오기구보(荻窪)에 있던 군수공장의 기숙사 자리에다 사업장을 차렸다. 입구에는 직접 쓴 간판 하나를 척 내다붙였다. '히카리(光) 특수화학연구소'란 이름은 거창했지만, 그의 숙소 겸 공장이었다. 1946년 5월의 일이었다.

"시게미쓰(신격호의 일본 이름), 자네 굉장한 간판을 달았군. 연구소라니, 자네 꿍꿍이 속이나 한 번 들어보세."

"선반용 기름을 만들어 판 경험이 있거든. 그걸로 이번에는 비누, 크림, 포마드를 만들 작정이야. 만들어 놓기만 하면 팔릴 거다."

커팅오일로 화장품을 만드는 공정은 응용화학 전공의 그로선 어려운 일이 아니었다. 그가 만든 화장품은 물론 고급품이 아니었지만, 물자 부족 시대여서 날개 돋친 듯 팔려 나갔다.

화장품 제조업으로 신격호는 하나미쓰에게 빌린 6만 엔을 공장 가동 1년6개월 만에 모두 갚고 이자로 집 한 채를 사주었다. 상인들 가운데는 선금을 맡기고 나중에 물건을 받아갈 정도였다.

그 자신도 일본에 들어온 이후 처음으로 생활의 여유를 누릴 수 있었다. 신격호는 그 자신의 아이디어로 돈을 벌었다는 사실도 기뻤지만, 사업의 묘미도 터득했다.

히카리연구소의 제품은 누가 보더라도 상등품은 아니었다. 그럼에도 잘 팔린 것은 역시 물자 부족 시대였고, 패전의 잿더미 속에서도 아름다움을 향한 여성들의 염원이 변하지 않았기 때문이었다.

추잉껌과의 운명적 만남

어느 날 친구 하나가 신격호의 공장에 놀러왔다. 그는 호주머니 속에서 추잉껌 하나를 끄집어내며 말했다.

"이거 추잉껌이라는 건데, 한 번 씹어 보지 않을래? 미군 부대에서 흘러나온 건데…."

신격호는 스마트한 포장지를 까고는 입속으로 집어넣었다. 이성을 잃어버릴 듯한 단 맛이 혓바닥 위로 굴렀다.

"앗, 시계미쓰. 껌은 삼키는 게 아냐. 씹다가 단 물이 빠지면 뱉어버리는 거야."

이런 충고쯤은 무시한 신격호가 껌을 꿀꺽 삼킨 뒤 중얼거린다.

"껌이란 게 이렇게 좋은 건가. 애들이 홀딱 반하는 것도 당연해."

이런 일이 있은 지 얼마 후. 이번에는 미제 추잉껌을 흉내 내서 추잉껌을 만드는 또 다른 친구가 찾아왔다.

"시계미쓰상, 화장품 제조로 재미 보는 모양인데, 껌도 사업으로선 쏠

쏠해. 한 번 해보면 어떨까?"

전후 기호품의 부족에 착안한 다수의 업자들이 껌 제조업에 뛰어들었다. 당시 풍선껌은 원료가 통제받지 않았기 때문에 가마솥과 요리칼 정도만 있으면 누구라도 간단하게 제조할 수 있었다.

원료는 초산비닐수지를 빼낼 수 있는 비행기의 풍방(風防)유리를 사용했다. 제조법은 풍방유리를 녹인 초산 비닐수지와 송진, 그리고 도료(塗料)인 가소제를 섞은 것을 가마솥에 넣어 녹이는 것이었다. 그런 다음 사카린이나 둘찐으로 감미하고 바나나 냄새가 나는 향료를 첨가했다.

그 시절, 일본 전국에는 3백50개가 넘는 추잉껌 업자가 난립해 있었다. 신격호는 이렇게 생각한다.

"우리는 비누 만드는 기술이 있어. 이 기술을 살려 양심적인 추잉껌을 만들면 히트할지 몰라."

1947년 4월 신격호는 추잉껌의 성형용(成型用)으로 국수를 반죽해서 늘이는 수동 기계도 설치했다. 비누 제조용 가마솥을 이용해서 시제품도 만들었다.

"좋아, 이젠 됐다."

당시로선 일본에서 가장 품질이 좋은 껌이 히카리특수화학연구소에서 만들어졌다.

"시게마쓰상의 껌이 좋다."

소문이 확 퍼지자 과자점 주인들이 제품을 기다리며 줄을 서는 소동까지 벌였다. 신격호와 약제사, 그리고 종업원 5인 규모의 공장. 생산이 수요를 따라갈 수가 없었다.

"이렇게 팔리면 잠 잘 틈도 없잖아."

신격호는 인근 주부들을 아르바이트 일손으로 끌어들여 껌 포장 작업을 맡겼다. 그래도 배달, 원료 확보 따위의 일손이 부족했다. 신격호는 우유 배달, 트럭 조수 등의 아르바이트를 하며 고학했던 자신의 경험을 떠올려 고학생들을 불러 모았다.

그리고 1년이 지났다. 신격호 자신도 저금액에 놀랐다. 이것이 오늘날 대롯데그룹의 모체가 되었다.

신격호는 전환의 필요성을 절감했다. 전환의 능력에 관한 한 그는 거의 동물적 후각의 소유자다.

"지금의 개인 사업 형태로는 이 이상 발전하기 어려울 거야. 이젠 회사를 만들어야지."

주식회사 롯데의 탄생

주식회사 설립을 앞두고 신격호는 새로운 상호를 짓는 데 골몰했다. 그러던 어느 날 불현 듯 하나의 영감이 떠올랐다. 그것은 그가 학창 시절에 감명 깊게 읽었던 소설 속의 여자 주인공 이름을 상호로 사용하자는 것이었다.

바로 독일이 낳은 세계적 문호 괴테가 25세 때 쓴《젊은 베르테르의 슬픔》의 여주인공 '롯데'였다. 신격호는 '롯데'란 브랜드의 선택이 "내 일생일대의 수확이자 걸작의 아이디어라는 생각에는 지금도 변함이 없다" 고 말한다.

㈜롯데의 대표자는 시게미쓰 다케오(重光武雄). 회사 소재지는 도쿄 스기나미구 오기구보 거리 4의 18번지. 자본금 1백만 엔. 종업원 10명.

㈜롯데의 설립 시기도 좋았다. 우여곡절은 있었지만, 일본은 서서히 부흥의 길을 걷기 시작했다.

"이젠 좀 놀러다녀 봐요. 긴자에는 네온사인이 번쩍거리고, 신바시에는 근사한 댄스홀도 생겼다고요. 예쁜 댄서, 마음대로 골라잡으면 된대요."

자주 만나는 거래점 점주들은 이렇게 꼬드기기도 했다. 그런데도 신격호는 씨익 웃기만 했다. 그리고 중얼거렸다.

"나는 지금 추잉껌 만드는 데 반해있어. 미제 껌에 지지않는 껌을 만들어야 해. 다른 얘기는 귀에 들어오지도 않아."

엉터리 껌을 만들어 한 건씩 하던 메이커들은 점차 도태되고 있었다. 신격호는 강렬한 집념과 탐구심을 발휘하여 품질 향상에 심혈을 기울였다. "시게미쓰상의 껌이 최고야!"라는 평판이 나돌았지만, 그는 결코 만족하지 않았다.

"세계 제1의 껌 리글리를 따라잡자."

그의 야망은 불탔다. 그렇지만 누구에게 그런 얘기를 해봐도 진정으로 받아주지 않았다. 그는 추잉껌에 관한 문헌과 자료의 수집에 전념했다.

'추잉껌의 왕자'로 군림했던 윌리엄 리글리가 껌을 제조했던 것은 미국의 서부 개척이 한창이던 1860년대였다. 포장마차에 비누를 잔뜩 싣고 팔려 다니던 리글리는 구매자들에게 경품용으로 껌을 얹어 주었는데, 껌이 비누의 인기를 앞질렀다. 상재에 밝은 리글리는 즉각 껌을 상품화하여 대 히트를 쳤다.

"나의 경쟁 상대는 리글리다. 태평양 건너편 껌의 왕자도 전직이 비누업자다. 내가 그보다 못할 것 없지."

신격호는 불같은 투지를 느꼈다. 그러나 당시 일본의 추잉껌 업계에선 '하리스'란 대(大)메이커가 단연 톱을 차지하고 있었다. 롯데는 아직 니이가다, 토리스, 와다나베, 사쿠라, 일본푸드 등의 메이커와 어깨를 겨루는 정도였다.

신격호는 1948년 10월 저금을 털어 도쿄 신주쿠 시라토 거리(百人町)에 토지를 매입, 미래의 공장 건설에 들어갔다. 자본금도 4백만 엔으로 증자했다.

한국전쟁 발발, 그리고 하츠코와의 만남

기업 확장의 한복판에서도 신격호는 신상의 중요 문제를 처리해야 했다. 많은 종업원을 거느리게 된 그는 내조가 아쉬웠다. 주변에서는 그를 '총각 사업가'로 알았고, 그 자신도 굳이 기혼자임을 밝히지 않았다.

그가 만난 일본인 처녀는 25세의 다케모리 하츠코(竹森初子). 신격호는 그 무렵 간다(神田) 거리의 큰 저택 2층 방 하나에 세 들어 있었는데, 하츠코는 바로 집 주인의 딸이었다.

하츠코의 아버지는 일본군 대좌(대령)로서 1944년 사이판 전투에서 전사했다. 하츠코의 어머니는 너무 큰집이라 적적했기 때문에 든든한 세입자를 찾던 끝에 청년 사업가 신격호에게 방을 빌려주었다.

신격호의 한 측근은 "하츠코 여사의 어머니는 중국 상하이(上海) 홍코우(虹口)공원에서 윤봉길(尹奉吉) 의사의 폭탄 투척으로 중상을 입은 주중 일본 공사 시게미쓰 마모루(重光葵)의 여동생이다"고 말했다.

시게미쓰 마모루는 1945년 9월 2일 도쿄만에 정박한 미 전함 미주리호에서 거행된 일본의 항복 문서 조인식에 일본 정부의 대표로 목발을 짚고 참석한 외무대신, 바로 그다.

신격호의 한 측근은 "신회장이 일본에서 성공한 데는 하츠코 여사의 친정 다케모리 가문의 도움도 적지 않았던 것으로 안다"고 말한다.

윤봉길 의사는 현장에서 체포되어 사형 선고를 받고 순국했다. 윤봉길은 천하대의(天下大義)를 위해 자신을 버리는 의사(義士)의 길을 걸었고, 신격호는 사업가로서 입신하는 길을 선택한 셈이다.

'타도 하리스'의 깃발 드높이 늘고

1952년 5월, 롯데는 일본에서 처음으로 엽록소(클로로필)을 넣은 '그린 껌'(5엔)을 발매했다. '그린 껌'은 일본 추잉껌 역사에서 특기해야 할 제품으로 일컬어진다. 제2차 세계 대전에 돌입하던 무렵, 클로로필에 상처를 아물게 하는 약효가 있는 것으로 밝혀져 미(美) 야전군의 이동외과 병원에서 많이 이용되었다.

여기에 신격호가 주목했다. 그런 살균 작용과 악취 제거 작용을 껌에 이용하면 어떨까? 그 결과 탄생한 것이 엽록소 함입 '그린 껌'이었다.

그 시절, 신격호는 시속 2백km로 질주하는 스피드광이었다. 과묵한 그가 스피드광이었다는 것은 일본에서 뿌리를 내리는 과정에서 켜켜이 쌓인 스트레스를 털어내는 하나의 자가요법이었는지도 모른다.

그는 도쿄 시부야에 테니스장까지 갖춘 1천 평짜리 호화 저택을 지었다. 단돈 83엔을 품에 넣고 단신 도쿄에 뛰어들어 성공한 갓 서른 남자의 어쩔 수 없는 행태인지도 모른다.

그러나 그는 끝없는 도전자이다. "하리스를 잡으려면 어찌 해야 할까. 가장 빠른 방법은 뭘까."

방법은 추잉껌의 주력인 판(板)껌의 제조였다. 허나 사원들은 반대였다. "사장, 그건 모험이오. 하리스의 판껌은 합성수지를 베이스로 하고 있지만, 그 나름으로 하나의 완성품입니다. 우리 회사는 풍선껌으로 잘 팔고 있는데, 지금 리스크를 안은 채 굳이 남의 영역으로 뛰어들 필요가 없다고 봅니다만…."

1955년 일본 추잉껌의 연간 매출액은 54억 엔. 그 중 25억 엔 정도를 하리스가 차지하고, 롯데는 풍선껌 호조에 힘입고 있었다지만 12억 엔 정도에 지나지 않았다. 신격호의 결심은 단호했다.

"판껌에 진출하면 대단한 리스크를 안는다. 그러나 판껌으로 승부하지 않는 한 '타도 하리스'는 영원히 불가능하다. 천연치클을 베이스로 한 판껌을 만들어라."

그러나 천연치클은 멕시코, 혹은 남미 브라질이 아니면 생산되지 않는 수지(樹脂)다. 그것이 추잉껌 원료로서 최상인 것은 수지의 성질 중에서 알맞은 점착성을 함유한 양질의 고무 성분이 포함되어 있기 때문이다.

신격호는 초조했다. 아이디어야 좋았지만, 천연치클은 구할 수 없었던 것이다. 그러던 중 전기 절연체의 원료로서 천연치클을 수입하던 상사(商社)를 통해 그 일부를 구입하는 데 성공한 것이다.

브랜드 명(名)에서 이겼다

치클 판껌 제1호인 '바브민트'(10엔)가 출시한 것은 1954년 1월의 일이었다. 신격호의 예상은 적중했다. 폭발적 인기. 잇달아 그해 10월, 20엔짜리 '스피아민트'를 발매했다. 제품 고급화에 의해 값을 단번에 2배로 올림으로써 이익도 극대화되었다.

이 같은 수익성 향상을 무기로 롯데는 강력한 판매망을 구축한다. 롯데의 도전에 하리스는 강력한 방어진을 치고, 역공에 나선다. 이후 전개되는 롯데와 하리스의 상전(商戰)은 업계에서 일본의 소위 '천하쟁패전'인 세키가하라 전투에 비유될 만큼 유명하다.

여기서 전개되는 모략과 음모, 책략과 폭로, 그리고 인해전술과 베팅은 졸저《신격호의 비밀》에 상세히 쓰여 있다.

이런 가운데서도 롯데는 추잉껌을 자위대의 군사식량으로 납품하고, 일본 제1차 남극 탐험대의 휴대 식품으로 공급했다.

드디어 하리스는 롯데에 무릎을 꿇고 만다. 하리스는 일본 유수의 방적 회사 가네보(鐘紡)의 일개 사업부로 흡수 합병되었던 것이다.

롯데와 하리스의 전쟁은 브랜드 명에서 판가름 났다고 할 수 있다.

일본은 1868년 명치유신 이후 1945년 패전 때까지 국가 개조의 방향을 독일식으로 잡았다. 일본은 독일의 법학·의학·철학·육군 등을 모델로 삼았다. 해군만은 영국식을 따랐을 뿐이다. 그런 정서가 패전 후 미국의 점령 시대라고 해서 갑자기 사라지는 것이 아니다. 그런 만큼 독일 문학 작품 속의 히로인에서 따온 '롯데'라는 브랜드는 일본인들에겐 친숙할 수밖에 없었다.

'하리스'라는 브랜드도 일본인들에게 결코 낯선 이름이 아니다. '하리스'라면 일본인이면 누구라도 토머스 해리스(Thomas Harris)를 연상한다. 해리스는 미국의 페리 제독이 군함을 몰고가 도쿠가와 막부를 굴복시킨 3년 뒤 일본에 상륙하여 일본에 상주한 최초의 외교관이었다.

이같은 일본의 개국(開國)은, 작고한 일본의 시바 료타로(司馬遼太郎)의 논법을 빌면 '서양에 강간당한 것'이었다. 막부는 '불평등조약'을 강요하는 해리스를 어떻게든 구슬러 보려고 양식 변기를 만들어 넣은 공관을 제공하고 미인계(美人計)까지 동원했다.

미인계에 동원된 가련한 일본 여성의 이름은 오키치였다. 그러나 오키치는 해리스의 마음을 사로잡지 못한 끝에 꽃다운 나이에 자살로써 생을 마감한 비극의 주인공이 되었다. 오키치를 자살에 이르게 한 '하리스'가 일본인에게 유별난 사랑을 받아온 '롯데'를 이긴다는 것은 애시당초 글러먹은 일이었다.

일본 제1의 종합과자 메이커로 등극

신격호는 한 시대를 읽는 데 타고난 재능을 가진 사람이라고 할 수밖에 없다. "서구를 본받아 서구를 따라잡자"는 슬로건 아래 소비문화가 뿌리를 내리는 시기야말로 초콜릿 생산의 적기(適期)라고 판단한 것이다. 그는 1961년 일본 가정에서 손님 접대용 센베이(전병)가 초콜릿으로 대체될 기미가 보이자 초콜릿 생산을 결단한다.

초콜릿 산업은 과자 산업 중에서는 '중공업'이라고 일컬어진다. 그 만큼 제조 방법이 까다롭다는 얘기다. 원래 서구에서는 "초콜릿 시장을 석권하면 과자 시장을 제패한다"는 말이 있다.

초콜릿 부문에선 오랫동안 명문 메이지(明治)제과와 모리나가(森永)제과가 압도적 시장 점유율을 차지하고 있었다. 신격호가 유럽 최고의 초콜릿 제조 기술자 막스 브라크(스위스인)를 스카우트하는 모습은 '007작전'을 방불케 한다.

막스 브라크의 스카우트는 신격호에게 엄청난 행운이었다. 그는 아직 유럽에서도 가동되지 않았던 최신예 제조 설비에 관한 연구를 끝내놓고 있던 참이었다. 생산 라인의 인력을 5분의 1로 줄이는 전자동 제조 기계였다. 이것이 롯데가 메이커로 부상하는 밑거름으로 된다. 이후 롯데는 캔디, 비스킷, 아이스크림, 청량음료 부문에도 진출, 성공을 거듭한다.

신격호의 모국(母國) 투자

1965년 12월 한·일 국교 정상화 이후 신격호는 본격적인 모국 투자를 계획한다. 당시 경제기획원 장관 장기영은 신격호에게 군수 산업에 투자할 것을 권유했다. 신격호로서는 대단히 곤혹스런 요청이었다. 한국에서 군수 산업에 뛰어들 경우 '평화 산업'을 자처해온 일본 롯데그룹이 감수해야 할 저항이 클 터이었다.

신격호는 제철·철강 산업에 투자할 방침이었다. 그는 가와사키(川崎) 제철에 용역을 주어 마련한 설계 도면, 사업 목적과 내역, 자금 조달 방법, 운영 세부 계획 등을 밝힌 '제철 공장 건립안'을 정부에 제출했다.

그러나 갑자기 제철업만은 국영으로 한다는 정부 방침에 따라 신격호는 포기할 수밖에 없었다.

결국 신격호의 모국 투자는 일본에서 이미 성공한 제과업을 한국에 먼저 상륙시키는 것으로 결정되었다. 1967년 4월, 롯데제과(주)가 설립됨으로써 한국 롯데의 역사가 시작된다. 1970년대 들어 롯데그룹은 롯데칠성음료, 롯데삼강, 한일향료, 롯데 햄우유를 인수 또는 설립하여 국내 최대의 식품기업군으로 자리를 잡았다.

70년대 롯데 도약의 하이라이트는 호텔롯데의 건설이었다. 당시만 해도 호텔에 대한 사회 일반의 인식은 외국 관광객들의 '생리적 배설물의 하수도' 정도였다. 그러나 호텔롯데는 오늘날 객실 3천 실을 갖춘 세계 10대 호텔에 진입, 한국의 대표적 관광업체로 손꼽히고 있다.

모국 투자를 확대해가던 1979년에 10·26 사태가 발생했다. 신격호에게는 그가 존경하던 박정희 대통령이 궁정동 안가(安家)에서 중앙정보부장에게 살해되었다는 뉴스만큼 충격적인 일은 없었다.

일본 기업의 '한국 러시 시대'는 종말을 고하고 있었다. 정정(政情) 불안과 인건비 상승으로 한국에 진출한 일본 기업의 반 이상이 한국으로부터 철수했다. 그럼에도 신격호의 모국 투자는 당초 계획대로 진행되었다. 롯데그룹은 1983년 말 현재 24개 계열사에 종업원 2만 명을 거느린 한국 10대 그룹에 진입했다.

'신격호 다이너스티'

서울시청 일대 빌딩가, 그리고 잠실과 영등포로 이뤄지는 삼각형의 꼭 지점은 인구 1천만의 거대 도시 서울의 3대 교통·상업 거점이다. 롯데 는 그 3대 거점을 이미 확보했다. 서울시청 앞의 '롯데타운'과 잠실의 롯 데월드, 그리고 롯데 영등포 역사(驛舍)가 그것이다.

부산의 경우 교통 중심지인 서면의 옛 부산상고 부지를 매입, '호텔롯 데 부산'과 롯데백화점 부산점을 세웠다. 롯데는 부산시청이 거제동의 옛 군수기지사령부 자리로 이전하는 대로 부산시청 자리에는 1백8층짜 리 해양 레저타운인 '부산 제2 롯데월드'의 건설에 들어갈 계획이다. 이 렇듯 롯데는 전국의 목좋은 땅들을 선점하고 있다.

롯데의 부동산 전략은 '먼저 부지 확보, 그후 여건 조성과 개발'이다. 롯데는 '가장 실속 있는 땅을 차지하는 재벌'이다. '부동산 왕국' 롯데를 둘러싼 특혜 시비, 법정 다툼 등은 끊이지 않았다. 특히 잠실 제2 롯데월 드 건설 예정지는 특혜 시비에 이어 업무용이냐, 비업무용이냐는 법정 다툼 등으로 부지 매입 후 10년만인 금년 봄에야 건설 허가가 났다.

신격호는 '700만 평의 사나이'다. 확실한 것은 알 수 없지만, 그는 일본 에 5백만 평, 한국에 200만 평의 땅을 갖고 있는 것으로 전해진다. 이제 '신격호 다이너스티'(왕국)를 추적해볼 차례다.

결론부터 말하면, 그는 일본에서 껌과 과자를 팔아 모은 돈으로 도쿄

변두리 땅부터 야금야금 사들여 다이너스티를 건설했다. 지금은 도쿄 번화가로 변해버린 신주쿠(新宿), 도쿄 롯데월드가 들어설 카사이(葛西)지구, 그리고 도쿄만(東京灣) 입구의 우라와(浦和) 일대는 황무지 또는 저습지였다.

한국전쟁 발발로 조성된 일본의 특수 경기 속에서 큰돈을 벌기 시작한 신격호는 그런 땅들을 형편 닿는 대로 매입했다.

1960년대 들어서면서 일본은 고도 성장기에 돌입했다. 도쿄의 시가지도 신격호의 땅은 신(新) 시가지의 중심부가 되었다.

특히 그는 도쿄만 염전 개발을 위해 해양권을 확보했는데, 개발을 미루는 사이 갯벌과 천해(淺海)가 매립되어 택지로 둔갑했다.

신시가지에는 전철이 들어왔다. 신격호의 땅들은 전철역의 바로 이웃이 되었다. 서울 소공동 '롯데타운', 잠실 롯데월드, 영등포 역사점(驛舍店) 등이 전철역·철도역 통로와 바로 연결되는 예에서 보듯 도쿄에 있는 그의 땅들도 전철역과 가깝다. 이런 현상과 관련, 다음 얘기는 매우 흥미롭다.

"신격호는 전철역이 들어올 만한 땅을 선택하는데 귀재이며, 아니면 로비를 해서라도 자기 땅과 전철역을 연결시키는 일에 명수다."

최근 일본의 부동산 값이 자산(資産) 디플레로 폭락했다지만, 아직도 세계 제1이다. 한국의 땅 값도 IMF 사태로 빠지고 있다지만 만만찮은 수준이다. 미국의 경제전문지《포브스》에 신격호가 1988년 세계 제4위의 개인 재산을 가진 부호로 올랐던 숨은 배경이다.

신격호의 순위는 90년대 들어 10위권 밖으로 밀려났다. 그의 개인 재산도 40억~80억 달러로 들쑥날쑥하기는 하다. 이것은 엔화의 가치와 땅값이 오르내렸던 탓이다.

그가 한국 제1의 부호인 것은 불변이다. 한국의 재벌들이 대부분 인플레 하에서 금융 특혜에 의한 은행 돈으로 부동산 투기를 해서 부(富)를 축적한 것에 비하면 신격호는 출발점부터 다르다. 적어도 신격호의 원시 자본(原始資本) 축적에서만은 그 정당성에 흠결이 별로 없다.

중국 시장에서 세계 제1의 껌 '리글리' 제압

신격호는 드디어 중국 시장에서 세계 제1의 껌 메이커 '리글리'를 이기고 있다. 시장 점유율은 1위 롯데가 30%, 2위 리글리가 28%. 박빙의 우위를 차지하고 있지만, 당당하게 '껌의 원조(元組)'를 꺾었다는 점에서 신격호로서는 50년대의 꿈을 실현했다.

중국 시장에서 강세를 보임에 따라 롯데 껌의 전체 수출 실적은 가파른 상승세를 타고 있다. 1994년 3000만 달러, 95년 5000만 달러, 96년 5800만 달러, 97년 7000만 달러로 매년 급증하고 있다.

신격호는 북한에 중국 수출을 겨냥하여 껌 공장 건설을 추진 중이다. 평양의 105층 류경호텔, 45층 양각도 호텔의 내부 시설 공사와 완공 후 호텔 운영 등의 합작사업도 추진 중이다.

신격호는 19세에 무단가출한 과거를 지닌 인물답게 일찌감치 국제 복합 기업을 꿈꾸어 왔다. 일본에서 제1의 종합 과자 메이커로 성공한 그가 모국에 진출한 것부터가 그런 꿈의 실현이다.

신격호는 추잉껌의 본바닥 미국에도 상륙했다. 1979년 8월, 미시건주에다 일본 롯데의 껌 공장을 세웠다.

1994년 11월 베이징 중심가 천안문(天安門) 광장 건너편에 롯데리아 북경 1호점을 개점한 이래 텐진(天津), 하얼빈 등 7개 지역에도 롯데리아 매장을 개점했다. 2000년까지 중국 전역에 1백개 매장을 개설한 계획이다. 롯데리아는 중국을 교두보로 삼아 인도네시아, 베트남, 태국, 말레이시아 등지에 진출, 현지 프랜차이즈 업체로 로열티를 받고 운영 노하우를 이전할 예정이다.

롯데는 러시아에서도 대규모 호텔 및 유통 복합단지를 세운다. 합작선은 러시아 굴지의 로고바스 그룹. 합작회사 L&L의 투자비율은 (주)호텔롯데 20%, 롯데쇼핑(주) 10%, 일본 롯데 20%, 로고바스 그룹 50%다.

일본식 경영 기법 도입한 인물

한국 롯데그룹은 현재 계열사 29개사에 종업원 3만5000명 규모다. 매출액은 1994년 6조5000억원, 97년 9조원으로 국내 재계 순위 10위다. 일본 롯데그룹은 22개 계열사에 매출액은 한국 롯데그룹의 3분의2 수준으로 알려져 있다.

한·일 양국에 걸쳐 50개가 넘는 기업을 호령하는 신격호는 우리 역사에서도 매우 특이한 존재다. 신격호의 인생 궤적은 한·일 관계사(關係史)에서 나타난 한·일 양국민의 협동 작업으로서는 최초의 성공 사례다. 세계화 시대에 가장 불리한 단일 민족 사회들인 한국과 일본은 신격호의 성공에서 다민족 사회에 적응할 수 있는 하나의 교훈을 찾을 수 있다.

이런 신격호도 우리 나이로 77세, 올해가 희수(喜壽)다. 당연한 얘기지만, 후계 구도를 둘러싸고 온갖 추측이 난무하고 있다. 그에게는 동주(東主)·동빈(東彬)이란 두 아들이 있다. 둘 모두 일본인 부인 하츠코 여사의 소생이다.

장남 동주씨는 일본 롯데의 랭킹 2위의 직책인 부사장이며, 차남 동빈씨는 한국 롯데그룹의 부회장이다. 동주씨는 신격호의 별세한 한국인 부인 노순화의 아들로 입적되어 있고, 동빈씨는 일본 국적이다.

롯데의 후계 구도와 신격호 시대의 평가

지금으로서는 롯데그룹의 후계 구도를 속단할 수 없다. 신격호는 상당 기간 한-일 롯데그룹에 대한 친정체제(親政體制)를 유지하면서 두 아들에게 일정한 재량권을 주어 능력과 적성을 저울질할 것 같다.

그럼에도 불구하고 롯데의 후계 구도가 유별나게 사회적 관심 사항이 되고 있는 것은 그만한 이유가 있다. 신격호 회장 '이후', 롯데그룹이 2세 경영체제로 들어갔을 때 롯데가 지닌 엄청난 부(富)의 향방 때문이다.

이미 자본 자유화 시대에 진입, 국제간 자본이동에 있어 제동장치가 거의 완전한 수준으로 제거될 것이니 만큼 신동주-동빈 형제의 아이덴티티(正體性)나 의식구조는 롯데의 장래 운명에 결정적 역할을 할 수밖에 없다. 일본에서 신동주씨는 시게미쓰 히로유키(重光廣之), 신동빈씨는 시게미쓰 아키오(重光昭夫)라는 이름으로 활동하고 있다.

신격호의 모국 투자 총액은 30억 달러를 웃돌며, 그 과실(果實)까지 합치면 적어도 60억 달러는 될 것으로 추정된다. 이같은 막대한 외자를 국내에 투자했으면서도 과실송금은 '1센트도 하지 않은' 방식은 절묘한 바 있었다. 신격호가 일본 대장성에 제출, 승인받았던 문건의 내용은 다음과 같다.

'투자자 재일교포 신격호는 대한민국 국민 신격호와 합작하되 원금 또는 과실(果實) 일체를 일본 정부와 한국 정부의 승인을 받은 상환 계획표에 의거하지 않고 시설 투자와 사업 확장에 재투자할 수 있다'

이때의 문건이 전례가 되어 신격호는 모국 투자에 별다른 제약을 받지 않은데다가 과실송금을 하지 않고 한국 롯데를 계속 확장해올 수 있었다. 예의 문건을 승인했던 일본 대장성 대신은 후쿠다 다케오(1976~78년 수상 역임)였다.

롯데그룹은 총매출의 60% 이상을 제과, 유통, 관광 업종이 차지하는 전형적인 제3차 산업 기업군이다. 첨단 기술의 개발로 단번에 큰돈을 벌어들이거나 대형 프로젝트를 일으키는 기업이라기보다는 소비자 한 사람 한 사람과의 관계가 매우 중시되는 '티끌모아 태산' 형 구조를 가지고 있다.

"자신 없는 분야에의 무모한 진출은 국민 경제에 큰 부담이 된다."

이 같은 신격호의 지론은 IMF 시대를 맞은 오늘에 이르러 재평가되고 있다. 바로 이 점 하나만으로 신격호는 20세기 한국에서 흔치 않은 인물이다. 월간조선 1998년 8월호

신격호와 오늘의 롯데는…

신격호

辛格浩 · 1921~2020

경남 울산군(現 울산광역시 울주군) 출생 / 울산 농림고, 日 와세다대 화학공학과 졸업 / 1948년 일본 롯데 설립, 1967년 롯데제과 설립 / 롯데쇼핑 회장, 롯데호텔 회장, 롯데그룹 총괄회장, 롯데그룹 명예회장 역임 / 국민훈장 무궁화장, 금탄산업 훈장 수훈, 대한민국 50년을 만든 50대 인물(조선일보), 20세기를 빛낸 기업인(매경)

롯데는 괴테의 소설《젊은 베르테르의 슬픔》속 여주인공 '샤롯데(Charlotte)'에서 그룹명을 따왔다. 공정거래위원회가 발표한 '공시대상 기업집단 지정 현황'(2022)에 따르면 롯데그룹은 자산총액 121조 6000억 원으로 재계순위 5위에 자리했다. 현재 롯데제과, 롯데케미칼, 호텔롯데 등 85개 계열사를 거느리고 있다.

롯데그룹은 2010년을 '글로벌 도약기'로 삼아 사업 확장 및 해외 진출 가속화를 꾀했다. 특히, 주력 사업인 유통과 석유화학 부문에서 1조 원이 넘는 대규모 M&A를 성사시키며 글로벌 경쟁력을 강화하고 있다. 영국 아르테니우스 인수(2010), 카자흐스탄 라하트(Rakhat) 인수(2013), 삼성정밀화학, 삼성 BP인수(2016) 등이 대표적이다. 2017년에는 창립 50주년을 맞아 국내 최대 높이의 롯데월드타워를 개관했다. 현재 신동빈(신격호 회장의 차남) 회장이 롯데를 이끌고 있다.

사진=롯데

농부로 살아가는
구자경
LG그룹 명예회장

"우리 집안은 아들만 많이 낳아 가지고 다 관리하려면 골치가 아픕니다. 후계자 양성을 하지 않는 경영자는 빨리 내보냈어요. 경영혁신은 놀고 먹는 사람이 없도록 하는 것입니다."

대담 **조갑제** 월간조선 편집장   정리 **우종창** 월간조선 기자

직접 버섯을 재배하고 메주를 띄우면서 사는
시골 생활의 멋과 맛

청국장 냄새

지난 12월 초순, 현관문을 밀자 구수한 청국장 냄새가 코를 찔렀다. 금방이라도 눈이 내릴 듯한 찌뿌드드한 날씨여서 불을 켜지 않은 실내는 오후 1시 반인데도 컴컴했다. 약칠을 하지 않은 세 켤레의 구두와 흙 묻은 운동화 두 켤레, 골프화가 신발장 안에 가지런히 놓여 있고, 신발장 위엔 원앙 깃털이 꽂힌 고동색 중절모와 회색 중절모가 주인의 손길을 기다리고 있었다.

집주인인 구자경(具滋暻 · 78) LG그룹 명예회장은 연암축산원예대학 권관(權寬) 학장, 교무과장 등과 점심 식사중이었다. 8년 전인 1995년, 나이 일흔에 스스로 경영 일선에서 물러난 구자경 명예회장은 20만 평

가량 되는 충남 성환의 연암축산원예대학 구내 사택에 기거하며, 버섯을 재배하고 메주를 띄우며 농부처럼 살아가고 있다. 일주일에 두 번, 일요일과 월요일엔 서울에 올라가 LG연암문화재단, LG복지재단 업무를 챙기고, 그 나머지 날은 시골에 내려와서 산다.

은퇴 후 일체의 인터뷰를 고사하고 있는 구자경 명예회장을 만나기 위해 조갑제 편집장 등《월간조선》취재진은 사전 연락 없이 사택을 찾아갔다. 팽이버섯, 새송이버섯, 만가닥버섯 등을 재배하는 재미에 푹 빠져 산다는 구 명예회장의 동정 기사가《조선일보》에 보도된 지 얼마 후였다.

─《조선일보》에 보도된 회장님의 기사를 많은 사람이 읽고, 많은 분들 사이에 회장님의 삶이 화제가 되고 있습니다. 어떻게 살고 있는지 알고 싶어 연락도 없이 불쑥 찾아 왔습니다.

신문 기사 이야기를 꺼내자 구 명예회장은 "그 기사 바람에 골치가 아프다"며 "내 주소만은 제발 밝히지 말아 달라"고 사정했다. 이유가 궁금했다.

"내 거주지가 알려지니까 도와달라고 찾아오는 사람이 너무 많아요. 회사가 부도날 지경이라며 살려달라고 꿇어앉아 사정하는 사람도 있고요. 연락도 없이 그냥 옵니다."

─ 사택 입구에 들어서면서 보니까 지키는 사람이 없는 것 같습니다.

"돈을 벌면 경비원이 필요하겠지만 돈을 못 버니까 경비원 쓸 형편이 안 돼요."

─ 버섯 재배해서 돈 많이 번 걸로 알려져 있는데요.

"아직까지는 돈벌이가 안 되고, 금년부터 좀 되겠지요."

이렇게 해서 예약도 없었던 인터뷰가 성사되었다. 구 명예회장은 준비 없이, 꾸밈없이 말을 이어갔다.

"메주 만드느라 바쁩니다."

— 난(蘭)도 많이 키우고 있다고 들었습니다.

"서양란은 대학에서 재배하고, 동양란은 내가 길렀어요. 내가 난을 시작할 무렵에는 희귀종 동양란은 값이 굉장히 좋았습니다. 한 촉에 100만원짜리도 있었고요. 누가 장관이 되거나 감투 하나를 썼다 하면 동양란을 선물했는데, 이 동양란 시장이 갑자기 쇠퇴해 버렸습니다. 동양란을 가진 사람도 적어지고, 소비가 안 되는 거예요. 입이 크고 무성한 난을 선호하지 특이하게 생기고 비싼 난은 선물을 안 해요. 비싼 난을 선물해 봤자 죽이는 경우가 많으니까요. 난을 해보니 도둑이 잦아요. 하룻밤 사이에 좋은 난들을 몽땅 도적맞고 나니 이것도 하는 게 아니구나 싶어서 완전히 포기했습니다. 요즘은 메주 만드는 철이어서 내가 좀 바쁩니다."

집안 가득히 배어 있는 청국장 냄새는 구자경 명예회장이 손수 만든 메주가 재료였다. 메주는 사택에서 조금 떨어진 유리 온실에서 건조되고 있다. 유리 온실은 구 명예회장이 꽃이 크고 탐스러운 새로운 종(種)의 장미 재배를 시작할 때 지었다.

"장미 재배를 그만둔 후 유리 온실을 개조(改造)할 방법을 찾다 보니

이 근처에 메주 공장이 있어요. 메주는 볕에 말려서 건조를 잘 시켜야 하는데 유리 온실은 통풍도 잘 되고, 햇볕도 좋아 메주 말리는 장소로는 최곱니다. 이곳 된장을 먹어본 사람들이 맛이 좋다고 난리예요. 여기저기서 자꾸만 더 달라고 해서 금년에는 좀 넉넉하게 만들고 있어요. 된장을 담아서 나눠 주고, 남는 게 있으면 골프장 같은 곳에 팝니다.

곤지암 골프장(LG그룹에서 경영)의 갈비 우거지 국이 예전엔 참 맛이 좋았습니다. 진주집이라고 그 근처에 비빔밥 집이 있는데 거기 여(女)사장에게서 메주 띄우는 비법을 배워서 된장을 직접 담으라고 내가 지시했습니다. 맛 좋은 된장을 풀어 놓은 우거지 갈비탕이 그래서 인기가 있었습니다. 소문을 들은 안양 컨트리 클럽에서 부장 한 사람과 주방장이 연락도 없이 주방에 쳐들어 와서 비결을 가르쳐 달라고 하기에 비결은 된장에 있다고 가르쳐 주기도 했어요.

메주 만드는 일은 참 귀찮습니다. 귀찮으니까 곤지암 골프장에서도 나중엔 직접 만들지 않고 종교단체에서 만든 메주를 사다가 된장을 담았더니 옛 맛이 안 나요. 내가 주방장한테 '멸치 국물에 마른 새우와 마른 조개를 넣고 은근한 불에 오래 끓여라'고 시켰어요. 우동 국물에는 미림(味淋:찹쌀 지에밥에 소주, 누룩을 섞어 빚은 술)을 써야 제 맛이 나는데 주방장이 그걸 몰라요. 미림은 맛술인데 정종입니다. 정종을 넣으면 맛이 확 달라지거든요. 요즘 곤지암 골프장의 우동이나 오뎅은 맛이 참 좋아요."

맛있는 음식 이야기, 농사 이야기는 끝이 없었다.

— 회장님은 농사를 직접 지은 적이 있습니까.

"교사 시절, 고향에서 좀 지었지요. 높은 산에 과수원을 하나 만들었는데, 지게나 리어카도 없는 시절에 지게 질 사람도 없고 해서 나무만 심고 포기한 일이 있습니다. 교편 생활을 시작한 지 4개월 만에 광복이 되었어요. 광복이 되고 나서 농사를 지으려 하니까 우리가 땅 좀 갖고 있다고 해서 (건국준비위원회의) 인민위원회를 중심으로 똘똘 뭉쳐 도와주지를 않아요. 우리 형제들이 모두 나섰는데 농사 일이 참 힘이 듭디다. 모를 심고 나면 허리가 끊어질 듯이 아프고, 벼를 베면 벼 이삭이 눈을 찌르는데 도와주는 사람은 하나도 없고…. 이러다가는 안 되겠다 싶어서 농사를 포기하고 부산으로 나갔죠."

첫 직업은 보통학교 교사

구자경 명예회장은 1925년 경남 진양군 지수면 송내리에서 LG그룹 창업주인 연암(蓮庵) 구인회(具仁會) 회장의 장남으로 태어났다. 진주고를 졸업하고 진주사범학교 강습과를 수료한 구 명예회장은 나이 스무 살 때 고향의 지수보통학교에 교사로 부임했다.

지수보통학교는 구 명예회장의 부친 고(故) 구인회 회장과 삼성그룹 창업주 고 이병철(李秉喆) 회장이 나온 학교다. 효성그룹 창업주 고 조홍제(趙洪濟) 회장은 그곳에서 20리쯤 떨어진 경남 함안의 군북보통학교를 나왔다. 한국 기업사에 큰 족적을 남긴 이들 세 명은 1년에 한 번씩 원족(遠足:소풍)도 다니고, 축구도 같이 한 친구였다고 구 명예회장은 기억했다.

"지수면(面)은 지리산 인근의 험한 산골입니다. 그 일대의 유일한 학교가 지수보통학교인데 배를 타고 강을 건너는 나룻가에 있습니다. 의령(宜寧) 출신인 이병철 회장은 그 분의 누님이 지수마을로 시집왔기 때문에 누님 집에서 기거하며 학교에 다니다가 일주일에 한 번씩 배를 타고 집으로 돌아가곤 했어요. 우리 선친이 6학년일 때 이병철 회장은 5학년이었답니다."

— 재벌을 창업한 분들 중에 경남 출신이 참 많은데 이유가 있습니까.

"영남이 일본하고 가깝다 보니 앞서가는 것 아닙니까. 기질상 조금 앞서 가는 것 같아요."

— 지주(地主)에서 기업인으로 변신한 회장님 집안과 고 이병철 회장 집안은 비슷한 길을 걸어 온 것 같습니다.

"우리는 지주에서 포목 도매상을 거쳐 제조업으로 갔고, 이병철 회장 집안은 농촌에서 양조장을 하다가 제조업을 했지요. 우리 선친은 시골에서 협동조합을 만들어 이사장을 했습니다. 마산이나 진주에서 생선, 꿀, 설탕 같은 생활 필수품을 싸게 사다가 매점에 차려 놓고 팔았습니다. 우리 마을이 부촌(富村)이니까 집집마다 통장이 있었어요. 매점에서 물건을 사면 각자의 통장에 사인을 했는데, 일 년에 두 번, 추석과 설날에 결제를 했습니다. 결제는 잘되었습니다마는 큰 이익은 없었어요.

그걸 하면서 우리 선친은 《동아일보(東亞日報)》 지국장도 하고 그랬죠. 조그만 장사라도 하고 나서 기업을 일으키면 성장 속도가 조금 빨라요. 장사를 어떻게 해야 한다는 것을 알기 때문입니다. 선친은 포목상도 하고, 운수업도 하다가 제조업을 시작했어요."

징용 면하려고 사범학교 진학

— 진주고보 졸업 후 사범학교를 지망한 데는 특별한 동기가 있었습니까.

"나는 (日帝) 징용 세댑니다. 그때는 사범학교 출신과 말 키우는 축산학과, 그리고 수의사, 법관, 공과계와 의대 출신에 한해 징용이 면제되었어요. 징용을 피하는 가장 쉬운 길이 사범학교 진학이었습니다. 그 시절엔 마을마다 학교를 못 다닌 무(無)취학자가 상당히 많았습니다. 한 면(面)에서 최소한 50~60명쯤 되었지요.

사범학교 출신들에게 초등학교 교사 자격증을 주고, 교장 책임하에 무취학자들의 교육을 맡겼습니다. 일본말도 가르치곤 했지요. 사범학교 들어가서 4개월쯤 있으니까 사범학교 출신들에게는 징용 면제 혜택을 안 해준다는 말이 나왔어요. 대부분이 사범학교를 뛰쳐나갔는데, 나는 이왕 틀린 것, 기다리다 보면 뭔가 도움이 안 되겠느냐 싶어 계속 학교를 다녔어요.

시간이 되니까 소집영장이라는 것이 나옵디다. 1945년 8월21일자로 마산 부대에 입대하게 되어 있었어요. 마산으로 가면 무조건 남방(南方)으로 징용가기로 돼있었죠. 8월7일에 영장을 받았는데 8월15일에 광복이 되었습니다."

— 지나 놓고 보면 사범학교 출신들이 정치, 군(軍), 기업에 많이 들어가 우리나라를 만든 느낌이 듭니다. 박정희(朴正熙) 대통령도 사범학교를 나와 군에 들어갔습니다. 김종필(金鍾泌), 백선엽(白善燁) 같은 분들도 그렇고요.

"일제 말기까지만 해도 사범학교에는 관비(官費)가 많이 나왔습니

251

다. 사범학교 재학 중에 내가 받은 장학금이 면장(面長) 월급보다도 많았으니까요. 교사 월급은 지서장보다 많고 면장과 거의 비슷했습니다. 대우가 그러니 교사들은 어디를 가도 대접받았죠. 그러니까 엘리트들이 사범학교로 몰렸습니다. 자질이 뛰어난 사람들이 교사가 되어 생활이 안정되니까 옆 눈 볼 여가 없이 맡은 일을 충실히 했어요. 사범학교 출신 중에 공부를 더 하고 싶은 사람들은 고등고시 시험에 참 많이 되었습니다."

— 기록에 보니까 부산 사범학교에서도 교사 생활을 한 것으로 되어 있습니다.

"고향에서 1년 반쯤 교편생활을 하다가 부산으로 가서, 부산 사범학교 부속 국민학교에서 3년 정도 근무했습니다. 4년 반 동안 교사생활을 했지요."

— 그 정도 교사 생활을 했다면 체취가 많이 남아 있을 것 같은데요.

"그때는 세상이 시끄러울 때 아닙니까. 고향에서는 교사 생활을 제대로 못 했습니다. 운동장에서 축구나 하고 부락사람들과 어울렸지요."

— 전문 경영인(CEO)으로서 성공한 분들의 공통점은 교육자로서의 기능을 가지고 있다는 점입니다. 사람을 길러야 한다는 생각이 철저한 분들이 결국 성공하는 것 같은데요.

"글쎄요. 나는 잘 모르겠습니다."

구자경 명예회장이 교사로 있던 1947년, 그의 부친 구인회씨는 화장품 럭키크림을 만드는 락희화학공업사(現 LG화학)를 설립, LG그룹의 역사를 열었다. 락희화학은 6·25 전쟁 중인 1952년 국내 최초로 플라스틱 산업에 뛰어들어 빗, 비눗갑, 칫솔, 식기류 등의 플라스틱 제품을 생산했고, 1954년에는 국내 최초의 치약을 개발, 치약시장을 장악했다.

구자경 명예회장이 교사 생활을 접고 부친 회사에 들어간 것은 1950년으로, 락희화학 설립 3년 후였다. 창업주 아들인 구자경 명예회장이 '창업 1세대' 혹은 '창업 1.5세대'로 대접받는 것은 일찍이 부친 사업에 합류했기 때문이다. 구자경 명예회장은 타계한 부친의 뒤를 이어 1970년 LG그룹 회장에 취임, 25년간 경영권을 행사했다.

— 락희화학이 생활용품용 플라스틱 제품을 국내에서 최초 개발한 데는 특별한 동기가 있습니까.

"그 무렵 홍콩을 통해 플라스틱 빗과 담뱃갑, 비눗갑 등이 마구 밀수되었습니다. 플라스틱 제품을 처음 보니까 참 신기하데요. 제조 과정을 알아보니 원가에 비해 무려 마흔다섯 배의 이익이 남는 것으로 계산되었습니다. 우리가 기계와 원료를 사서 제조하니까 서른다섯 배가 남더라고요. 돈을 거저 버는 겁니다. 밀수한 값보다 싸게 팔았지만 그때 많이 벌었고, 밀수도 방지했지요."

— 회장님의 경영 철학은 '밑바닥에서부터 경험하라, 작은 것부터 아껴라, 창의와 모험 정신, 기업은 사람이다'는 것으로 소개돼 있는데 밑바닥 경험은 하셨습니까.

"나는 중노동부터 시작했어요."

놀고 먹는 사람을 없애는 게 개혁

— 기업하는 많은 분들은 노태우(盧泰愚) 대통령 때부터 노사문제를 물렁하게 대처했다고 비판하는데, 노 대통령 입장에서 생각하면, 민주화를 위해선 그 정도는 불가피하

지 않았을까 하는 생각이 들지 않습니까.

"그 말도 일리는 있어요. 그러나 데모를 마음대로 할 때 아닙니까. (대통령으로서) 할 일은 해야죠. 법을 엄격하게 집행할 때는 집행해야 하고요."

— 전경련(全經聯) 회장을 그만 둔 것은 적성에도 안 맞고 해서 스스로 물러난 것이죠.

"그 무렵 우리(LG그룹)는 미국 맥킨지사의 경영진단을 받았습니다. 1987년 11월부터 경영 진단을 받고 1988년에 들면서 본격적인 대변혁을 시작했습니다. 구조조정이죠. 맥킨지에서 권고하는 대로 받아들였어요. 내가 전경련 회장을 계속 하다가는 경영혁신을 못 하겠더라고요. 그래서 1989년에 전경련 회장을 그만 두었죠."

— 그것이 결국은 LG그룹으로 하여금 IMF를 견뎌내게 한 힘이 되었겠네요.

"놀고 먹는 사람을 없애는 것부터 시작했습니다. 일가 친척부터 먼저 정리했지요. 일가 친척 중 실력이 없는 사장, 부사장, 전무는 다 정리했어요."

— 쉽지 않았을 텐데요.

"그렇죠. 나보다 어른들이고 처남들인데 자진해서 나가라고 했죠. 내가 하니까 더 쉽습디다. 젊은 사람이 나이든 사람한테 '좀 나가 달라'고 하기가 편해요. 물러난 분들도 순수하게 받아들였고요. 경영 진단을 한 팀들이 그 분들한테 경영상태를 꼬치꼬치 다 물었거든요. 그리고 전체 사원들의 여론을 수렴해, 이 회사는 무엇이 장점이고 무엇이 단점이라는 것을 완전히 파악해서 결점을 없애 나가는 데 주력했지요."

LG그룹 경영 혁신에 5년 걸렸다

— 경영 진단을 받지 않은 기업이 없지만, 실천하기가 정말 힘든데 회장님은 실천을 하셨군요.

"(경영 진단을 맡은) 그 사람들이 나보고 그래요. '우리 진단 결과에 대해 회장님이 솔선수범해서 지도하면 성공하는 것이고 그렇지 않으면 실패합니다. 미국이나 일본의 경우에도 회장한테 8할의 책임이 있습니다. 대담하게 혁신할 각오를 갖고 솔선수범해서 모범을 보여줘야 합니다. 결단을 내려 주어야 합니다' 그래서 그렇게 하겠다고 했지요."

— 경영 혁신을 하는 데 몇 년이나 걸렸습니까

"1987년부터 실행에 옮겨서 딱 5년 걸렸습니다. 그걸 마치고 나서 회장 그만둘 각오를 했지요."

— 그때 만약 경영혁신을 안 했더라면 오늘날의 LG는 어려웠다고 봅니까.

"그렇다고 볼 수 있죠."

— LG그룹은 전체적으로 잘 돌아가고 있습니까.

"계열사 모두가 이익이 너무 많이 났어요. 금리가 빠져 버리니까(내려가니까) 재무 구조도 참 좋고요. 옛날에는 부채 비율이 300% 내지 250%쯤 되었는데 요즘은 150% 내지 30%로 줄고 빚이 거의 없는 계열사도 있어요. 이자가 싸니까 굉장히 재무구조가 좋아졌고 튼튼해졌어요."

— 결과적으로는 IMF가 온 게 잘 된 일이네요.

"경제에 큰 쇼크를 한 번 준 거죠. 정부 지원을 받는 식으로 인위적으로 해서는 안 되지요. 외부 압력에 의해서 바람이 부니까 생각이 달라진 겁니다."

— LG그룹의 경우, 전자를 제외하면 소비재 산업이 주력이고 한국의 기간산업에 기여한 게 별로 없다는 지적이 있습니다.

"석유화학이 기간산업입니다. 정유, LG화학, 플라스틱 가공은 우리가 제일 먼저 시작했어요. 기간산업, 장치산업을 제일 먼저 시작한 기업이 LG이고 오히려 삼성이 나중에 시작했지요. 화학은 삼성이 우리보다 10년 늦어요."

— 조선(造船)이나 자동차, 항공 산업 쪽은 관심을 두지 않았습니까.

"기업마다 전문 분야가 있습니다. 이것 저것 다 할 수는 없는 겁니다. 정유를 해서 납사를 분해하면 석유화학 제품이 나옵니다. 그래서 정유 공장을 지었죠. 정유 공장을 지으니까 원유 수송이 굉장히 많습니다. 수송이 많으니까 탱커나 배가 필요하고 그런 것을 취급하니까 보험이 필요해요. 보험을 남 주느니 우리가 하자고 해서 보험회사를 만들었고, 보험회사를 만드니까 돈이 생겨 증권회사를 만들고요. 그러다 보니 가지에 가지를 치고 해서 커 나갔죠. 우리가 하고 있는 사업들은 다 연관이 있습니다. 플라스틱 가공을 할 때 플라스틱 가공품이 잘 안 팔려서 전자 부품을 하면 되겠다 싶어 전자 부품을 하다가 전자 공업으로 나갔습니다."

LG가 큰 것은 연구 인력이 풍부했기 때문

— LG그룹에서 구상 중인 신규 업종이라면….

"연구소에서 개발하고 있는 게 두세 가지가 되는 모양입니다. 그것을 더 연구해서 20년 후에 쓸 것, 그리고 15년 후에 쓸 것을 선별 중에 있습니다. LCD(액정표시장치)라는 것은 20년 만에 개발한 것입니다. 벽걸이 TV인 PDP는 개발에 10년이 걸렸어요."

— 회장님 적성은 이공계통입니까 인문계통입니까.

"이공(理工)계통입니다. 수치에 밝은 편은 아니고 탐구력이 딴 사람보다 많은 편이죠."

— 우리나라는 지금 이공 계통에 대한 지원자가 줄었을 뿐 아니라 사회에 나와도 푸대접을 받으니 굉장히 기피하는 분야가 되었습니다. 활성화할 대책은 없겠습니까.

"신문에 보니까 고등 고시제도를 없앤다는데 잘하는 것 같아요. 그래야 이공계가 숨을 좀 펴고 살지요. 같은 고등학교를 나와 머리 좋은 사람이 이공계를 갔는데 출세는 인문계가 더 많이 합니다. 장관까지 하고 돈도 더 벌어서 나옵니다. 이공계 출신은 회사나 연구소에 취직해서 돈도 많이 못 벌고요. 그래도 우리 그룹에선 사장을 지낸 사람은 이공계 출신이 훨씬 많아요."

— 이공계를 특별히 우대해서 그렇습니까.

"기술력에서 우수하니까 자연히 그렇게 돼요. 인문계는 경리나 영업 쪽에 배치되는데 영업도 기술이 있는 사람이 나아요."

— 지금 중국이 잘 되는 이유가 이공계 출신들이 정권을 장악했기 때문이라고 합니다.

"LG가 이렇게 큰 것도 연구 인력이 풍부했기 때문입니다. 특히 전자와 화학 분야가 그래요. 화학은 기술개발에 그리 오랜 시간이 안 걸리는데 전자는 물건 하나 만드는 데 10년 혹은 20년이 걸립니다. 장래성이 있다고 생각되면 중간에 좌절하지 말고 계속 연구해서 결론을 내야지요."

— LG는 중국 시장에 굉장히 빨리 진출했죠.

"중국 투자는 우리가 제일 많이 했어요. 천진, 장사, 상해에 진출해 있습니다."

— 중국과 홍콩을 합칠 경우, 우리나라와의 교역량이 400억 달러로 미국보다 앞섭니다. 중국의 비중이 너무 커 버리니까 겁나는 느낌이 듭니다.

"우리는 그렇게 안 봅니다. 냉장고, 세탁기 같은 것은 중국이 곧 따라올 것 같고, 중국산 냉장고가 한국에 들어 온다는 소리가 나올 겁니다. 그러나 반도체라든지 LCD 같은 것은 중국이 우리를 따라오려면 상당한 시일이 걸릴 것 같고요. 컴퓨터도 시간이 좀 걸릴 겁니다. 중국은 컴퓨터에 들어가는 핵심 반도체를 전부 다 수입하고 있지요."

— LG그룹은 노사 문제가 그렇게 심하지 않은 것으로 압니다.

"1987년과 1989년 두 번에 걸쳐 심하게 진통을 겪은 뒤에는 거의 없습니다."

— 노사 문제를 잘 해결한 데는 어떤 비결이 있습니까.

"최고 책임자를 부사장급으로 내세워 노무(勞務) 관계만 전담하라고 했어요. 권한도 많이 주었고요. 노무 책임자는 사원들 길흉사를 철저히 챙겼어요. 퇴근길엔 근로자들과 같이 술도 마시며 인간적으로 접근했지요."

회의는 아침에 하면 시간 낭비

— 기업을 경영하다 보면 회사 일 이외에 정치나 사회에서 요구하는 일에 시간을 많이

뺏기지 않습니까.

"전자공업협회나 화학협회처럼 우리 일과 직접 관계가 있는 데는 돌아가면서 회장을 하는 거니까 안 할 수가 없고, 그 외 일은 일체 관여하지 못하게 합니다."

— 기업은 전문 경영인이 회사 일에 얼마나 많은 시간을 쏟느냐는 게 참 중요하다고 생각합니다.

"그렇습니다. 그 전에는 임원들하고 대화하는 시간이 없었는데 경영 혁신을 하면서 매주 한 번씩 불러서 대화하고, 점심 시간 혹은 저녁 시간에 회의를 했습니다."

— 회의를 많이 하는 회사는 잘 안 된다고 하는 말이 있는데요.

"회의는 절대로 아침에 하면 안 됩니다. 그 귀중한 시간을 허비하면 안 되지요. 아침 회의는 완전히 낭비입니다. 점심시간이나 저녁에 작업을 마치고 나서 간단히 식사하면서 회의했습니다. 시간을 절약해야지요. 아침 회의는 월요일 외에는 안 됩니다. 요즘은 주 5일 근무니까 월요일 오전엔 꼭 회의를 해야지요. 내가 서울에 가도 월요일만 회사에 나가는데 오전에는 사장들이 나를 만나자는 소리를 안 합니다. 전부 회의를 하니까요. 점심시간에 점심 같이 먹고 오후에 모여서 얘기를 좀 하지요."

— 그동안 경영을 하면서 특히 기억에 남는 부하들이 있을 것 아닙니까. 어떤 일을 하는 사람들이 기억에 많이 남습니까

"판단을 잘해야 합니다. 판단하기가 참 어려워요. 우리가 무선통신과 휴대폰 사업을 시작할 때 교환국과 기지국 시설만 개발하면 다른 것은 문제가 아니라고 생각했어요. 그때 휴대폰도 동시에 개발해야 되지 않느

냐 하는 말이 있었는데 그것은 앞으로 중소기업의 몫이라고 해서 우리는 개발하지 않았습니다.

교환국과 기지국은 이번에 다 성공을 거두었습니다. CDMA(다중분할코드접속방식) 동기식 방식과 GSM(유럽 방식) 두 가지 방식이 모두 가능한 데는 세계에서 우리밖에 없습니다. 그러다 보니 휴대폰 생산에서 늦었습니다. 휴대폰이 지금은 반도체 수출보다 더 많습니다."

— LG에서 생산하는 휴대폰의 경우에도 물량이 모자랄 정도로 수출이 잘되고 있지 않습니까.

"미국도 수출이 잘되고 브라질도 잘되고 남미가 특히 잘 돼요. 중국 수출도 대단하고요."

인사 원칙

— 오너의 경우에는 중요한 결정을 혼자서 하는 경우가 많지 않으세요

"초창기에는 우리 선친하고 윗대 형제분들이 결정했지요. 내가 그룹 회장이 된 후에는 전문 경영인과 의논하고 전문 경영인의 결정에 따랐어요."

— 아주 성공적인 결정을 했다고 생각나는 게 있으십니까

"여태까지 잘된 것은 모두 성공적인 결정이죠. 전자 제품 가운데 PDP와 LCD 기술은 일본보다 앞섭니다. PDP의 경우도 일본의 산요, 히다치, 도시바 등은 우리한테 일괄해서 주문해 갑니다. 그 분야의 반도체 칩을 우리가 제일 먼저 개발했거든요. 경쟁을 하고 싶지만 칩을 만들기 전

에는 경쟁력이 없으니까 OEM(주문자 표시 방식)으로 한꺼번에 주문하고 있지요."

— 인사에는 어떤 원칙이 있었습니까

"재직 중에 이익을 얼마나 많이 냈느냐, 업적이 어느 정도냐 하는 것을 제일 먼저 보고, 그 다음은 자기가 물러날 때를 대비해 후계자를 양성했느냐 안 했느냐는 점을 보았습니다. 후계자가 없으면 자기를 못 내보낼 것이라고 생각하고 후계자를 양성 안 하는 사람이 더러 있습니다."

— 아주 중요한 말씀입니다.

"그런 사람은 경고를 하고, 그래도 후계자를 양성 안 하면 빨리 내보내야죠. 자기 욕심대로 하려고 하는 사람이니까요."

— 우리 민족은 동업이 잘 안 된다고 합니다. 그러나 LG그룹 경우 구씨와 허씨 두 집안이 오랫동안 별 문제없이 기업을 경영해 온 것은 정말 대단한 것 같습니다.

"주변에서 하도 감시를 많이 하고, 무서워서 그랬지요."

— 기록에 보면, 두 집안이 사업을 시작할 때 허씨 집안에서는 돈을 대고, 구씨 집안에서는 경영을 맡는 걸로 약조했다고 하는데요.

"그게 아니고 우리 선친이 트럭 운수업을 시작할 때 허씨네의 제일 어른되는 분이 우리 선친에게 '돈을 좀 투자하고 싶다'고 하면서, 대신 자기 아들을 맡아서 훈련도 시키고, 교육도 좀 시켜 달라고 했어요. 그 아들이 우리 집안에 장가 온 허준구(許準九) 회장인데, 작년에 돌아가셨죠. 그렇게 했는데 나중에 이쪽(具氏)이 잘 되니까 저쪽(許氏)에서 자꾸 논 팔아 더 증자를 했어요. 그 후 그쪽(許氏) 형제들이 많이 들어왔어요. 우리 집안에서는 전부 받아 주었습니다."

具씨, 許씨 계열분리한다

— 집안에 문제가 생기면 어떤 식으로 해결한다는 원칙 같은 것은 없었습니까.

"처음부터 재산이 구분되어 있으니까, 그 이상의 무리한 요구는 하지 않지요. 늘 감투가 문제되었습니다. 누구는 사장이 되었는데 왜 나는 사장을 시켜 주지 않느냐 하는 것인데, 그런 것은 어른들이 평가해서 하는 거니까요."

— 집안 간에 문제가 생기면 투서를 하든지 검찰에 고발하든지 언론에 정보를 제공하든지 해서 문제를 외부로 가져가 복잡하게 만드는데 LG에는 그런 게 없었던 것 같습니다.

"모르겠습니다. 과거에는 부자간에도 청와대에 고발하고 투서를 하던데 우리는 그런 게 없었습니다."

— 이견(異見)이 있으면 대화를 통해서 해결하는 전통이 있는 모양이죠.

"대가족이니까 가족 회의에서 어른들이 결정했지요."

— 가족 회의라는 공식 모임이 있었습니까.

"공식 모임은 없고요. 경축사가 있을 때라든지 상(喪)을 당한다든지 할 때 모이고, 제삿날이나 시제날에 자연스럽게 모이지요."

— LG그룹은 지금의 그룹 형태로 계속 갈 것인지, 아니면 계열 분리를 할 생각입니까.

"계열 분리를 해야죠. 우리 가족이 너무 많아요. 구(具)가도 많고, 허(許)씨도 많아요. 딸은 없고 전부 다 아들만 많이 낳아 가지고 다 관리하려면 골치가 참 아파요. 내가 여기서 말은 못 하지만 참 골치 아픕니다.

그래도 어쩝니까. 다 잘 살 수는 없는 것이고요. 여태까지 우리가 부분적으로 계열 분리를 해 왔지만 이대로 나가면 불평불만이 쌓여서 망할 때 한목에 망합니다. 계열 분리를 해서 각자 기업을 경영하다 보면 망할 사람은 망할 것이고, 잘하는 사람은 잘하니까 더 큰 힘이 생기고 저력이 생기지요.

일부에서는 그냥 이대로 밀고 나가면 좋지 않으냐 하는 이야기도 하지만 계열 분리에 불만이 없더만요. 반대하는 사람도 없고요. 계열 분리를 해서 허씨 것부터 먼저 분리하고, 그러면 허씨들은 그걸 가져가 숙질 간에 나누겠지요. 우리 숙부 형제들은 숙부 형제들 몫대로, 내 동생들은 그들 몫만큼 다 떼 줄 겁니다. 지분이 제일 큰 사람이 큰 기업을 맡고, 그 다음으로 자본력이 큰 사람이 그 다음 큰 것을 맡을 겁니다."

— 언론에 보도된 걸 보면 전자, 통신, 화학, 금융은 구씨가 맡고, 허씨는 건설, 유통, 정유를 맡는다고 하는데요.

"그렇게 될 겁니다."

— 분리하는 데 걸리는 시간은 어느 정도로 예상합니까.

"LG전선, LG칼텍스 가스, 극동가스 등 4개사는 내년 말(인터뷰 시점을 기준으로 하면 2003년 말:편집자 注)부터 시작해서 내후년(2004년) 3월에는 경영권이 완전히 넘어 갈 것 같고요."

— LG그룹이란 명칭은 어떻게 됩니까

"LG라는 명칭은 다 그대로 씁니다. LG라는 이미지를 손상하는 사고가 나면 해당 기업은 LG란 이름을 더는 못 쓰고 그만한 보상을 하도록 할 것입니다."

— LG그룹의 10년 후 모습을 그려 주시겠습니까

"기업을 맡은 사람 나름일 겁니다. LG화학이나 LG 증권 등은 동요도 없고, 으레 전문 경영인이 할 것이기 때문에 큰 변화가 없을 것이라는 인식을 가진 것 같아요."

경쟁자가 있어야 발전한다

— 우리나라에서 대기업을 창업한 분들의 공통점이 원칙주의자라는 것입니다. 어떤 부분은 절대로 양보하지 않는, 그런 고집이 있기 때문에 큰 기업을 만든 것 같습니다. 회장님의 고집이랄까, 원칙이라면 무엇입니까.

"저는 고집이 없어요."

— 그룹 회장들은 자기 나름대로 왕국을 가지고 있기 때문에 서로 만나면 경쟁심이 생기죠.

"그런 건 있습니다. 이동통신이나 석유 화학에서도 라이벌 의식이 있죠. 싸울 땐 싸우고 좋아할 땐 좋아해야죠. 그런 일이 있으면 회장들끼리는 모른 척하고 실무는 사장들한테 맡겨야죠."

— 삼성전자하고 LG전자가 숙적(宿敵)인데 두 회사가 경쟁을 한 결과 우리나라의 전자산업 전체가 발전한 것 아닙니까.

"경쟁하면서 발전하는 것이죠. LG전자의 경쟁력도 강한 경쟁자가 있으니까 나온 겁니다. 경쟁에서 지면 죽는다, 그러니 우리도 하자는 그 정신이죠."

— 원래는 금성사가 1위를 하다가 삼성전자에 역전당했죠.

"삼성전자는 우리보다 10년 늦게 생겼습니다. 역전이라고 하면 이상

하지만 매출액이 역전된 것은 1987년 금성사에서 3개월간 파업하던 무렵이었어요. 1989년에 또 4개월인가 파업이 있으면서 또 당했고요. 요새 와서는 백색 가전(가정용 가전제품)은 우리가 우위에 있지만 반도체 매출이 워낙 크니까 저쪽이 매출액에서 앞서요."

"요즘은 정치자금 달라고 안 해요."

— 대한민국이 이렇게 잘 살게 되고, 큰소리를 치게 된 것이 기업인들, 특히 창업 기업인들의 역할 때문이었습니다. 굉장히 높게 평가해야 할 부분인데 사회적으로 대우도 못 받고, 평가도 못 받고 있습니다. 억울한 생각은 안 드십니까.

"기업인들 중에서도 정치하는 기업인이 있고, 정부 돈을 정치적으로 융자받아 가지고 해외로 도망가는 기업인들이 있었습니다. 별별 기업인이 다 있습니다. 자유당 때부터 정치 자금 많이 내고, 은행 돈 많이 빌려 기업한 사람들 가운데 한 사람도 성공한 사람이 없습니다. 다 망했습니다."

— LG도 북한에 투자하는 게 있습니까.

"TV 조립 조금 하고 있죠. 중국이 북한보다 더 인건비가 싸고 편해요."

— 북한과의 사업에서 돈은 법니까.

"돈은 무슨 돈을 법니까. 아직은 적잖습니다."

— 북한엔 갔다 오셨습니까.

"안 갔다 왔습니다."

— 김대중 대통령으로부터 북에 투자하라는 부탁을 받은 적은 없습니까.

"없습니다."

— 북한이 나름대로 경제 개혁을 시작하는 모양인데 어떻게 될 것 같습니까.

"경제 개혁이 되겠습니까? 안 될 겁니다. 신의주나 개성을 개방해서 개발한다지만 자본주의가 어떤 것인지를 알아야 합니다. 그들은 자본주의를 모르는 것 같아요. 신의주는 중국 압력 때문에 어려울 것이고, 개성 공단은 위치상 괜찮긴 하지만 인건비를 어느 정도 싸게 하는가에 달렸어요. 북한의 임금이 싼 게 아니에요. 운임도 참 비쌉니다."

朴正熙 대통령을 존경한다

— 국내외 기업인 중에서 회장님이 특별히 높게 평가하는 분이 있습니까.

"나보고 뽑으라면 박(정희) 대통령이지요."

— 박 대통령의 어떤 점을 높이 평가합니까.

"결단력, 그리고 장래를 내다보는 예견력이지요. 박 대통령이 아니었다면 우리나라가 이렇게 발전했겠습니까. 부정축재했다고 벌금 물린 그 돈으로 공장 짓고, 시설투자하고, 국가에 봉사하라고 한 분입니다."

— 특히 8·3 사채(私債) 동결조치가 기업에 큰 도움이 되었지요.

"그것이 기업을 살린 겁니다. IMF 때문에 금리가 크게 떨어지니까 기업의 재무구조가 다 좋아졌습니다. 참 좋아졌습니다. 웬만한 기업은 다 살아났습니다. 부채 비율이 높은, 그야말로 형편없는 기업만 망하고 자연 도태되었어요. 그 당시 정치권에 유착돼 은행 돈 빌려 쓴 사람은 망해

버렸죠."

— 박 대통령이 살아 계실 때 기업하는 분들은 든든한 빽이 있다는 느낌을 받았겠습니다.

"그 시절엔 조그만 공장 하나만 지어도 박 대통령이 반드시 참석하고 격려했습니다. 그 후에도 '잘 되느냐'고 꼭 확인하곤 했지요."

— 박 대통령과 오랫동안 이야기를 나눠 본 적이 있습니까.

"없습니다."

— 회장님은 사실상 창업주 세대인데 창업주 중에 생존해 계신 분이 거의 없습니다.

"이동찬(李東燦 · 코오롱그룹 회장)씨, 신격호(辛格浩 · 롯데그룹 회장)씨 정도가 남았죠. 신격호 회장은 전에는 몇 번 만나고 했는데, 요새는 서울에 와도 왔다는 소리를 안 하고, 내가 회사에 안 나가니까 연락이 안 되네요."

— 재벌 창업주 중에서는 어떤 분하고 제일 친합니까.

"전경련에 나가면 다 친해야 되죠. 골프 모임은 김상홍(金相鴻) 삼양사 회장과 친해요."

— 고 이병철 회장은 어떻게 평가하십니까

"판단력이 참 좋은 분이지요."

— 이병철 회장은 사업면에서 회장님과 라이벌이지 않습니까.

"이병철 회장은 일본에 자주 가고, 일본 경제인들하고 자주 접촉하니까 앞으로 경제가 어떻게 될 것이고, 세계 정세가 어떻게 된다는 데 대해서 선견지명이 있었던 것 같아요. 우리 선친(具仁會 회장)하고는 사이가 참 좋았습니다. 사돈되기 전에 우리 선친과 만나서는 '이 사람아, 부동산 사놓으면 좋네'라고 했어요.”

2세들은 창업자보다 더 대담한 투자

— 고(故) 정주영(鄭周永) 명예회장과의 관계는 어땠습니까

“특별한 관계는 없죠. 정주영 회장은 자유당 때부터 쭉 여당하고 손잡았어요. 전경련 회장을 하고 나서 자기가 그만둘 때에는 나한테 넘겨야 되겠다 싶으니까 나하고 친하게 지내려고 했지요. 나한테 호감을 갖고 일을 하는데 내가 반대할 일은 없고 해서 자연히 자주 만나서 얘기도 하고 그랬어요.”

— 현대그룹이 굉장히 어려움에 처해 있는데, 이유는 어디에 있다고 봅니까.

“정치적으로 무모하게 달려든 거죠. 말하자면 과거 사고 방식으로 접근했습니다. 현대자동차, 현대중공업, 현대백화점 등은 좋은 회사지요.”

— 대우 김우중 회장에 대해서는 어떻게 평가합니까.

“말만 하면 은행에서 척척 융자를 해주니, 자기 맘대로 돈을 썼습니다. 기업인이 그런 쪽에 신경을 쓰기 시작하면 기업을 키우는 데는 정신을 못 차리죠. 사업한다고 은행 돈을 많이 빌려 썼고 이자 갚는 것도 보통 일이 아닌데 어쨌든 김우중 회장은 이자는 갚아 나갔어요.”

— 쌍용그룹은 왜 망했다고 보세요.

“힘에 부치는 자동차에 너무 무모한 투자를 했어요. 요즘 쌍용자동차가 인기가 좋아요. 이자를 갚을 수 있는 뒷심만 있었더라면 지금은 돈을 벌었을 것입니다.”

— 재벌 2세로 넘어가서 잘 유지되고 있는 기업이 그렇게 많지 않은 것 같습니다.

"2세들은 확실히 창업자보다는 대담하게 투자를 합니다."

— 창업주 입장에선 2세들 경영이 위태롭게 느껴지는 경우가 많죠.

"창업주들은 요리도 생각하고, 조리도 생각하며 신중에 신중을 기하는데, 2세들은 대담하게 달려들지요. IMF 이후엔 대담한 투자를 못 합니다. 은행 융자도 옛날같이 쉽지가 않습니다. 신용도와 재무구조를 파악하고 나서 담보가 확실하면 돈을 줍니다."

— 회장님은 아들 구본무(具本茂) 회장한테 여러 가지 주의를 시키겠습니다.

"주의를 줘도 본인이 하기에 달려 있죠."

— 재벌 2세들한테 충고를 한다면 어떤 것을 제일 먼저 강조하겠습니까

"너무 과욕을 부리면 안 됩니다. 자기 아버지가 죽고 나서 적어도 7, 8년은 수성(守成)을 해야지요. 알고 난 후에 판단력이 생겼을 때 그때 투자를 해야지요."

— 우리 경제에 제2의 IMF 위기가 올 것이라는 견해가 있는데 어떻게 생각합니까.

"그런 위기는 안 오지 않나 싶습니다. 수출이 활발해지고 있고, 무역수지도 차츰 나아지고 있어요. 관광을 많이 가고, 유학을 많이 보내기 때문에 무역외 수지가 좀 염려가 되지만, 무역수지가 좋지 않으면 국민들이 자제할 것입니다. 금반지까지 내놓은 우리 국민 아닙니까."

— 주 5일 근무제에 대해서는 어떻게 생각합니까

"아직은 시기상조입니다. 중국의 강택민(江澤民) 주석이 우리 대통령을 만난 자리에서, 중국은 주 5일제를 한다고 자랑했습니다. 중국 갔다온 우리 대통령이 중국에서도 주 5일제를 하니까 우리도 연구해 보라

고 지시했다는데 아랫사람들이 무조건 지시대로 하면 어찌 합니까. 중국은 노는 사람들이 많이 있으니까 주 5일제를 하면 그만큼 고용이 많아집니다. 그러나 우리는 사람이 모자라서 외국 노동자들이 수없이 들어와 있는데 거기에 주 5일제를 해버리면 어떻게 됩니까. 말도 아닌 짓이에요.

은행은 주인이 없습니다. 한국에 진출한 외국 은행은 주 5일제를 안 하고 싶은데 국내 은행이 전부 다 그러니까 할 수 없이 따라가고…. 그렇게 되면 일을 못 해요. 손병두(孫炳斗) 부회장이 전경련을 대신해서 고군분투하고 있습니다."

— 일본 경제는 어떻게 될 것으로 보십니까.

"정말 어려울 겁니다. 일본 은행은 옛날 우리나라 은행과 비슷해요. 정치적으로 연결돼 있는데 그걸 해소 못 하면 애를 먹을 거예요. 빚을 탕감해 주려면 국유화할 도리밖에 없지요.

일본 전자회사인 히다치와 NEC가 우리하고 밀접한 관계가 있어요. 한 10년 전부터 1년에 한 번씩 임원들, 그리고 연구진들끼리 회의를 합니다. 이 미팅에서 서로 정보를 교환했는데 일본 사람들 얘기가, '너무 일찍 한국에 기술을 주었다'는 겁니다."

데모는 한강 백사장에서 해야지요

— 우리 기업이 경쟁력을 계속 유지해 가기 위해서는 기업인이 해야 할 일이 있고, 관료가 해야 할 일이 있는 것 같은데요.

"과거와 같은 일들을 기업이나 공무원이나 정치인이 안 해야지요. 새 출발하는 각오로 일해야 합니다."

— 차기 정부에 부탁할 말은 없으십니까.

"새 정부는 공권력을 동원할 때는 동원해야죠. 너무 이렇게 하면 안 됩니다. 일요일만 되면 서울 시내를 통과하기가 힘듭니다. 한 시간도 더 걸려요. 일요일만 되면 데모하니까요. 종로 거리는 데모 거리지, 종로 거리가 아닙니다. 서울역도 그렇고요. 법대로 집행해 주어야죠.

미국은 교통이 혼잡한 지역엔 시위를 못 하도록 아예 허가를 해주지 않아요. 미국에 가보면 피켓 들고 데모하는 사람이 있는데, 자꾸 움직입니다. 한 군데에 서 있으면 교통에 방해된다고 경찰이 잡아가니까 자꾸 움직이는 거예요. 왜 우리는 하필이면 가장 복잡한 장소에서 데모를 하도록 내버려두는지 모르겠어요. 한강 백사장 같은 넓은 곳에서 맘대로 하도록 해야죠. 시위대가 절대로 차도로는 못 나오게 해야 합니다."

— 여기처럼 서울에서 멀리 떨어져 있으면 경제도 멀리서 객관적으로 넓게 볼 수가 있지 않겠습니까.

"넓게 못 봅니다. 정보가 늦어요. 오히려 좁게 보이죠."

— 구체적인 회사 경영에 대해서는 신경을 안 쓰시죠.

"안 씁니다."

— 회장님은 요즘 생활이 지금까지의 생애 중에서 제일 기분 좋은 때인 것 같습니다.

"그렇습니다. 제일 편하고 운동도 제일 많이 합니다."

— 넥타이 맬 일이 일주일에 몇 번 정도 됩니까.

"일주일에 하룹니다. 일요일에 서울 올라가 월요일에 한 번 딱 매고 오후에는 넥타이 풀고 내려옵니다."

— 잔병은 없으십니까.

"없습니다. 어쩌다 술을 과음하면 장(腸)이 탈 나죠. 이제는 술도 저울
에 달아서 커피 잔으로 한 번에 석 잔 이상은 안 먹어요. 낮에 두 잔, 저녁
에 자기 전에 석 잔, 밥 먹을 때 석 잔을 먹고, 담배는 안 피우고요. 늙지
도 않는다는 소리를 더러 들어요."

노래는 음치

— 잠은 하루에 몇 시간 정도를….

"저녁 아홉 시에 자고, 새벽 두 시경에 일어나 화장실에 한 번 갑니다.
다시 또 잠이 드는데, 금년에 들면서 완전히 달라요. 한번 깨면 잠이 안
옵니다."

— 잠이 안 오면 뭘하십니까.

"누워서 공상을 하지요. 버섯 생각, 메주 생각, 내일은 뭘 할까 하는 온
갖 공상을 하다가 아침 일곱 시에 일어납니다."

— 독서도 하십니까.

"독서는 이제 틀렸어요. 눈이 침침하고 눈이 아파서 못 해요. 신문은
큰 돋보기를 가지고 읽지요."

— 인터넷은 하십니까

"주가나 좀 찾아보고 하지요."

— 작년에 회혼례(回婚禮 · 결혼 60주년 기념잔치)를 가지셨죠. 몇 살에 결혼하셨습

니까.

"열여덟이죠. 징용가기 전에 어른들이 자식이나 보고 가라고 일찍 장가보냈지요. 영장 받을 때는 애가 하나 있었습니다. 큰놈(具本茂 회장)이죠."

— 60년 동안 같이 살면 부부는 서로 닮는다고 하는데요.

"오래 살았으니까 재미도 없고 그렇지요."

— 어떤 친구보다도 가장 친밀하게 터놓고 지낼 수 있는 유일한 분이 부인 아닙니까.

"나이가 드니까 여자는 자식 말만 들어요. 자식 비위 맞추지, 내 비위 맞추려는 생각을 안 해요."

— 집에 와보니 회장님은 사치하는 것을 싫어하는 것 같습니다. 집안도 수수하고 구두도 국산 같은데요.

"기성화가 발에 맞고 편해요."

— 지갑에는 평소 얼마쯤 넣고 다니십니까

"카드하고 1만원짜리 댓(다섯 가량) 장, 100원짜리 몇 개 정도죠. 카드는 돈 1000만원쯤 쓸 수 있습니다."

— 운전면허는 가지고 계십니까.

"전에 가지고 있다가 한 번 사고 나서 없앴습니다."

— 노래는 좋아하십니까.

"피아노는 조금 쳤는데 노래는 전혀 안 되요. 음칩니다. 교사 시절에도 음악은 안 가르쳤어요. 사범대학 부속학교에는 노래 전공 선생이 있었기 때문에 노래할 생각을 전혀 안 했죠. 환갑 잔치 자리에서 나는 노래를 못 불렀어요. 칠순 때 가서 처음으로 노래 하나를 배워서 불렀어요. '가는

세월'입니다. 희수(喜壽·77회 생일) 때는 '만남'이라는 노래를 하나 더
배워서 불렀어요."

— 혈액형은 어떻게 됩니까.

"B형입니다. 일제 시대 때는 엉터리로 조사해서 O형이었어요. B형은
사업이나 영업을 잘 한다고 이야기해요."

— 요즘 어느 분야에 가장 관심이 많으십니까.

"정치에 관심을 안 가질 수가 없네요." 월간조선 2003년 2월호

구자경과 오늘의 LG는…

구자경

具滋暻 · 1925~2019

경남 진주군(現 경남 진주시) 출생 / 진주사범학교 강습과 수료, 고려대 경제학 명예

박사, 연세대 경영학 명예박사 / 금성사 부사장, 럭키금성그룹 회장, LG연암문화재

단 이사장, 경영자총협회 부회장, 전국경제인연합회 부회장, LG그룹 명예회장, LG복

지재단 이사장 역임 / 금탑산업 훈장, 국민훈장 동백장, 한국경영자상, 서독 유공 십

자공로훈장, 국제기능올림픽대회 종합1위 공로상, 20세기를 빛낸 기업인(매경)

1947년 락희화학공업사를 설립하며 'LG 역사'의 시작을 알렸다. 공정거래위원회가 발표한 '공시대상기업집단 지정 현황'(2022)에 따르면 범(汎) LG그룹은 자산총액 167조 5000억 원으로 재계순위 4위에 랭크돼있다. 범 LG가(家) 기업 회장단으로 LG그룹(대표이사 회장 구광모), LS그룹(회장 구자은), LX그룹(회장 구본준) 등이 있다.

대기업 LG는 LG화학, LG에너지솔루션, LG이노텍, LG전자 등 73개 계열사(2022년 11월 기준)로 구성되어 있다. LG화학의 미래형 배터리 3종(스텝드 배터리, 커브드 배터리, 케이블 배터리) 세계 최초 개발(2013), LG이노텍의 세계 최고 출력 UV-C LED 개발(2017), LG전자의 세계 최대 97형 올레드 TV 출시(2022) 등이 주요 성과로 꼽힌다. 또한, 2022년에는 첫 ESG(환경, 사회, 지배구조) 리포트를 발간했으며 2023년 2월에는 '2050년까지 탄소중립'을 선언하는 등 지속 가능한 발전에도 힘쓰고 있다. 2018년부터 만 40세의 젊은 경영인 구광모 회장(구자경 회장의 손자)이 그룹을 이끌고 있다.

사진=LG

첫 본격 인터뷰
조양호
한진그룹 회장

"'한국 사람끼리만 한다'는 식의 사고방식을 버리지 않으면 세계화 추세에서 살아남기 힘듭니다. 우리는 민족주의 성향이 너무 강한 듯 보입니다.
젊은이들은 무조건 밖으로 돌아다녀야 합니다."

글 **김연광** 월간조선 편집장

"수성(守成)에 성공한 항공전문 경영인으로 평가받고 싶다"

한진그룹 홍보실에서 조양호(趙亮鎬·58) 회장과의 인터뷰 날짜가 정해지기 전부터 몇 차례에 걸쳐 한 박스 분량의 자료를 보내왔다. 한진그룹의 과거에서 현재에 이르기까지의 역사와, 미래 청사진, 조 회장 개인에 대한 자료가 어느새 책상 위에 수북이 쌓였다.

지난 7월 23일, 서울 서소문 대한항공 사옥 18층에서 조양호 회장을 만났다. 인터뷰 시간에 정확히 맞춰 도착한 그가 악수를 청했다. 큰 키에 다부진 체격이 제일 먼저 눈에 들어왔다. 키는 183cm. 큰 키만큼이나, 악수를 나눈 손에서 힘이 느껴졌다.

선친의 세 가지 가르침

― 인터뷰를 하려고 자료검색을 해보니, 최근 들어 본격적인 인터뷰를 거의 안 하셨더군요. 월간조선을 위해 귀한 시간을 내주셔서 감사드립니다.

"여러 가지로 서투를 겁니다. 제가 잘 부탁드리겠습니다."

— 조 회장께서 대한항공 경영에 참여한 지 30여 년이 됐습니다. 선친 조중훈(趙重勳) 회장의 이미지가 워낙 강해서인지, 아직도 많은 이들이 '대한항공' 하면 조중훈, '한진' 하면 베트남전(戰)에서 베트콩의 총탄세례 속에 수송을 담당했던 기업을 떠올립니다. 선친께서 물려준 가장 중요한 유산은 뭔가요.

"고객에 대한 '신뢰'와 지고 이겨라는 '겸손'을 가르쳐 주신 게 제일 큽니다. 그 다음으로 '아는 사업에 집중하라'는, 즉 선택과 집중, 전문화입니다."

— 세 가지 중에 가장 마음에 새겨 두고 실천한 가르침은 어떤 겁니까.

"'모르는 사업은 하지 말고, 아는 것에만 집중하라'는 가르침이 제일 크죠. 제가 입사 이후 수송분야를 두루 거쳤기 때문에 어느 정도 전문가여서 하고 있지만, 다른 사업분야에는 곁눈질하지 않았고, 진출을 시도하지 않았습니다.

그룹이 일부 분할됐지만 물류 수송과 관련되지 않은 분야에는 일절 참여하지 않고 있습니다. 일부 기업에서 2세, 3세들이 자신이 잘 알지 못한 분야에 참여하거나 참여를 시도했다가 회사 자체가 없어지는 것을 많이 봤습니다. '모르는 곳에 들어가지 말라'는 아버님의 가르침에 큰 뜻이 있다는 것을 알았습니다."

— 조중훈 회장께서 돌아가시고 5년 가까이 세월이 흘렀습니다. 그룹 경영을 직접 맡은 후 이룬 성과 가운데 가장 자랑스러워하는 것은 무엇입니까.

"뭐, 특별한 것이 있습니까. 돌아가신 후에도 그걸 유지 발전시키고 있다는 게 자랑스럽습니다."

— 최근 머큐리상(賞)을 받고, 세계적인 항공잡지나 《LA 타임스》로부터 대한항공이

지역 항공사에서 글로벌 항공사로 일어섰다는 평가를 받고 있는데요.

"한국의 이미지와 대한항공의 이미지가 연관성 있게 성장하는 게 우리의 바람입니다. 한국의 입지가 그만큼 커졌고, 또 그만큼 대한항공에 대해 관심을 갖고, 비행기를 타봄으로써 '예상했던 것보다 좋구나'하고 느껴 그런 것 같습니다."

세계화가 대한항공에 주는 기회

— 《월간조선》 기자 중에 아내가 대한항공 직원인 사람이 있습니다. 아내가 회사 자랑을 많이 한다더군요. 대한항공이 대학생들이 가장 가고 싶은 직장 중 하나로 꼽혔다는데요.

"대한항공이 여러 측면에서 발전하고 있고, 내실을 기하고 있기 때문에 만족합니다. 또 가장 보람 있는 게 직원들이 자기 일에 만족하고 있다는 점입니다. 그렇기 때문에 고객 서비스에 있어서도 당당하게 일하고 있습니다."

— 요즘 세계화 시대라고 합니다. 사실 대한항공을 빼고 세계화를 얘기할 수 없을 것 같은데요. 세계화가 대한항공에 주는 기회는 어떤 것들이 있습니까.

"항공 얼라이언스인 '스카이팀'을 만든 것입니다. 스카이팀에 들어감으로써 최고 경영층뿐만 아니라 중간 관리층까지 소위원회 회의를 주관하는 기회가 많아졌습니다. 이를 통해 직원들의 시야가 넓어지고, 자신감이 붙은 것을 꼽을 수 있습니다. 우리 직원들이 다른 회사 직원보다 해외에서 주재(駐在) 근무할 기회가 많았지만, 예전에는 한국식의 경영·

문화에서 완전히 탈피했다고 볼 수 없었습니다.

요즘 우리 직원들은 유창하게 영어를 사용하는 것은 기본이고, 국제 무대에 익숙해졌습니다. 세계화가 대한항공에 준 선물입니다."

— 대한항공이 '스카이팀'을 출범시켰을 당시에만 해도, 영어깨나 한다는 직원들까지 해외 항공사와의 미팅에 가지 않겠다고 했다면서요.

"단순히 언어 문제라기보다 토론식 회의문화나 국제회의를 주관하는 일에 서툴러서였을 겁니다. 하지만 세계화의 물결을 맞아 전(全) 세계를 시장으로 활동해야 하기 때문에 본인들이 싫든 좋든 국제회의를 주관해야 했고, 그런 과정에서 많이 익숙해졌죠. 요즘은 많이 달라졌습니다."

— 대한항공이 앞으로 세계화 추세에서 앞서가기 위해 더 노력해야 할 것이 있다면 어떤 것이 있습니까.

"'한국 사람끼리만 한다'는 식의 사고방식을 버리지 않으면 세계화 추세에서 살아남기 힘듭니다. 우리는 민족주의 성향이 너무 강한 듯 보입니다. 해외 주재원들이 교포들과 어울려 지내기만 하면, 결코 실력이 늘지 않습니다.

출장길에 해외 주재 본부장을 만나면 '혼자서 얼마나 돌아다녀 봤느냐', '다른 사람의 도움 없이 호텔 예약을 해본 적이 있느냐' 묻습니다. 외국에서 아무리 오래 살아도, 그 나라의 문화와 구조를 이해하지 못하면 소용이 없습니다. 그런 차원에서 볼 때, 저는 '미국 사람들이 가장 세계화되어 있지 않다'고 지적하고 싶습니다."

— 왜죠.

"미국인의 잣대로만 보려고 하기 때문입니다. 미국의 기준이 세계의 기준은 아닙니다. 엄밀하게 말하면 '로컬라이제이션(지역화)'이 '글로벌라이제이션(세계화)'입니다."

조 회장은 질문에 대해 빙빙 돌려 대답하지 않고, 자신의 의견을 직접적으로 분명하게 전달하는 스타일이었다.

— 조 회장께서 '시스템 경영론'을 펴온 것으로 알고 있습니다. '시스템 경영론'의 요점이 뭡니까.

"항공산업은 전문 분야가 많습니다. 비행기 조종에서부터 정비·재무·음식·기내식 서비스까지 말입니다. 한두 사람에 의해 운영되는 것이 아니라, 각 전문가들이 책임 있게 일해 나가면서 서로 조화를 이뤄야 합니다. 이 역할을 하는 것이 '시스템 경영'이라고 생각했습니다.

회사가 최고경영자나 몇몇 사람에 의해 좌지우지되는 것이 아니라, 시스템에 의해 합리적인 의사결정을 하는 것이 시스템 경영론입니다. 최고경영자의 역할은 시스템을 잘 만들고, 시스템이 잘 돌아가게끔 하는 것입니다. 오케스트라의 지휘자 역할을 하는 사람이 항공업계의 최고경영자입니다."

— 조 회장 본인은 '시스템 경영론'에 적합한 경영자라고 생각합니까.

"다행히 대학에서 엔지니어링을 전공했고, 항공산업의 가장 밑부분부터 정상까지 올라와서, 각 분야에서 다른 사람들 보다 많이 알기는 합니다. 하지만 저 혼자서 판단하지 않기 때문에 시스템 경영에 적합하지 않을까 싶습니다."

— 대한항공의 중역들이 아침마다 커피를 마시면서, 자유롭게 토론을 한다는 '커피 브레이크'는 시스템 경영의 일환인가요.

"서로의 이해를 돕자는 차원입니다. 항공산업이 워낙 전문화해 있어서 영업은 정비를 모르고, 정비는 영업을 모릅니다. 프로젝트에 참여하지 않는 부서는 어떻게 돌아가는지 모릅니다. 무엇이 어떻게 돌아가고 있는지 서로 주의깊게 살펴봐야 한다고 생각해, 이런 시간을 갖자고 제안했습니다.

토론문화를 많이 만들려고 하는데, 우리나라가 아직 그런 문화에 익숙지 않아서 부족한 점이 많습니다. 매일 아침에 특별한 일이 없으면 커피 브레이크 타임 때 많은 일을 처리합니다. 그 과정에서 참석자들이 다른 부서에 대한 이해가 빨라졌을 거라고 생각합니다."

— 말씀을 들어 보니, 한진그룹 내에서 엔지니어 출신들의 위상이 높지 않을까 생각이 드네요.

"그런 면이 있습니다. 항공산업이 첨단기술의 집약체 아닙니까. 항공기술에 대한 충분한 지식이 없다면 항공회사를 경영하기 참 힘이 듭니다. 저나, 이종희 대한항공 총괄 사장이 모두 엔지니어 출신입니다. 엔지니어들이 어느 기업보다 우대받는 것이 사실입니다."

기내 청결상태 가장 먼저 점검

— 항공기의 정비 · 기술 분야에는 시간을 얼마나 할애하는 편입니까.

"MBA 과정을 마치고 1979년에 서울 본사로 귀국해서 대한항공 정비본부장을 맡았어요. 그로부터 일주일 뒤에 자재부문을 겸직했고, 6개월 후에는 시스템 부문도 겸직했습니다. 공학도는 경영을 할 수 있지만, 경영 전공자는 엔지니어링을 배우기 힘들다고 생각합니다. 요즘도 항공기의 정비나 기술 분야에 관심을 많이 갖습니다."

재계서열 8위의 재벌 총수이자, 항공사 회장인 조 회장. 그는 비행기를 타면 제일 먼저 무엇을 볼까.

"기내 청결상태를 가장 먼저 봅니다. 다음에는 승무원의 서비스 태도, 음식의 질(質)을 봅니다. 특히 승무원들이 사용하는 서비스 용어 중에 전문 용어가 많은데, 과연 그것을 일반 승객들이 잘 이해하는지를 신경 써서 봅니다.

시골 할아버지가 기내에 탑승했을 때, '대한항공은 내 며느리같이 친절하게 잘해주는구나' 하는 느낌이 들어야 합니다. 기내의 복잡한 오락 기기들에 대해 일반인들이 손쉽게 이용할 수 있느냐 하는 것도 신경 씁니다."

— 대한항공을 타면 이코노미석에까지 오락·비디오를 본인이 선택해서 볼 수 있도록 하더군요. 우리의 IT 산업이 발전했기 때문에 기내에 이런 것을 접목시키는 것이 쉽지 않았을까 싶습니다.

"다른 나라보다 개인 비디오를 사용하는 고객이 훨씬 많습니다. 고객들이 잘 알기 때문에 불만사항이 많이 접수됩니다. 사내 통신망 게시판에 불만사항을 적도록 했는데 억지쓰는 고객이 있긴 하지만, 우리가 미처 생각하지 못했던 내용이 많습니다. 어떤 불만이라도 귀담아 듣기 위해 노력합니다."

— 조 회장은 오너 경영인입니다. '오너가 대주주로서 배당을 챙기는 등의 한정된 역할을 하는 것이 옳은지', 아니면 '전문 경영인처럼 회사를 경영하는 것이 옳은지'가 늘

논쟁거리입니다. 어느 쪽이 옳다고 보십니까.

"이런 얘기를 접할 때마다 우리가 모든 것을 흑백논리로 보는 것 같아 아쉽습니다. 오너가 잘할 수도 있고, 못할 수도 있는데 하나의 잣대만 들이댑니다. '마이크로 소프트'의 빌게이츠나 '페덱스'의 프레데릭 스미스 회장은 오너이면서, 직접 경영에 참여하고 있습니다.

'오너는 뒤에 있고, 전문 경영인이 경영을 해야 한다'는 생각이 꼭 옳지는 않다고 봅니다. 저는 전문 경영인이라는 표현을 좋아하지 않습니다. '오너 경영인'과 '고용 경영인'이라는 표현이 적절합니다. 이분법적으로 보기보다, 폭 넓게 보는 것이 바람직하다고 생각합니다."

3세 경영 시대

— 오너 경영인이 회사를 운영할 때 장점은 뭐가 있을까요.

"고용 경영인은 회사의 장기적 발전보다는 회사의 단기 실적만 신경을 쓰는 경우가 많습니다. 그러다 보니, 회사의 가치를 거품처럼 부풀려서 주가를 올리고, 배당만 많이 주기도 합니다. 애널리스트들의 입맛에 맞춰 주가 관리만 하게 되거든요.

자신이 몸담고 있는 회사의 주가를 올린 다음 인센티브를 받아서 나가 버리면 그만입니다. '크라이슬러'의 아이아코카가 대표적 인물 아닙니까. 결국 크라이슬러를 빈 껍데기로 만들었습니다. 한때 경영의 귀재로 떠받들었는데, 요새 그 사람 어디 갔는지 아무도 모르잖습니까.

이에 비하면, 오너 경영인은 자기의 모든 것을 걸고 경영을 하기 때문에 보는 차원이 다릅니다. 제가 대한항공을 경영하는 식으로 미국의 회사를 경영했으면, 벌써 쫓겨났을겁니다. 내실 위주라서 배당을 많이 주지 못했으니까요. '누가 경영을 하는 것이 좋으냐'는 부분은 상황에 따라 다르다고 봅니다."

한진그룹은 어느새 3세 경영 시대를 열고 있다. 조양호 회장의 장녀인 현아씨는 대한항공 기내식사업본부장(상무)이다. 장남 원태씨는 자재담당 임원(상무보)으로 있고, 몇 달 전에 막내딸 현민씨가 대한항공 광고선전부(과장)에 입사했다. 조 회장의 세 자녀가 모두 대한항공에서 근무하다 보니, 재계에서 이들에게 쏟는 관심이 크다.

— 제가 잘 아는 한 선배는 특이한 원칙이 하나 있습니다. 본인은 퍼스트 클래스에 탑승하더라도, 자녀들은 꼭 이코노미 클래스에 태운다고 합니다. 이분이 아이들에게 "교육은 최고로 시켜 준다. 비즈니스 클래스는 너희들이 돈을 벌어서 타라."고 말합니다. 자제들이 한진그룹에 근무 중인데, 평소 자녀 교육에서 주안점을 둔 것은 무엇입니까.

"절약과 겸손을 특히 강조해서 가르쳤습니다. 일부 부모들은 돈을 여유롭게 주기도 한 모양인데, 절대 그러지 않았습니다. 용돈을 조금만 줬고, 늘 절약하고 남들에게 겸손해야 한다고 교육했습니다."

조 회장은 본인이 아이들에게 금전적으로 엄한 부모가 된 배경에 대해 말을 이었다.

"제가 미국에서 사립고등학교를 다녔습니다. 동급생들이 모두 부유한 미국 중산층의 자녀들이었습니다. 한 친구가 스키 여행을 가는데 아버지와 전화로 한 시간 이상 협상을 했습니다. 그 친구 아버지가 '이번에 돈을 꿔주면 어떤 방식으로 갚을 거냐', '다음 여름방학 때 몇 시간 동안 아르바이트를 할 것이냐' 다짐을 받았다고 합니다.

부자지간에 협상이 타결되고 나서야, 아버지가 스키 여행에 가는 비용을 허락했습니다. 그걸 보고 아이들에게 금전적으로 엄격한 것이 부모로서의 바른 훈도라는 걸 배웠습니다."

"오너의 경영참여 여부는 고객과 주주가 평가하는 것."

— 3대(代)째 가업을 이어 가는 셈인데, 자제분들에게 경영과 관련해서 지침을 내린 것이 있습니까.

"회사의 경영권은 승계하는 것이 아니라, 본인이 스스로 만들어 가는 것입니다. 아이들에게 대학원까지 전문교육을 시키고, 자기 개발을 하게 기회를 줬을 뿐입니다. 물론 일반 직원들보다 제 아이들이 기회를 많이 얻을 수는 있지만, 그렇다고 해서 회사를 승계하는 것은 아닙니다.

본인이 경영인이 될 자격이 있는지는 고객이나 주주들에게 평가받는 것이지, 제가 평가하는 것은 아닙니다. 교과서에서 배울 수 없는 노하우는 가르쳐 주지만, 틈이 날 때마다 그 부분을 주지시킵니다."

한진그룹은 지난 3월 에쓰오일의 자사주 3198만3000주(28.41%)를 인수했다. 이로써 한진은 에쓰오일의 최대주주인 네덜란드 AOC사와 에쓰오일 경영에 공동으로 참여하게 됐다. 총 인수금액은 2조1000여억원이었다.

조 회장은 회사의 지분 인수 직후, 에쓰오일 이사로 등재됐다. 오너가 직접 이사로 등재할 정도이니, 그가 얼마나 오일사업에 관심을 갖고 있는지 알 수 있다.

— 에쓰오일에 등재이사가 됐는데, 치솟는 기름값을 염두에 두고 회사 지분을 인수한 것인가요. 향후 에쓰오일을 어떤 회사로 키울 생각입니까.

"정유사업은 사실 잘 모릅니다. 직접 경영에 참여하지 않고, 이사로서 큰 틀을 볼 뿐입니다. 현재는 정유업계의 원로분들을 만나 대화하며 기본을 배우고 있습니다. 수송업체에서 가장 큰 것 중에 하나가 안정적인 기름 확보잖습니까. 안정적인 유류 공급선을 확보하고, 세계 석유 시장의 정보 수집에 큰 도움이 되고 있습니다."

— 외국계 회사와 공동 경영을 하게 됐는데, 애로사항은 없을까요.

"정유사업은 잘 알지 못하지만, 저는 공동으로 경영에 참여하는 외국계 기업과 역할 분담을 잘 해서 서로 원-윈 할 수 있도록 해 나갈 생각입니다. 사실, 우리나라에서는 외국기업이 쉽게 적응하지 못하고 손해를 보는 부분도 있지 않나 싶습니다. 예컨대, 한국의 독특한 기업문화나 강성노조 등은 합리성과 대화를 중시하는 외국기업으로서는 이해하기 어려울 것입니다. 이러한 점에서 저는 서로 보호하고 협력할 수 있는 부분이 많다고 보고 있고, 외국 기업이라고 해서 불이익을 받지 않도록 애쓸 것입니다."

— 이번 인수로 한진그룹이 고유가 시대에 안정적으로 기름을 확보할 수 있게 됐다고 봐도 좋습니까.

"그렇게 볼 수 있습니다. 비즈니스라는 게 불확실한 환경과 니즈가 끊임없이 변화하는 환경에 적응하면서 사업을 운영해야 합니다. 변화는 선택이 아니라, 생존의 문제죠. 단순히 고유가만의 문제는 아닙니다."

연료절감형 차세대 항공기 도입 계획

— 고유가의 어려움을 극복하기 위한 또 다른 노력으로는 어떤 게 있습니까.

"유가에 이길 수 없기 때문에 적응해 나갈 수밖에 없습니다. 그러기 위해 일부 간부진들의 반대에도 불구하고 차세대 항공기 보잉 787, 에어버스 380을 도입했습니다. 이 항공기들이 연료절감형이기 때문입니다. '도쿄 의정서'가 발효되면 일산화탄소 배출을 줄이기 위해 엄청난 비용이 추가로 들기 때문에 이처럼 환경친화적 항공기들을 도입키로 한 겁니다. 보잉 787은 기존 동급 항공기에 비해 연료 소모량이 30% 절감되고, 일산화탄소 배출이 30% 줄어듭니다. 대한항공의 장기전략이고 미래를 대비한 항공기들입니다.

항공시장을 사전에 예측해 차세대 항공기를 적기에 확보해서 중·장기 안정적인 성장의 발판을 마련한 겁니다. 특히 우리는 차세대 항공기의 부품 제작에 적극적으로 참여해 항공산업의 첨단화를 주도할 계획입니다."

조 회장이 먼저 항공기 부품 제작 얘기를 꺼냈다. 그렇잖아도, 대한항공에 얼마 전 날아든 희소식에 대해 물을 참이었다.

지난 2007년 7월 초, 미 보잉사는 친환경 차세대 항공기 787을 공개했다. 대한항공은 이 항공기의 국제공동개발에 참여해 후방동체, 날개 구조물인 윙팁(Wing Tip) 등 6가지 기체 부품을 설계부터 제작까지 맡고 있다. 대한항공은 지난 4월 보잉사로부터 최우수 협력업체로 선정된 바 있다.

"787은 대한항공에 큰 의의가 있습니다. 일본이 보잉 787 기종에 30%

를 투자하면서 이 비행기는 '메이드 인 재팬'이라는 말이 나올 정도였습니다. 이런 기종에 가장 중요한 부품 중 하나인 윙팁을 우리가 만든다는 겁니다. 그것도 사업 파트너로 말입니다.

이 부품은 탄소복합 소재로 만듭니다. 787 기종의 윙팁은 유선형으로 휘어져 있어서 만들기 힘든데, 우리가 설계에서 제작까지 전 과정을 책임졌습니다.

탄소복합 소재로 만든 부품을 자체적으로 설계하고 제작할 수 있는 회사는 전 세계에서 몇 군데 되지 않습니다. 우리가 비행기 부품을 제작할 수 있다는 것, 그 자체가 경이롭고 주목할 만한 일입니다."

저가(低價) 항공사 별도 법인 설립할 것

이뿐만이 아니다. 한진그룹은 지난 6월 '저가(低價) 항공사업에 뛰어들겠다'고 선언했다. 명품 항공사를 꿈꾸는 대한항공과 저가 항공사, 왠지 잘 어울리지 않아 보인다. 과연 가능할까.

조 회장은 이 부분에 대해 오랫동안 고민한 듯했다. 저가 항공에 대한 질문을 하자마자, 자세한 설명이 이어졌다.

"저가 항공사는 세계적인 추세입니다. 하지만 저가 항공이라고 해서 '비행기를 사서, 조종사를 고용해 비행기를 띄우기만 하면 된다'는 생각은 잘못된 겁니다.

미국이나 유럽은 항공전문 인력이 많아서, 언제든 '아웃소싱'을 할 수 있습니다. 하지만 우리는 다릅니다. 항공 전문인력이 충분치 않아 안전

측면에서 문제가 생길 수 있습니다. 얼마 전 사고가 난 캄보디아 항공의 예를 보면 금방 알 수 있습니다."

— 방금 한 말씀처럼, 우리나라와 같이 항공 인적 자원이 부족한 환경에서 저가 항공사 설립이 가능할까요.

"항공기반 시설과 인적자원이 뒷받침돼야 안전이 보장됩니다. 대한항공은 현재의 원가가 높은 구조여서 저가 항공사를 하기 힘듭니다. 그래서 별도의 회사를 만들어 저가 항공사를 운영할 예정입니다.

인적 자원이 부족한 환경에서도 자체 용역 전문 인력을 키우고 확충해서 서비스할 예정입니다. 정비와 운항 훈련시설도 확보할 것이고요. 서비스는 로코스트항공사 수준이지만, 안전만큼은 기존 항공사인 대한항공 수준이 우리가 생각하는 저가 항공사입니다."

평창 동계올림픽 유치에 참여

조양호 회장은 인터뷰 내내 영어를 많이 사용했다.

어린 시절을 미국에서 보낸 터여서, 외국의 언어나 문화에 대한 거부감이 없어 보였다.

조 회장은 경복고에 입학한 후, 바로 미국으로 유학길에 올라 쿠싱아카데미 고등학교를 졸업했다. 군제대 후 인하대 학부를 마친 후, 다시 미국 유학길에 올라 남가주대에서 경영학 석사를 마쳤다.

조 회장은 틈이 날 때마다 개인적으로 우리의 문화를 외국에 알리고 국제행사 유치에 앞장서고 있다. 얼마 전 아쉽게 실패로 끝난 평창 동계올림픽 유치에 그가 뛰었다. (2011년 세 번째 유치 도전 끝에 동계올림픽 유치를 따내게 된다.)

— 평창 동계올림픽을 유치하기 위해 애쓰셨죠. 우리가 러시아의 소치를 너무 쉽게 생각했던 게 아닐까 싶은 생각이 듭니다. 소치는 유럽의 상류층들이 휴가지로 자주 찾는 곳이고, 서구의 IOC위원들에게 쉽게 어필하는 휴양지입니다. 조 회장께서는 유치 실패의 원인이 뭐라고 보십니까.

"이번에는 내부 윤리 규정이 강해서, IOC 위원들을 직접 만나지 못했습니다. 그 나라의 지인을 통해서 부탁하는 것이 고작이었습니다. 여러 정치적인 상황이 이번 결과에 영향을 끼쳤다고 봅니다. 국제 행사 유치라는 것이 열성만으로 되는 게 아닌데, 우리는 열성만 갖고 있었던 것 같습니다. 러시아 가스와 기름에 대한 구라파의 의존도가 높고, 러시아의 주가가 한창 올라가고 있어서 경쟁하기 어려웠습니다. 우리가 88올림픽을 유치했을 때 우리가 한창 상종가였고, 경쟁 상대인 일본 나고야는 그렇지 않아서 가능했던 것이 아닌가 싶습니다. 타이밍이 중요하다는 것을 새삼 느꼈습니다."

— 조 회장께서 2014년 아시안게임 인천 유치에 큰 힘을 보탰다고 들었습니다. 고향이 인천이라서 애착을 갖는 것인가요.

"저희 집안이 원래 서울토박이입니다. 1945년 광복 후에 선대 회장께서 인천에서 사업을 시작하셨습니다. 선대 회장님이 배 기관사였기 때문에 무역이나 중국에 일찍부터 관심이 컸습니다. 언젠가는 중국이 개방될 거라는 생각으로 인천을 거점으로 잡았고, 인천 사설 부두개발에 과감하게 투자하셨습니다. '인천이 게이트 웨이가 될 것이다'라고 일찍부터 생각하셨습니다.”

중국(中國) 항공사와 차별화 노력

— 중국이 '세계의 공장'으로 솟아오르고, 우리 서해안의 중국 측 대안지역에 천진–상해가 급성장하는 것과 비하면 우리 서해안은 정체된 상황이라고 할 수 있습니다. 인천 경제특구개발계획, 인천공항을 동북아의 허브공항으로 만든다는 구상이 왜 이리 진척이 안 되는 건가요.

“요즘은 1960년대처럼 정부의 경제개발계획에 의해서 어떤 일을 계획하고 추진하면 안 됩니다. 기업들이 커지고, 앞서 나가기 때문에 정부는 큰 가이드 라인만 제시하고 감독하면 충분하다고 봅니다. 그런데 정부에서 지원보다는 모든 것을 조종하려고 하다 보니 잘 되지 않는 것 같습니다. 정부에서 지원을 해줘야 하는데 말입니다. 특히 사회기간 산업은 봉사하는 산업이기 때문에 이익만 추구해서는 안 되며, 서비스와 효율성 위주로 운영되어야 합니다. 공항공사 경영자도 그러한 분야로 평가받아야 합니다.

인천공항은 사회기간산업으로 설계가 잘 돼 있고, 24시간 운영된다는 점이 공항으로서 굉장한 어드밴티지(이점)입니다. 공항 공사가 이익만을 기준으로 평가하면 안 되고 효율적 서비스로 평가돼야 합니다. 정부의 제한사항이나 규제가 많아 여러 개발이 늦어지는 것이 아닌가 싶어 안타깝습니다.”

— 중국이 가파른 속도의 성장세를 보이고 있습니다. 항공사도 예외가 아닐 것 같은

데, 중국의 성장은 대한항공에 도움이 됩니까.

"중국의 성장은 기회가 될 수 있고, 위험도 될 수 있습니다. 13억 인구가 불과 2~5시간 거리에 있습니다. 중국 항공사는 급속도로 성장하고 있습니다. 우리가 해야 할 일은 그들이 대한항공 수준으로 쫓아오기 전에 격차를 더욱 크게 벌리는 것입니다. 서비스 차원을 차별화하려고 노력하고 있어요. 인천공항을 '동북아의 허브'로 만드는 데 앞장서는 이유가 이 때문입니다.

중국 항공사들이 우리와 같은 네트워크를 갖추기에는 시간이 걸릴 겁니다. 중국보다 나은 인천의 물류 시스템을 이용하여 인천을 허브로 해 차별화할 전략입니다."

루브르박물관에 한국어 서비스 요청

— 올해 초 전경련 회장 후보로 거론되셨죠. 기업의 애로사항을 얘기하고, 재계를 대변한다는 차원에서 회장직을 맡아 보겠다는 생각은 안 하셨습니까.

"전경련 회장은 거의 '풀타임'입니다. 아직 대한항공이 원하는 만큼 수준에 올라 있지 않아 고사했습니다. 그 자리에 적합한 분이 있어, 전경련의 이미지를 바꿀 수 있다는 생각이 들어서 적극적으로 추천했습니다(웃음)."

한진은 국제대회 못지않은 '대형 프로젝트'를 하나 따내 관심을 끌고 있다. 프랑스의 루브르박물관과 제휴를 맺어, 박물관에 소장된 작품에 대한 한국어 서비스를 실시키로 한 것이다.

한국 관람객들은 올해 말부터, 한국어로 루브르박물관 작품의 설명을 들을 수 있다. 루브르박물관에서 제공하는 작품 설명 시스템에 자국 언어를 추가하려는 노력을 각국 정부 차원에서 전개했는데, 대한항공이 이 일을 성사시켰다.

"루브르박물관이 대한항공 프랑스 사무실 바로 앞에 있어서 종종 출장 길에 갔습니다. 고대와 현대가 조화를 이루는 곳이 루브르박물관입니다. 선진 구라파의 여러 유적지를 다니다 보면, 큰 기업에서 문화를 보존하기 위해 기부하는 모습을 종종 봅니다. 그런 것을 보면서, '우리는 언제쯤 할 수 있나' 생각하던 차였습니다.

그런데 우연한 기회에 루브르박물관에서 스폰서 제안이 들어왔습니다. '이때다' 싶었습니다. 스폰서 가격에 상관없이, 우리의 조건은 딱 하나라고 못을 박았습니다. 작품 설명 서비스에 한국어를 넣자고 말입니다. 한국 관광객들이 박물관을 돌 때 우리 말 서비스가 없어서 아쉬웠습니다. 박물관을 한 바퀴 슬쩍 돌고 나오는 '깃발부대'에서 벗어나, 천천히 작품을 느낄 수 있게 하고 싶었습니다. 얕은 지식이 아니라, 진심으로 느끼고, 작품을 이해할 수 있도록. 그래서 스폰서를 하기로 했습니다. 요즘은 배낭여행 등으로 젊은 학생들이 많이 가니까 한국어 서비스를 하면 많은 도움이 되지 않을까 싶습니다."

사진촬영이 유일한 취미

한진은 국내외 곳곳에서 우리의 문화 유산을 알리고 있다. 한옥의 활용 가치를 높이는 보존사업, 한국의 전통문화 유산과 그 주변 환경을 가꾸는 일을 지원하고 있고, 미국 남가주대에 '한국학 연구소' 지원기금도 내놓았다.

인터뷰가 진행될수록 조양호 회장의 표정이 한결 편안해 보였다.

조 회장은 무척 정적인 사람이다. 담배를 피우지 않고, 술은 와인 한잔 마시는 것이 고작이다. 골프를 썩 즐기지도 않는다. 유일한 취미가 사진찍기다. 그의 사진 촬영은 수준급이다.

조 회장은 몇 해 전부터 직접 촬영한 사진을 모아, 매년 달력을 제작하고 있다. 중학교 때 부친으로부터 카메라를 선물받으면서 사진을 찍기 시작했다.

"예전에는 필름자료 유지 관리가 힘들었는데, 디지털카메라가 나오면서 사진을 체계적으로 관리하기 시작했습니다. 유명한 사진작가들을 소개받아 체계적으로 공부하면서 관심이 더욱 커졌습니다. 사진을 찍는 이유는 기술을 자랑하기보다는, 좋은 곳을 사진 찍어서 사람들에게 보여주고 싶어서입니다."

조 회장이 왼쪽 탁자 위에 세워져 있는 달력을 집어 들었다. 파리의 에펠탑을 찍은 사진인데, 여느 것과 조금 다르다. 에펠탑만 찍은 것이 아니라, 개선문 안에 갇힌 듯한 에펠탑의 모습이다. 전위적인 구도가 돋보인다.

"이것좀 보세요. 조금 다르죠. 다들 파리의 에펠탑만 덩그러니 사진 찍었지, 앵글을 이렇게 새롭게 잡으니까 느낌이 다르지 않습니까. 이런 사진들을 골라서 달력을 만듭니다. 한 번 방문해 봤던 사람이라도 다시 가

보고 싶다는 느낌이 들지 않겠어요? 저로서는 일종의 세일즈 프로모션입니다(웃음)."

— 얼마 전에 한 포털사이트에서 직장인들을 상대로 설문조사를 했는데, 조 회장께서 '함께 여행하고 싶은 경영인' 3위에 올랐던데요.

"허허, 정말요? 제가 왜 3위가 됐는지 모르겠습니다."

— 우리 독자들에게 '죽기 전에 꼭 봐야 할 곳'을 추천해 주십시오.

"글쎄요, 나이에 따라 많이 다릅니다. 골프를 좋아하는 사람, 유적지 탐방을 좋아하는 사람 등 본인 취향에 따라서 다릅니다. 그래도 공통적인 것은 하나 말할 수 있습니다. 젊은이들은 무조건 밖으로 돌아다녀야 한다는 것입니다. 저는 밖에 나가면 거의 한국음식을 먹지 않습니다."

조 회장은 어렸을 때부터 혼자 여행하기를 좋아했다. 미국에서 고등학교를 다닐 때에는 목적지를 정하지 않고, 혼자서 지도를 보면서 미국 전역을 돌기도 했다. 요즘 식으로 하면 배낭여행인데, 혼자 호텔 구하고, 발길 닿는 대로 이곳 저곳을 돌아다닌 기억이 아직도 눈에 선하다고 한다.

하루 5달러 쓰며 유럽 전역 여행

1968년, 당시 스물이 된 조 회장은 하루에 5달러를 쓰면서, 유럽 전역을 돌아다닌 적이 있다. 여행안내 책자 한 권을 들고, 무작정 돌아다니는 여행이었다. 당시 숙박료는 아침식사를 포함해서 2달러였다. 3달러로 하루 경비를 충당했다. 여럿이서 모였다가 흩어졌다가 했던 여행이었는데, 아직도 그가 소중하게 생각하는 기억이다. 조 회장은 "몇 해 전 친구들과 차 한 대를 끌고, 길가의 싸구려 모텔에서 묵으면서 미국 대륙을 횡단했다."고 공개했다.

— 사진 찍는 것 말고 다른 취미는 없으십니까.

"골프는 허리가 좋지 않아서 그동안 꺼렸는데, 이제 시작하려고 합니다. 나중에 할 수 있는 일이 골프와 사진 찍는 것밖에 없는 것 같습니다."

한진과 몽골은 각별한 사이다. 한진의 이미지 광고에 몽골의 모습이 자주 실리고, 조 회장이 몽골을 찾는 횟수가 잦은 게 그 때문이다.

— 한진과 몽골의 인연이 오래됐죠.

"양국의 외교관계가 처음 이뤄진 뒤에 우리가 보잉 727기를 기증하고, 항공기술 지원을 하면서 인연이 시작됐습니다. 몽골이 저희에게 많이 배웠고, 러시아와 중국 사이가 좋지 않아서인지 서울이 몽골의 게이트웨이가 됐습니다.

한국 사람하고 몽골 사람이 구분이 안 됩니다. 처음 몽골에 갔을 때 생김새가 서로 구별할 수 없을 정도로 비슷해서 친근감이 더 들었고, 그러다 보니 가까워졌습니다."

— 최근 3~4년 사이에 회사를 경영하면서 가장 고민스러웠던 것은 뭔가요.

조 회장은 이 대목에서 잠시 뜸을 들였다. 10초 정도 지난 뒤, 그가 입을 뗐다.

"고유가로 힘들어 구조조정을 해야 할 때였습니다. 함께 일했던 사람들을 내보내야 하는 것이 가장 어렵습니다."

— 사업상 고민에 빠졌을 때 징크스 같은 것이 있습니까.

"특별한 것은 없습니다. 다만 사업의 결과보다 과정을 중요하게 생각합니다. 결과가 나빴지만, 합리적인 목표를 세우고 일을 판단했고, 다른 사람들과 충분히 협의해서 했다면 나무라지 않습니다. 하지만 자기 혼자 독선적으로, 기준 없이 한 사람은 결과가 좋아도 인정하지 않습니다.

대한항공은 여러 전문분야가 있기 때문에 독선적으로 나가면 어느 부서에서는 이익이 될 수 있지만, 다른 곳에서는 문제가 될 수 있기 때문에 이 원칙만큼은 지킵니다."

— 예를 하나 들어 주신다면.

"2004년 글로벌 선도항공사(Global Leading Carrier) 도약을 비전으로 제시하면서 기내좌석부터 획기적으로 업그레이드시키는 작업을 진행하였습니다. 그런데, 그 과정에서 영업부서와 정비부서의 의견이 서로 좀 달랐습니다. 판매를 책임지고 있는 영업부서는 승객의 안락과 편의성 측면에서 다양한 편의시설을 갖추고 싶어한 데 반해서, 항공기를 지원해야 하는 정비나 운항 부서는 효율성에 중점을 두고 무게를 경량화해야 한다고 주장한 것입니다.

제가 보기에는 모두 일리 있는 말이었고, 양쪽 의견을 모두 만족시킬 수 있는 창조적인 해법이 필요하였습니다. 이를 위해서는 서로 이해하는 과정이 필수적이었기 때문에 끝까지 토론을 시켰고, 그 결과 시간을 좀 걸렸지만 만족스럽고 효과적인 결론을 이끌어 낼 수 있었습니다."

존경받는 항공사 만들고 싶어

— 특별히 고민스러울 때 상의하는 동료가 있습니까.

"고민에 따라서 다릅니다(웃음). 임원들하고 상의하는 경우가 많습니다. 개인적인 것은 고등학교 친구들과 얘기합니다. 잘 모르는 것은 같은 업종의 선배들이나 전문가들에게 자주 물어봅니다."

― 선친 조중훈 회장은 개발연대의 거인(巨人)이었고, 대단한 추진력의 기업인으로 알려져 있습니다. 조 회장은 나중에 어떤 경영인으로 기억되기를 바라십니까.

"무(無)에서 유(有)를 창조한 창업주의 경영방식을 그대로 따라할 수는 없습니다. 창업주와 달라야 합니다. 다만, 선대 회장님 세대보다 체계적으로 교육받고 일을 배웠기 때문에 합리적인 판단을 내릴 수 있을 겁니다.

글쎄요, 아무리 애를 써도 제가 개발연대의 거인처럼 될 수는 없겠죠. 선대로부터 물려받은 것을 수성(守成)하여 본 궤도에 올려놓은 데 성공한 항공전문 경영인으로 기억되고 싶습니다."

― 조 회장께서 꿈꾸는 대한항공의 미래는 어떤 것입니까.

"리스펙터블 에어라인(존경할 만한 항공사)으로 남고 싶습니다. 대한항공이 무슨 일을 한다고 하면, 업계에서 고개를 끄덕이게끔 말입니다. '대한항공은 믿을 수 있다', '서비스가 좋다' 이런 생각을 심는 겁니다. '대한항공이 하면 무슨 이유가 있을 테니 한번 검토해 봐라'는 얘기를 듣는 것, 이런 평가를 받는 것이 목표입니다." 월간조선 2007년 9월호

조양호와 오늘의 한진은…

조양호

趙亮鎬 · 1949~2019

인천 중구 항동 출생 / 인하대, 서던캘리포니아대학교 대학원(경영학 석사), 인하대 대학원(경영학 박사) 졸업, 엠브리리들항공대학교 항공경영학 명예박사 / 1974년 대한항공 입사, 대한항공 대표이사 사장, 한진그룹 · 대한항공 회장, 전국경제인연합회 부회장, 평창동계올림픽 조직위원회 위원장 역임 / 금탑산업 훈장, 국민훈장 모란장, 대한민국 기업가 명예의전당 헌액, 대한체육회 특별공로상, 레종 도뇌르 그랑도피시에 훈장

한진그룹은 1945년 11월 해방과 동시에 설립된 한진상사를 모태로 한다. 한진상사는 '수송보국(輸送報國)'이란 기치를 내걸고 그룹을 성장시켰다. 공정거래위원회가 발표한 '공시대상 기업집단 지정 현황'(2022)에 따르면 한진은 자산총액 35조 2000억 원으로 재계순위 14위에 올라있다. 그룹 지주사인 한진칼을 비롯하여 대한항공, (주)한진, 한진관광 등 33개 계열사로 구성되어 있다. 국내 최대 대전 종합물류센터 준공(2015), 한진 인천컨테이너터미널(HJIT) 개장(2016) 등이 최근의 성과다. 2022년에는 차세대 친환경 항공기 도입을 발표하며 기후변화 대응에도 앞장서고 있다. 2019년 조원태(조양호 회장의 장남) 회장이 한진을 이끌고 있으며 조 회장은 2023년까지 항공 동맹체 스카이팀(Skyteam) 의장직도 겸하고 있다.

사진드림진

초판 1쇄 발행 2023년 3월 10일
2판 1쇄 발행 2023년 5월 15일
–

발행인 이동한 | 글 월간조선부 | 디자인 유미정
–

발행 (주)조선뉴스프레스
주소 서울시 마포구 상암산로 34 DMC 디지털큐브빌딩 13층
등록 제301-2001-037호 등록일자 2001년 1월 9일
문의 tel.(02)724-6875 / fax.(02)724-6899